기독교문서선교회 (Christian Literature Center: 약칭 CLC)는 1941년 영국 콜체스터에서 켄 아담스에 의해 시작되었으며 국제 본부는 미국 필라델피아에 있습니다.
국제 CLC는 59개 나라에서 180개의 본부를 두고, 약 650여 명의 선교사들이 이동도서차량 40대를 이용하여 문서 보급에 힘쓰고 있으며 이메일 주문을 통해 130여 국으로 책을 공급하고 있습니다. 한국 CLC는 청교도적 복음주의 신학과 신앙서적을 출판하는 문서선교기관으로서, 한 영혼이라도 구원되길 소망하면서 주님이 오시는 그날까지 최선을 다할 것입니다.

사도행전 (성경, 이해하며 읽기)

Reading in understanding the Bible

사도행전

장석환 지음

성경, 이해하며 읽기
시리즈를 시작하며

성경을 통해 하나님을 만난다.
성경을 통해 하나님과 동행하면 풍성한 삶이 된다.

누구를 만날 때는 인격적인(지·정·의) 만남이 되어야 한다.
그의 생각과 마음을 만나고 힘까지 공유하는 만남이다.
성경에는 하나님의 뜻(지)과 마음(정)과 힘(의)이 담겨 있다.
성경을 잘 읽으면 우리는 하나님을 만나게 된다.
눈으로 보는 것보다 더 실제적이다.

좋은 사람과 만나 대화를 하면 행복하듯이
말씀으로 하나님을 만나면 행복하다.
성경은 하나님을 만나는 가장 실제적 방법이다.

마음과 의미가 전달되지 않는 대화가 무의미하듯이
성경을 이해하지 않고 읽으면, 성경을 읽는 것이 아니다.
성경을 잘 이해하지 못하면
성경을 통해 하나님을 만나는 것을 모른다.

모든 사람이 성경을 이해하면서 읽기를 소망하며
매우 쉽지만 누군가에게는 가장 좋은 주석이 되기를 소원하며
큰 글자로 된 쉬운 주석 시리즈를 쓰고 있다.

이 주석이 하나님을 생생하게 만나는 만남의 장이 되기를 기도한다.
하나님께 영광되기를 기도한다.

목 차

시작 **성령의 임함(1:1-2:47)**   9

1부 **베드로 사도를 중심으로 한 유대인 사역(3:1-12:25)**

1. 예루살렘에서 전파(3:1-5:42)   38
2. 일곱 사역자와 헬라 지역으로 흩어짐(6:1-8:3)   70
3. 사마리아에 전파와 사울의 회심(8:4-9:43)   94
4. 이방인(고넬료)에 전파(10:1-11:18)   120
5. 안디옥 교회와 야고보 순교(11:19-12:25)   139

2부 **바울 사도를 중심으로 한 이방인 사역(13:1-28:31)**

1. 1차 전도여행(13:1-15:35)   153
2. 2차 전도여행(15:36-18:22)   190
3. 3차 전도여행(18:23-21:26)   225
4. 4차 전도여행(21:27-28:31   260

사도행전

1. 시대

사도행전은 예수님 이후 신약시대의 역사를 다룬다. 역사적 배경 이해를 위해 신약성경의 바울서신 및 일반서신의 배경을 사도행전과 함께 생각해 보는 것이 좋다.

기록 연대는 주후 63년경이다. 예수님이 주후 33년에 부활하고 승천하셨다. 그후 교회가 어떻게 시작되고 발전하였는지를 말한다. 사도행전은 지난 30년의 역사를 돌아보면서 참으로 작았던 교회가 어떻게 지금의 자리까지 이르게 되었는지를 설명하는 책이다.

역사 장르로 기록되었고 일련의 사건들이 일어난 원인과 결과를 설명한다.

2. 관련연도

☞ AD 33-37
 -예수님의 재판, 죽음,부활, 승천 33년 4월 3일
 -오순절 사건 33년
 -스데반의 순교 34년
 -바울의 회심 및 아라비아 생활 34-37년

☞ AD 37-41
 -바울의 다소에서의 생활 37-40년
 -고넬료와 그의 가족의 회심 40년
 -바나바와 사울이 안디옥에서 함께 사역 41년

☞ AD 41-49년
 -사도 야고보의 순교 44년
 -헤롯 아그립바 1세(예루살렘 통솔) 죽음 44년
 -헤롯 아그립바 2세(아버지가 죽을 때 17세였기 때문에 이스라엘 북쪽 지역과 갈릴리 동쪽 지역만 통솔권 가짐. 유대와 사마리아 지역은 로마가 총독을 통해 직접 통치)
 -야고보의 야고보서 기록 45년
 -바울의 첫 번째 선교여행 47-49년
 -바울의 예루살렘 방문 49년
 -바울의 갈라디아서 기록 49년

☞ AD 49-68년
 -바울과 실라의 두 번째 선교여행 49-52년
 -바울의 데살로니가전후서 기록 49년-51년
 -바울의 고린도 사역 50-51년
 -바울의 세 번째 선교여행 53-57년
 -바울의 에베소 사역 53-56년
 -바울의 고린도전서 기록 55년
 -바울의 마게도냐에서의 고린도후서 기록 56년
 -바울의 고린도에서 로마서 기록 57년
 -바울의 로마 도착 60년
 -바울의 옥중서신(에베소서 빌립보서 골로새서 빌레몬서) 기록 60년-62년
 -누가의 사도행전 기록 62년
 -예수님의 형제 야고보 순교 62년
 -로마 대화재 64년
 -바울의 순교 67년-68년

3. 내용

사도행전은 '사도들의 사역'을 기록한 성경이다. 사도들은 성령의 임재를 통해 교회를 세웠다. 사도행전은 '교회 이야기'이다. 예수님께서 이전에는 육체를 입고 오셔서 행하셨고 이제는 성령을 통해 교회에 영적 임재하신다. 교회를 통해 일하시고 가르치신다.

사도행전은 예수님의 승천 이후 교회의 역사를 다루고 있다. 전반부는 베드로를 중심으로 한 역사이고 후반부는 바울을 중심으로 한 역사이다.

<성경본문>

1. 한글본문: 대한성서공회. (1998). 성경전서: 개역개정. 대한성서공회.
   "여기에 사용한 '성경전서 개역개정판'의 저작권은 재단법인 대한성서공회 소유이며, 재단법인 대한성서공회의 허락을 받고 사용하였음."

2. 영어본문: GNB(American Bible Society. (1992). The Holy Bible: The Good news Translation (2nd ed.). American Bible Society.)

성령의 임함

(1:1-2:47)

1장

> 1 데오빌로여 내가 먼저 쓴 글에는 무릇 예수께서 행하시며 가르치시기를 시작하심부터
>
> 1 Dear Theophilus: In my first book I wrote about all the things that Jesus did and taught from the time he began his work

1:1 먼저 쓴 글. 누가복음을 말한다. 누가는 데오빌로에게 헌정하는 누가복음을 썼고 이제 사도행전을 쓰고 있다. 데오빌로는 누가가 글을 쓰고 보급하는데 도움을 준 사람일 것이다. **예수께서 행하시며 가르치시기를 시작하심부터.** 예수님의 행하심과 가르침은 교회의 근원이다. 예수님의 가르침에서 교회가 시작되었다. 그것을 누가복음에서 말하였다. 그리고 이제 교회가 어떻게 확장되어 왔는지를 말하고자 사도행전을 쓰고 있다.

> 2 그가 택하신 사도들에게 성령으로 명하시고 승천하신 날까지의 일을 기록하였노라
>
> 3 그가 고난 받으신 후에 또한 그들에게 확실한 많은 증거로 친히 살아 계심을 나타내사 사십 일 동안 그들에게 보이시며 하나님 나라의 일을 말씀하시니라
>
> 2 until the day he was taken up to heaven. Before he was taken up, he gave instructions by the power of the Holy Spirit to the men he had chosen as his apostles.
>
> 3 For 40 days after his death he appeared to them many times in ways that proved beyond doubt that he was alive. They saw him, and he talked with them about the Kingdom of God.

1:3 사십 일 동안 그들에게 보이시며 하나님 나라의 일을 말씀하시니라. 예수님은 부활하신 이후 40일 동안 제자들에게 종종 나타나셔서 '하나님 나라'에 대해 말씀하셨다. 예수님은 이 땅에 사실 때도 늘 천국에 대해 말씀하셨다. '하나님의 나라가 가까이 왔으니 회개하고 복음을 믿으라'(막1:15)고 말씀하면서 사역을 시작하셨다. 제자들에게 늘 '하나님 나라(천국)'에 대해 말씀하셨다. 그리고 부활 이후 예수님께서 말씀하신 것을 한 마디로 말하기를 '하나님 나라에 관하여' 말씀하셨다고 말한다. 예수님은 부활 후 육체를 가지고 마지막 40일 동안 제자들에게 하나님 나라를 가슴에 품게 하셨다. 그들이 지금까지 살아왔던 세상 나라와 완전히 다른 나라. 세상 나라는 열심히 살아도 결국 죽음에 이른다. 아픔과 고통이 있다. 거꾸로 가는 것 같다. 그러나 그들이 이제 교회가 되어 살아갈 하나님 나라는 결코 뒤로 가지 않는다. 늘 앞으로 간다. 영원한 기쁨과 생명의 나라다.

> 4 사도와 함께 모이사 그들에게 분부하여 이르시되 예루살렘을 떠나지 말고 내게서 들은 바 아버지께서 약속하신 것을 기다리라
>
> 4 And when they came together, he gave them this order: "Do not leave Jerusalem, but wait for the gift I told you about, the gift my Father promised.

1:4 예루살렘을 떠나지 말고 내게서 들은 바 아버지께서 약속하신 것을 기다리라. 제자들은 자신들의 고향으로 돌아가려 할 것이다. 그러나 예수님은 이제 그들에게 새로운 시대가 시작될 것을 말씀하셨다. '일단 예루살렘을 떠나지 말고 기다리라' 말씀하셨다. 그들은 이후에 고향으로 돌아가지 않고 더 중요한 일에 인생을 쏟게 된다. '믿음'은 새로운 이야기의 시작이다. 나라가 바뀐다. 그들의 꿈이 바뀌고 목적이 바뀐다. 그러한 사람들이 함께 모인 곳이 교회다. 하나님을 믿게 된 사람들이 함께 하나님 나라를 꿈꾸고 하나님 나라를 자신의 안과 밖에 확장해 가는 공동체가 교회다.

> 5 요한은 물로 세례를 베풀었으나 너희는 몇 날이 못되어 성령으로 세례를 받으리라 하셨느니라
>
> 6 그들이 모였을 때에 예수께 여쭈어 이르되 주께서 이스라엘 나라를 회복하심이

> 이 때니이까 하니
>
> 5 John baptized with water, but in a few days you will be baptized with the Holy Spirit."
>
> 6 When the apostles met together with Jesus, they asked him, "Lord, will you at this time give the Kingdom back to Israel?"

1:6 주께서 이스라엘 나라를 회복하심이 이 때니이까. '이스라엘 나라'는 메시야가 와서 회복하는 나라를 말한다. 이 말은 종말론적인 단어다. 제자들은 유대인이 중심이 되어 이루어지는 육적 이스라엘의 나라를 생각했다. 그들은 여전히 큰 그림을 그리지 못하고 있었다. 예수님은 그들의 질문을 영적 이스라엘 나라로 받으셨다. '이스라엘의 나라'가 종말론적인 나라인 것은 맞다. 그러면 그것은 영적 이스라엘이다. 유대인이 아니라 세상 모든 민족이 함께하는 나라다. 완성된 하나님 나라다.

> 7 이르시되 때와 시기는 아버지께서 자기의 권한에 두셨으니 너희가 알 바 아니요
>
> 7 Jesus said to them, "The times and occasions are set by my Father's own authority, and it is not for you to know when they will be.

1:7 때와 시기는 아버지께서 자기의 권한에 두셨으니. 천국 백성이 중점적으로 생각해야 하는 것은 완성된 나라가 임할 때가 아니라 이 땅에서 하나님 나라를 확장해 가는 것이다. 완성된 하나님 나라는 오직 이 땅에서 하나님 나라에 참여한 사람이 그 백성이 된다. 헛물만 켜지 않기 위해서는 지금 하나님 나라 백성으로 사는 것이 중요하다. 예수님 재림하심으로 완성되는 하나님 나라는 이 땅에서 열심히 하나님 나라의 백성으로 산 사람이 맞이하게 될 나라다. 열심히 공부한 사람이 좋은 대학에 들어가는 것과 같다.

> 8 오직 성령이 너희에게 임하시면 너희가 권능을 받고 예루살렘과 온 유대와 사마리아와 땅 끝까지 이르러 내 증인이 되리라 하시니라
>
> 8 But when the Holy Spirit comes upon you, you will be filled with power, and you will be witnesses for me in Jerusalem, in all Judea and Samaria, and to the ends of the earth."

1:8 내 증인이 되리라. 하나님 나라를 받아들이고 그 백성으로 살아가는 사람은 그 나라가 얼마나 영광스러운지를 안다. 그래서 '증인'으로서 삶을 살게 된다. 복음의 증인이요 하나님 나라의 증인이 되는 것이다. **예루살렘과 온 유대와 사마리아와 땅 끝까지 이르러.** 지리적 확장을 말한다. 복음은 지리에 제약을 받지 않고 더 멀리 확장되어야 한다. 이것은 또한 민족적 확장을 의미하기도 한다. 사마리아에는 원수 같은 사람이 살고 있었다. 그러나 그들에게도 복음을 전해야 한다. '땅 끝'은 먼 지역을 의미한다. 아무리 멀어도 복음을 전해야 한다. 복음만이 생명의 길이기 때문이다. 사도행전 1장-12장은 베드로가 중심이 된 교회 확장 이야기이고, 13장-28장은 바울을 중심으로 한 교회 확장 이야기다. 베드로의 사역에서는 '예루살렘에서 사마리아까지' 또는 '유대인에게서 이방인으로'를 말하고 있다. 그리고 바울의 사역에서는 땅 끝으로의 교회 확장 이야기다. 그리고 이방인 안에서의 확장 이야기다. **권능을 받고.** 권능은 '증인으로 사는 힘'을 말한다. 세상 권력이나 힘이 아니다. 베드로나 바울이 그리 힘이 많지 않았다. 그러나 복음을 전하는 데는 결코 힘이 부족하지 않았다. 오늘날 우리들도 그렇다. 로또에 당첨될 필요가 없다. 수능 1등이 될 필요도 없다. 우리에게 주어진 곳에서 증인으로 살 힘은 이미 충분히 가지고 있다. 그리고 필요하다면 더 주어질 것이다.

> 9 이 말씀을 마치시고 그들이 보는데 올려져 가시니 구름이 그를 가리어 보이지 않게 하더라
> 9 After saying this, he was taken up to heaven as they watched him, and a cloud hid him from their sight.

1:9 올려져 가시니 구름이 그를 가리어 보이지 않게 하더라. 예수님은 그동안 보이는 육체를 가지고 제자들과 함께 하셨다. 그러나 이제 보이지 않게 되었다. 제자들과 함께 하는 방식의 변화다. 이전에는 육체로 함께 하셨다면 이제 영적으로 함께 하실 것이다. 성령을 통한 영적 임재다.

> 10 올라가실 때에 제자들이 자세히 하늘을 쳐다보고 있는데 흰 옷 입은 두 사람이 그들 곁에 서서

> 11 이르되 갈릴리 사람들아 어찌하여 서서 하늘을 쳐다보느냐 너희 가운데서 하늘로 올려지신 이 예수는 하늘로 가심을 본 그대로 오시리라 하였느니라
>
> 10 They still had their eyes fixed on the sky as he went away, when two men dressed in white suddenly stood beside them
>
> 11 and said, "Galileans, why are you standing there looking up at the sky? This Jesus, who was taken from you into heaven, will come back in the same way that you saw him go to heaven."

1:11 하늘로 가심을 본 그대로 오시리라. 예수님은 볼 수 있는 육체를 가진 모습으로 다시 오실 것이다. 그때는 '하나님 나라의 완성'의 때다. 예수님이 다시 오시기 전 제자들이 할 일이 무엇일까? 예수님께서 이 땅에서 늘 말씀하셨던 하나님 나라를 전하는 것이다. 그들이 예수님과 함께 하면서 배우고 경험한 하나님 나라의 증인이 되는 것이다. 예수님이 다시 오실 때 하나님 나라 백성으로 살고 있는 사람에게만 영원한 생명이 주어질 것이다. '떠남(승천)'과 '다시 오심(재림)'은 한 묶음이다. 떠나신 예수님은 다시 오신다고 말씀하셨다. 제자들은 그 다시 오심을 기다려야 한다. 증인으로서 열심히 살면서 기다려야 한다. 한 명이라도 더 생명으로 건지려는 열심을 가지고 사람 낚는 어부로 살아야 한다. 우리 또한 그러하다. 주님이 곧 다시 오실 것이다. 우리 자신 안에 복음을 더 배우고 하나님 백성으로 살아가기 위한 몸부림이 있어야 한다. 내 주변의 사람들이 영원한 생명을 가질 수 있도록 가르치는 증인으로의 삶을 살아야 한다. 주님 다시 오실 때까지. 진정한 교회로 살아야 한다.

> 12 제자들이 감람원이라 하는 산으로부터 예루살렘에 돌아오니 이 산은 예루살렘에서 가까워 안식일에 가기 알맞은 길이라
>
> 12 Then the apostles went back to Jerusalem from the Mount of Olives, which is about a kilometre away from the city.

1:12 감람원이라 하는 산으로부터 예루살렘에 돌아오니. 예수님이 올리브산에서 승천하셨다. 그리고 '예루살렘에서 기다리라' 하셨다. 그래서 그들은 예수님의 말씀을 따라 한 걸음을 옮겼다. 예수님이 떠나신 이후 어떤 길을 가야 하는지 전혀 모르는 것 같지만 예수님의 말씀을 생각해 보니 그들이 할 수 있는 일이 있었다. '예루살렘에 가는 것'이다. **이 산은 예루살렘에서 가까워 안식일에 가기 알맞은 길이라.** '안식일에

가기 알맞은 길'이란 유대인 전통에 대한 말이다. 유대인 전통은 안식일에 2,000규 빗 이내로만 움직여야 했다. 신약 시대의 규빗의 길이가 구약과 조금 다르다. 구약은 44cm이다. 예수님 당시는 46cm~52cm까지 다양한 의견이 있다. 예레미야스의 의견을 따라 예수님 시대의 규빗을 52cm로 잡아도 1km정도 되는 거리이다. 이 구절은 '예수님이 승천하신 곳에서 예루살렘까지 아주 가깝다'는 것을 말하는 것일 수 있다. 그런데 어쩌면 이 구절은 제자들이 여전히 과거의 장로 전통에 강하게 속박되어 있다는 것을 의미하는 것 같다. 예수님이 부활하시고 승천하셔서 완전히 새로운 시대가 열렸다. 그러나 그들은 새로운 시대에 대해 아는 것이 지극히 적고 여전히 과거의 전통만이 그들을 둘러싸고 있다는 강한 현실에 대한 표현인 것 같다.

> 13 들어가 그들이 유하는 다락방으로 올라가니 베드로, 요한, 야고보, 안드레와 빌립, 도마와 바돌로매, 마태와 및 알패오의 아들 야고보, 셀롯인 시몬, 야고보의 아들 유다가 다 거기 있어
>
> 13 They entered the city and went up to the room where they were staying: Peter, John, James and Andrew, Philip and Thomas, Bartholomew and Matthew, James son of Alphaeus, Simon the Patriot, and Judas son of James.

1:13 그들이 유하는 다락방으로 올라가니. 제자들은 예수님과 함께 했던 공간이 있었다. '다락방'은 우리식의 다락방이 아니라 당시 부잣집들은 2-3층으로 되어 있었는데 가장 위층은 만찬을 할 수 있도록 큰 공간으로 되어 있었다. 바로 그 공간을 의미한다. **다 거기 있어.** 예수님의 열한 제자가 모두 모였다. 그들이 다 사정이 있을텐데 새 시대를 맞이하여 그들 모두 남았다.

> 14 여자들과 예수의 어머니 마리아와 예수의 아우들과 더불어 마음을 같이하여 오로지 기도에 힘쓰더라
>
> 14 They gathered frequently to pray as a group, together with the women and with Mary the mother of Jesus and with his brothers.

1:14 더불어 마음을 같이하여 오로지 기도에 힘쓰더라. 예수님과 함께 하였던 여인들

과 이전에는 함께하지 않았으나 새롭게 함께 하게 된 예수님의 아우들이 함께하였다. 그리고 '기도'에 힘썼다. 그들은 예수님의 말씀에 따라 성령을 기다려야 하는데 어떻게 기다려야 할지를 몰랐다. 그래서 기도하였다. 어찌할지 모를 때 신앙인이 할 수 있는 가장 좋은 것은 기도다. 이들의 기도는 '오순절'까지 이어진다. 8일이라는 기간이다. 긴 기도는 아니다. 그러나 예수님께서 승천하신 이후 성령님이 오시기까지 8일 동안은 가장 혼돈의 시대라 할 수 있다. 두려움의 시기이기도 하다. 그런데 그 기간 동안 기도할 수 있어 그들은 가장 질서정연한 길을 갈 수 있었다. 무엇을 해야 할지 모르면 기도하라. 기도하면서 물어보라. 길을 정해 놓지 말고 어떤 길을 가야 하는지 물어야 한다. 어쩌면 그것이 가장 좋은 기도일 것이다. 사람들이 보통 길을 정해 놓고 길을 갈 힘을 달라고 하는 경우가 많은데 사실 기도는 어떤 길을 가야 하는지 묻는 것이 먼저다. 아무것도 모르는 백지 상태에서 제자들은 열심히 하나님의 뜻을 찾았다. 8일 후에 성령님이 오신다는 것도 모른다. 그러나 그들은 기간도 정하지 않고 무조건 기도하였다. '기다리라'는 예수님의 말씀을 의지하여 기다리며 기도하였다.

15 모인 무리의 수가 약 백이십 명이나 되더라 그 때에 베드로가 그 형제들 가운데 일어서서 이르되

16 형제들아 성령이 다윗의 입을 통하여 예수 잡는 자들의 길잡이가 된 유다를 가리켜 미리 말씀하신 성경이 응하였으니 마땅하도다

17 이 사람은 본래 우리 수 가운데 참여하여 이 직무의 한 부분을 맡았던 자라

18 (이 사람이 불의의 삯으로 밭을 사고 후에 몸이 곤두박질하여 배가 터져 창자가 다 흘러 나온지라

19 이 일이 예루살렘에 사는 모든 사람에게 알리어져 그들의 말로는 그 밭을 아겔다마라 하니 이는 피밭이라는 뜻이라)

20 시편에 기록하였으되 그의 거처를 황폐하게 하시며 거기 거하는 자가 없게 하소서 하였고 또 일렀으되 그의 직분을 타인이 취하게 하소서 하였도다

15 A few days later there was a meeting of the believers, about 120 in all, and Peter stood up to speak.

16 "My fellow-believers," he said, "the scripture had to come true in which the Holy Spirit, speaking through David, made a prediction about Judas, who was the guide for those who arrested Jesus.

17 Judas was a member of our group, for he had been chosen to have a part in our work."

18 (With the money that Judas got for his evil act he bought a field, where he fell to his death; he burst open and all his bowels spilt out.

19 All the people living in Jerusalem heard about it, and so in their own language they call that field Akeldama, which means "Field of Blood".)

20 "For it is written in the book of Psalms: 'May his house become empty; may no one live in it.' It is also written: 'May someone else take his place of service.'

1:20 일렀으되 그의 직분을 타인이 취하게 하소서 하였도다. 제자들에게 참으로 쓰라린 사건이 하나 있다. '유다의 배신'이다. 그 사건을 떠올리는 것조차 아픈 일이었을 것이다. 그러나 침묵으로 거절하고만 있지 않고 베드로는 그 문제를 정면으로 거론하였다. 가룟 유다는 배교자이다. 예수님께서 12제자를 세워 일을 하게 하셨었는데 배교로 인하여 11명이 되었다. 그래서 베드로는 그 자리를 채워야 한다고 생각하였다. 다시 12명이 되어 이스라엘의 영적 12지파를 향하여 전도의 길을 가는 것이 맞다고 생각한 것 같다.

21 이러하므로 요한의 세례로부터 우리 가운데서 올려져 가신 날까지 주 예수께서 우리 가운데 출입하실 때에

21 "So then, someone must join us as a witness to the resurrection of the Lord Jesus. He must be one of the men who were in our group during the whole time that the Lord Jesus travelled about with us, beginning from the time John preached his message of baptism." until the day Jesus was taken up from us to heaven

1:21 요한의 세례로부터 우리 가운데서 올려져 가신 날까지 주 예수께서 우리 가운데 출입하실 때. 부활의 증인이 되기 위해서는 부활이 가지는 의미를 알아야 한다. 그렇다면 예수님께 가르침을 받은 사람이어야 한다. 예수님을 초창기부터 따라 다녀서 모든 일을 잘 알고 있는 사람이어야 한다는 조건을 붙였다. 이것은 그들이 생각하기에 사도의 최적의 조건이었다.

> 22 항상 우리와 함께 다니던 사람 중에 하나를 세워 우리와 더불어 예수께서 부활하심을 증언할 사람이 되게 하여야 하리라 하거늘

1:22 예수께서 부활하심을 증언할 사람이 되게 하여야 하리라. 그들이 아는 한 가지 분명한 사실은 새로 뽑히는 사도는 다른 11명의 사도와 마찬가지로 '부활의 증인'으로 뽑히는 사람이라는 사실이다. 그래서 부활하신 예수님을 보았어야 한다.

> 23 그들이 두 사람을 내세우니 하나는 바사바라고도 하고 별명은 유스도라고 하는 요셉이요 하나는 맛디아라
>
> 24 그들이 기도하여 이르되 뭇 사람의 마음을 아시는 주여 이 두 사람 중에 누가 주님께 택하신 바 되어
>
> 23 So they proposed two men: Joseph, who was called Barsabbas (also known as Justus), and Matthias.
>
> 24 Then they prayed, "Lord, you know the thoughts of everyone, so show us which of these two you have chosen

1:24 그들이 기도하여 이르되. 제자들은 자신들이 생각하는 '증인'에 합당한 사람을 최대한 생각하여 두 사람을 선택하였다. 그리고 둘 중에 한 사람을 선택하기 위해 기도하였다. 모를 때는 기도해야 한다. **두 사람 중에 누가 주님께 택하신 바 되어.** 두 사람 중에 하나님이 기뻐하시는 사람을 선택할 수 있도록 기도하였다. 기도할 때 하나님께서 음성으로 대답하지 않으셔도 우리는 늘 기도해야 한다. 하나님께서 기뻐하시는 것을 선택할 수 있게 해 달라고 기도해야 한다. 어떤 면에서는 기도의 응답보다 이것이 더 중요하다.

> 25 봉사와 및 사도의 직무를 대신할 자인지를 보이시옵소서 유다는 이 직무를 버리고 제 곳으로 갔나이다 하고
>
> 25 to serve as an apostle in the place of Judas, who left to go to the place where he belongs."

1:25 봉사와 및 사도의 직무를 대신할 자인지를 보이시옵소서. '봉사'로 번역한 헬라어 단어는 '식사할 때 옆에서 섬기는 종이 하는 일'을 의미하는 단어다. 그들은 사도를 뽑을 때 결코 어떤 높은 직위를 생각한 것이 아니다. 종으로 섬기는 직분을 생각하고 있다.

> 26 제비 뽑아 맛디아를 얻으니 그가 열한 사도의 수에 들어가니라
> 26 Then they drew lots to choose between the two men, and the one chosen was Matthias, who was added to the group of eleven apostles.

1:26 제비 뽑아. 기도한 후 그들이 할 수 있는 최선의 방법으로 제비뽑기를 하였다. 이것은 아마 구약 시대에 우림과 둠밈으로 제비를 뽑는 것을 생각하여 그렇게 하였을 것이다. 지금 그들은 대제사장을 통해 우림과 둠밈을 뽑을 수 있는 처지가 아니었다. 그렇다고 아직 성령께서 오신 시대도 아니다. 그러기에 선택이 가장 힘든 상황에서 그들이 할 수 있는 최선으로서 기도 후 제비를 뽑은 것이다. 이것을 보고 제비 뽑기를 성경적 방식이라고 생각하면 안 된다. 이것은 유대인이라는 문화 속에서 성령 강림 전에 일시적으로 그들이 생각한 최선의 방법이다. 이후에 제비 뽑기는 나오지 않는다. 오늘날 이 방식이 다른 것보다 더 우월한 방식이라고 생각하면 안 된다. 여하튼 그들은 그들이 할 수 있는 최선을 다하여 하나님의 뜻을 찾았다는 사실이 중요하다.

2장

> 1 오순절 날이 이미 이르매 그들이 다같이 한 곳에 모였더니
> 1 When the day of Pentecost came, all the believers were gathered together in one place.

2:1 오순절 날이 이르매. 오순절은 유월절 이후 날부터 50일째 되는 날을 의미한다. 오늘날은 맥추절(사실은 밀 수확을 감사하는 절기)로 더 많이 알려져 있다. 오순절에 성령이 임한다고 말씀하시지는 않았다. 그러나 오순절은 성령이 임하시기에 아주 좋은 날은 틀림 없다.

오순절은 이스라엘의 3대 절기 중에 하나로서 많은 사람이 예루살렘으로 오는 절기다. 또한 예수님이 십자가에서 죽으신 후 50일째 되는 날이며, 예수님이 승천하신 후 8일째가 되는 날이기도 하다. 오순절에 대해 이스라엘 전통은 시내산에서 말씀을 받은 날로 여기며 지켰다. 또한 바벨론에서 포로귀환 이후 깨어진 언약관계를 다시 맺어 '언약 갱신의 날'로 지키는 날이기도 하다. 성령의 가장 큰 일은 말씀사역이다.

> 2 홀연히 하늘로부터 급하고 강한 바람 같은 소리가 있어 그들이 앉은 온 집에 가득하며
> 2 Suddenly there was a noise from the sky which sounded like a strong wind blowing, and it filled the whole house where they were sitting.

2:2 성령이 임할 때 드러난 3가지 현상을 말한다. **급하고 강한 바람 같은 소리가 있어.** 먼저 '특별한 소리'가 있었다. '바람'이라는 단어는 70인역에서 '코에 생기를 불어 넣으시니'(창 2:7)에서도 사용된 단어다. '호흡'이나 '영'으로 사용할 수 있다. 이것은 성령이 임하시는 것을 묘사한 것이다.

> 3 마치 불의 혀처럼 갈라지는 것들이 그들에게 보여 각 사람 위에 하나씩 임하여 있더니
>
> 3 Then they saw what looked like tongues of fire which spread out and touched each person there.

2:3 불의 혀처럼 갈라지는 것. 사람 위에 불 같은 것이 임하는 것을 눈으로 볼 수 있었다. '불'은 흔히 생각하는 '뜨거움' '열정'이 아니라 '정결'과 '심판'을 상징한다. 거짓된 것을 태우고 우리 안에 거룩을 입히시는 성령의 임함이다. 2가지 현상은 성령이 임하는 것이 형상화된 것이다. 성령이 임하는 것을 전혀 모르던 시기이기 때문에 이러한 현상을 통해 성령이 임하는 것을 청각과 시각으로 확실히 알 수 있도록 하는 것이 필요했던 것 같다.

> 4 그들이 다 성령의 충만함을 받고 성령이 말하게 하심을 따라 다른 언어들로 말하기를 시작하니라
>
> 4 They were all filled with the Holy Spirit and began to talk in other languages, as the Spirit enabled them to speak.

2:4 성령의 충만함을 받고. 이것은 성령이 '임하는 것'과 '충만' 등으로 번역 가능하다. **성령이 말하게 하심을 따라 다른 언어들로 말하기를 시작하니라.** 제자들이 성령이 임한 이후 갑자기 다른 나라 언어를 말할 수 있게 된 것을 의미한다. '천사의 말(방언)'이 아니라 '사람의 말'이다. 일반적인 언어를 말하는 것으로 보인다. 이것은 매우 특이한 현상이다.

제자들이 다른 나라 말을 할 수 있게 된 것은 성령이 임하였을 때의 일반적인 현상이 아니다. 그러나 이 당시에는 어쩌면 가장 필요한 것이었을 수 있다. 성령의 임함은 어떤 것보다 더 중요하고 놀라운 일이다. 그래서 다른 나라 언어를 말할 수 있게 되는 놀라운 일이 동반되었다. 또한 다른 나라 언어를 말할 수 있게 됨으로 그리스도의 증인으로 살아야 할 가장 실제적인 능력을 갖게 되었다. 증인으로서 살아야 할 가장 강력한 명령을 보여주는 것이다.

오순절 사건을 말할 때 신학적으로는 이것이 단회적인 것인지 다회적인 것인지를 가지고 토론을 많이 한다. 그런데 주님이 오신 크리스마스가 단회적인 것처럼 오늘 본문

의 오순절 사건도 단회적인 것이다. 그러나 다회적인 특성도 있다. 이후에 믿음을 가진 사람들에게 성령 하나님께서 임하신다. 계속 임하신다. 그러니 계속 일어나는 다회적인 사건이라 말할 수도 있다. 사람들이 오순절 사건을 단회적인지 다회적인 것인지 토론하는 이유는 그에 동반된 현상 때문이다. 그러나 오순절 사건에서 중요한 것은 현상이 아니다. 성령이 오셨다는 사실이 중요하다. 현상은 늘 바뀐다. 성령 하나님께서 필요하다 생각하시는 현상을 주시는 것이지 우리가 현상을 만들어 내거나 어떤 현상만 성령의 임함으로 제한해서는 안 된다. 중요한 것은 성령의 임함이요 성령이 하시는 일로서 그리스도의 증인으로서의 일이 일어나는 것이다.

> 5 그 때에 경건한 유대인들이 천하 각국으로부터 와서 예루살렘에 머물러 있더니
>
> 6 이 소리가 나매 큰 무리가 모여 각각 자기의 방언으로 제자들이 말하는 것을 듣고 소동하여
>
> 5 There were Jews living in Jerusalem, religious people who had come from every country in the world.
>
> 6 When they heard this noise, a large crowd gathered. They were all excited, because each one of them heard the believers speaking in his or her own language.

2:6 각각 자기의 방언으로 제자들이 말하는 것을 듣고 소동하여. 제자들은 정상적인 일반 언어를 사용하였다. 그러나 그것이 사람들에게 놀라운 것은 그들이 그러한 언어를 배운 적이 없기 때문이다. 그들이 갑자기 각 언어로 전도하는 것을 듣고 매우 혼란스러움을 느끼게 된 것이다.

> 7 다 놀라 신기하게 여겨 이르되 보라 이 말하는 사람들이 다 갈릴리 사람이 아니냐
>
> 8 우리가 우리 각 사람이 난 곳 방언으로 듣게 되는 것이 어찌 됨이냐
>
> 7 In amazement and wonder they exclaimed, "These people who are talking like this are Galileans!
>
> 8 How is it, then, that all of us hear them speaking in our own native languages?

2:8 우리 각 사람이 난 곳 방언으로 듣게 되는 것이 어찌 됨이냐. 갈릴리 출신 사람들이 어떻게 갑자기 여러 나라 말을 하게 되었는지 매우 이상하게 생각하였다. 제자들이 하는 언어는 지극히 일반적인 언어다. 그러나 그것을 듣는 사람들은 그것이 너무 신기했던 것이다. 제자들이 갑자기 외국어를 말할 수 있게 된 것은 성령의 임재 때문이었다.

> 9 우리는 바대인과 메대인과 엘람인과 또 메소보다미아, 유대와 갑바도기아, 본도와 아시아,
>
> 10 브루기아와 밤빌리아, 애굽과 및 구레네에 가까운 리비야 여러 지방에 사는 사람들과 로마로부터 온 나그네 곧 유대인과 유대교에 들어온 사람들과
>
> 11 그레데인과 아라비아인들이라 우리가 다 우리의 각 언어로 하나님의 큰 일을 말함을 듣는도다 하고
>
> 9 We are from Parthia, Media, and Elam; from Mesopotamia, Judea, and Cappadocia; from Pontus and Asia,
>
> 10 from Phrygia and Pamphylia, from Egypt and the regions of Libya near Cyrene. Some of us are from Rome,
>
> 11 both Jews and Gentiles converted to Judaism, and some of us are from Crete and Arabia-yet all of us hear them speaking in our own languages about the great things that God has done!"

2:11 우리가 우리의 각 언어로 하나님의 큰 일을 말함을 듣는도다. 제자들이 매우 다양한 언어를 말하게 된 것을 강조하기 위해 여러 지역의 이름이 나온다. 제자들마다 할 수 있게 된 언어가 달랐다. 그들은 갑자기 말할 수 있게 된 언어로 말하였다. 하나님께서 행하신 놀라운 복음의 소식을 전하였다. 그것은 매우 효과적이었을 것이다.

> 12 다 놀라며 당황하여 서로 이르되 이 어찌 된 일이냐 하며
>
> 12 Amazed and confused, they kept asking each other, "What does this mean?"

2:12 놀라며...어찌 된 일이냐. 성령 하나님의 임재는 이전과는 다른 어떤 일이 가능하게 한다. 그래서 성령 하나님의 존재를 알지 못하는 사람이 보기에는 분명 놀라운 일이 일어날 것이다.

> 13 또 어떤 이들은 조롱하여 이르되 그들이 새 술에 취하였다 하더라
> 13 But others made fun of the believers, saying, "These people are drunk!"

2:13 어떤 이들은 조롱하여 이르되. 제자들은 놀랍게도 갑자기 외국어를 말할 수 있게 되었다. 그것도 한 두 외국어가 아니다. 그런데 그것을 들은 사람들 중에는 여전히 조롱하는 사람들이 있었다. 그들은 '새 술에 취하였다'고 말하기도 하였다. 그것이 분명히 언어구조를 가지고 있고 다른 사람들과 소통하는 매우 정상적인 언어였음에도 불구하고 조롱하였다. 그들이 성령을 믿지 않고 눈에 보이지 않기 때문에 조롱하는 것이다.

> 14 베드로가 열한 사도와 함께 서서 소리를 높여 이르되 유대인들과 예루살렘에 사는 모든 사람들아 이 일을 너희로 알게 할 것이니 내 말에 귀를 기울이라
> 14 Then Peter stood up with the other eleven apostles and in a loud voice began to speak to the crowd: "Fellow-Jews and all of you who live in Jerusalem, listen to me and let me tell you what this means.

2:14 이 일을 너희로 알게 할 것이니. 제자들이 다양한 언어로 복음을 전한 놀라운 일에 대해 사람들이 모두 궁금해하였다. 그들에게 베드로는 이런 일이 어떻게 가능하게 되었으며 이 일이 무엇을 의미하는지를 설명하였다. 40절까지 베드로의 설명이다.

> 15 때가 제 삼 시니 너희 생각과 같이 이 사람들이 취한 것이 아니라
> 15 These people are not drunk, as you suppose; it is only nine o'clock in the morning.

2:15 삼 시니…이 사람들이 취한 것이 아니라. 조롱하는 이들을 향한 말이다. 이들이 성전에서 복음을 전하던 시간이 오전 9시였다. 그러니 아침부터 술을 먹고 말하는 것이 아니라는 말이다. 사실 술에 취해 다른 나라 언어를 말하는 것도 말이 안 된다. 그렇다면 대체 무슨 일이 일어난 것일까? 제자들은 어떻게 하루 아침에 다른 나라 언어를 말할 수 있게 되었을까? 사람들은 베드로의 말에 매우 흥미를 느꼈을 것이다.

> 16 이는 곧 선지자 요엘을 통하여 말씀하신 것이니 일렀으되
>
> 16 Instead, this is what the prophet Joel spoke about:

2:16 요엘을 통하여 말씀하신 것. 지금 일어나고 있는 일들은 요엘 선지자가 말한 것이라고 말한다. 요엘 2:28-32을 염두에 두었을 것이다. 지금 일어나는 일들은 이상한 것이 아니라 하나님께서 요엘 선지자를 통해 미리 말씀하신 것이다. 하나님께서 말씀하신 것이 이루어지는 것이기 때문에 이것에 주의를 기울여야 한다.

> 17 하나님이 말씀하시기를 말세에 내가 내 영을 모든 육체에 부어 주리니 너희의 자녀들은 예언할 것이요 너희의 젊은이들은 환상을 보고 너희의 늙은이들은 꿈을 꾸리라
>
> 17 'This is what I will do in the last days, God says: I will pour out my Spirit on everyone. Your sons and daughters will proclaim my message; your young men will see visions, and your old men will have dreams.

2:17 말세에 내가 내 영을 모든 육체에 부어 주리니. '말세에'는 요엘에서는 '이후에'로 되어 있다. 베드로는 '그 이후'가 '말세'를 의미하는 것이라고 해석하여 말하고 있다. '종말의 시대'는 오순절 성령이 오심으로 확실히 시작되었다. '말세'는 심판의 날이 이르기 전 마지막 단계의 때이다. 심판으로 시작되는 영원한 세상이 시작되기 전 마지막 때이다. 이때는 격정의 시대다. 준비의 시대다. 오순절에 제자들에게 성령이 임함으로 말세의 시작을 공식적으로 알렸다. 제자들에게 성령이 임한 것처럼 이제 모든 믿는 사람에게 성령이 임한다. 이전에는 성령이 특별한 사람에게 임하는 사역적 개념이 강하였다. 왕과 제사장과 선지자처럼 특별한 일을 하도록 하기 위해 성령의 임함

이 있었다. 그러나 말세에는 모든 사람에게 성령이 임하여 모든 사람이 그러한 일을 할 수 있게 하실 것이다. 시대가 급하기 때문이다. **자녀들은 예언...젊은이...늙은이.** 어떤 특별한 사람이 아니라 남녀노소 가리지 않고 모든 사람들에게 성령이 임하여 하나님의 일을 하게 하실 것이다. 특별히 복음의 일이 더 전파되도록 하실 것이다. 오늘날 모든 사람이 복음의 일을 해야 한다. 자신에게 주어진 성령의 일하심을 통해 다양한 방식으로의 복음 전파가 필요하다. 말세이기 때문이다.

> 18 그 때에 내가 내 영을 내 남종과 여종들에게 부어 주리니 그들이 예언할 것이요
>
> 19 또 내가 위로 하늘에서는 기사를 아래로 땅에서는 징조를 베풀리니 곧 피와 불과 연기로다
>
> 18 Yes, even on my servants, both men and women, I will pour out my Spirit in those days, and they will proclaim my message.
>
> 19 I will perform miracles in the sky above and wonders on the earth below. There will be blood, fire, and thick smoke;

2:19 하늘에서는 기사를 아래로 땅에서는 징조를 베풀리니. '기사'는 '놀랍고 경이로운 일'을 말한다. '징조'는 '특별한 일을 통해 보이는 것을 넘어 더 특별한 일이 있음을 말하는 것'이다. 기사와 징조로서 '피와 불과 연기'를 말한다. 이것이 구체적으로 무엇인지를 말하기는 어렵다. 그러나 이러한 것이 하나님의 임재와 관련된 것은 분명하다. **피.** 그리스도의 십자가를 생각하게 한다. 또한 오랫동안 제사드릴 때마다 피를 흘렸다. **불.** 모세가 떨기나무에서 하나님을 만날 때를 생각나게 한다. 성령이 '불의 혀'라는 가시적 모습을 통해 온 것과 연결되기도 할 것이다. 예수님이 말씀하시는 심판으로서 불과 연결되기도 한다. **연기.** 수증기가 포함된 짙은 구름이다. 하나님의 임재는 주로 구름 가운데 있었다. 예수님의 사역에서 우리는 수 없이 많은 기사와 징조를 볼 수 있다. 그것처럼 오순절의 '난 곳 방언(여러 외국어)'으로 말하는 것도 기사와 징조다. 지금까지는 없었던 가장 확실한 기사이며 징조이다.

> 20 주의 크고 영화로운 날이 이르기 전에 해가 변하여 어두워지고 달이 변하여 피

> 가 되리라
>
> 20 the sun will be darkened, and the moon will turn red as blood, before the great and glorious Day of the Lord comes.

2:20 주의 크고 영화로운 날이 이르기 전. 이것은 죄 많은 이 세상이 마치는 날을 의미한다. 예수님이 재림하심으로 이 세상은 새 하늘과 새 땅이 될 것이다. 그 전 시대를 말세라고 말한다. 말세는 그 이전 시대인 주님의 승천 전과 많이 다르다. 이 전에는 말세라는 다음 세대가 있었다. 그때는 조용히 복음이 전해지던 시대이다. 그러나 주님이 오시고 부활 승천하심으로 격변의 시대가 되었다. 격변의 시대를 드러내는 구절이 '해가 변하여 어두워지고 달이 변하여 피가 되리라'는 것이다. 17절-21절은 시적인 요소가 강하다. 그래서 이것을 산문적으로 해석하면 안 된다. 이것은 그러한 큰 격변의 일들이 일어나는 것을 말한다. 오늘날에도 수많은 격변의 일들이 일어난다. 기후 변화는 불편을 넘어 종말로 치닫는 것 같다. 핵전쟁의 위협이나 많은 변화들이 있다. 종말의 시대이기 때문이다.

> 21 누구든지 주의 이름을 부르는 자는 구원을 받으리라 하였느니라
>
> 21 And then, whoever calls out to the Lord for help will be saved.'

2:21 주의 이름을 부르는 자는 구원을 받으리라. 이 세상에서의 구원은 지구 밖에 도시를 건설하는 것에 있지 않다. 우리를 건지시는 예수 그리스도에 의해서만 구원이 있다. 그래서 베드로는 모인 청중들에게 예수 그리스도를 선포한다. 그때도 지금도 우리에게 필요한 분은 오직 예수 그리스도이다. 말세의 급변하는 시대와 어려움을 당할 때마다 우리가 기억해야 할 것은 '그리스도의 구원'이다. 그리스도께서 우리를 구원하기 위해 오셨다. 그러니 변하는 세상에 걱정하지 마라. 세상은 편하고 행복해도 있을 만한 곳이 못된다. 죄가 가득하여 멸망하는 곳이다. 우리가 있어야 할 곳은 주님 재림하심으로 새 하늘과 새 땅이 된 곳이다. 그러니 세상이 행복하든 행복하지 않든 그것에 매이지 말고 오직 우리를 구원하시는 그리스도를 바라보아야 한다.

> 22 이스라엘 사람들아 이 말을 들으라 너희도 아는 바와 같이 하나님께서 나사렛 예수로 큰 권능과 기사와 표적을 너희 가운데서 베푸사 너희 앞에서 그를 증언하셨느니라
>
> 22 "Listen to these words, fellow-Israelites! Jesus of Nazareth was a man whose divine authority was clearly proven to you by all the miracles and wonders which God performed through him. You yourselves know this, for it happened here among you.

2:22 너희도 아는 바와 같이 하나님께서 나사렛 예수로 큰 권능과 기사와 표적을 베푸사...증언하셨느니라. 예수님은 생전에 '권능과 기사와 표적(징조)'을 통해 예수님의 그리스도 되심을 증언하셨다. 예수님이 행하신 일은 참으로 놀라운 일이었다. 그것을 유대인들이 알았기에 시기하였고 죽였다.

> 23 그가 하나님께서 정하신 뜻과 미리 아신 대로 내준 바 되었거늘 너희가 법 없는 자들의 손을 빌려 못 박아 죽였으나
>
> 23 In accordance with his own plan God had already decided that Jesus would be handed over to you; and you killed him by letting sinful men crucify him.

2:23 너희가 법 없는 자들의 손을 빌려 못 박아 죽였으나. 종교 지도자들은 예수님을 로마의 손을 빌려 죽였다. **그가 하나님께서 정하신 뜻과 미리 아신 대로 내준 바 되었거늘.** 유대 지도자들이 예수님을 죽일 수 있었던 것은 사실 하나님께서 내어준 바 되었기 때문이다. 하나님께서 그것을 통해 하나님의 뜻을 이루어 가실 것이다. 유대인들은 예수님을 죽임으로 모든 것이 끝났다고 생각했지만 사실은 죽으심으로 오히려 더 일하고 계셨다.

> 24 하나님께서 그를 사망의 고통에서 풀어 살리셨으니 이는 그가 사망에 매여 있을 수 없었음이라
>
> 24 But God raised him from death, setting him free from its power, because it was impossible that death should hold him prisoner.

2:24 그가 사망에 매여 있을 수 없었음이라. 예수님은 사망에 매여 있을 수 없으시다. 부활하셨다. 예수님의 부활은 '예수의 주 되심'을 더욱더 확실하게 증거하였다. 생전에 예수님의 기사와 표적 행하심을 보고도 믿지 않았으나 죽으신 이후 부활하심을 보았으면 이제는 자신들의 주로 받아들여야 한다. 부활은 어떤 것보다 더 확실한 증거가 된다. 사도행전에서는 예수님이 죽으신 후 부활하심을 가장 강력한 증거로 계속 말한다. 부활하신 예수를 생각하면 더 이상의 다른 증거는 필요 없다.

> 25 다윗이 그를 가리켜 이르되 내가 항상 내 앞에 계신 주를 뵈었음이여 나로 요동하지 않게 하기 위하여 그가 내 우편에 계시도다
>
> 26 그러므로 내 마음이 기뻐하였고 내 혀도 즐거워하였으며 육체도 희망에 거하리니
>
> 27 이는 내 영혼을 음부에 버리지 아니하시며 주의 거룩한 자로 썩음을 당하지 않게 하실 것임이로다
>
> 25 For David said about him: 'I saw the Lord before me at all times; he is near me, and I will not be troubled.
>
> 26 And so I am filled with gladness, and my words are full of joy. And I, mortal though I am, will rest assured in hope,
>
> 27 because you will not abandon me in the world of the dead; you will not allow your faithful servant to rot in the grave.

2:27 베드로는 오순절에 제자들이 외국어를 갑자기 할 수 있게 된 현상이 '예수님의 주 되심'을 말하는 것이라고 주장한다. 그것을 뒷받침하기 위해 마지막으로 다윗의 증거를 사용한다. 시 16:8-11을 인용하여 말한다. **주의 거룩한 자로 썩음을 당하지 않게 하실 것임이로다.** 베드로는 당시 유대인들이 일반적으로 받아들이고 있던 시편의 메시야 사상을 가지고 설명하였다. 다윗이 '썩음을 당하지 않는 것'을 말할 때 자신에 대해 말한 것이 아니라고 말한다.

> 28 주께서 생명의 길을 내게 보이셨으니 주 앞에서 내게 기쁨이 충만하게 하시리로다 하였으므로

29 형제들아 내가 조상 다윗에 대하여 담대히 말할 수 있노니 다윗이 죽어 장사되어 그 묘가 오늘까지 우리 중에 있도다

30 그는 선지자라 하나님이 이미 맹세하사 그 자손 중에서 한 사람을 그 위에 앉게 하리라 하심을 알고

31 미리 본 고로 그리스도의 부활을 말하되 그가 음부에 버림이 되지 않고 그의 육신이 썩음을 당하지 아니하시리라 하더니

28 You have shown me the paths that lead to life, and your presence will fill me with joy.'

29 "My fellow-Israelites, I must speak to you plainly about our famous ancestor King David. He died and was buried, and his grave is here with us to this very day.

30 He was a prophet, and he knew what God had promised him: God had made a vow that he would make one of David's descendants a king, just as David was.

31 David saw what God was going to do in the future, and so he spoke about the resurrection of the Messiah when he said: 'He was not abandoned in the world of the dead; his body did not rot in the grave.'

2:31 그리스도의 부활을 말하되...그의 육신이 썩음을 당하지 아니하시리라. 예수님은 메시야이기 때문에 이 구절처럼 부활하셨다고 말하였다. 지금은 예수님이 죽으시고 50일이 된 시점이다. 예수님의 부활에 대한 소문은 이미 많은 사람들이 알고 있었던 것 같다.

32 이 예수를 하나님이 살리신지라 우리가 다 이 일에 증인이로다

32 God has raised this very Jesus from death, and we are all witnesses to this fact.

2:32 하나님이 살리신지라 우리가 다 이 일에 증인이로다. 하나님께서 예수님을 살리셨고 제자들은 부활하신 예수님을 직접 보았다. 두 사람이 보았으면 증거 채택이 될 수 있는데 베드로를 대표로 마가의 다락방에 모인 120명의 사람들이 다 증인이 될 수 있다. 이것보다 더 확실한 증거는 없다.

> 33 하나님이 오른손으로 예수를 높이시매 그가 약속하신 성령을 아버지께 받아서 너희가 보고 듣는 이것을 부어 주셨느니라
>
> 33 He has been raised to the right-hand side of God, his Father, and has received from him the Holy Spirit, as he had promised. What you now see and hear is his gift that he has poured out on us.

2:33 그가 약속하신 성령을 아버지께 받아서 너희가 보고 듣는 이것을 부어 주셨느니라. 부활하고 승천하신 예수님이 성령을 보내셔서 지금 유대인들이 보고 있는 것처럼 제자들이 외국어를 말할 수 있게 되었다. 이것은 예수님의 주 되심에 대한 분명한 증거다.

> 34 다윗은 하늘에 올라가지 못하였으나 친히 말하여 이르되 주께서 내 주에게 말씀하시기를
>
> 35 내가 네 원수로 네 발등상이 되게 하기까지 너는 내 우편에 앉아 있으라 하셨도다 하였으니
>
> 34 For it was not David who went up into heaven; rather he said: 'The Lord said to my Lord: Sit here at my right
>
> 35 until I put your enemies as a footstool under your feet.'

2:35 베드로는 다윗의 시편을 또 하나 인용하였다. 시편 110:1이다. **너는 내 우편에 앉아 있으라.** 예수님은 부활하신 후 하나님의 우편에 앉아 계신다. 그곳에서 성령을 보내셨고 세상을 다스리신다.

> 36 그런즉 이스라엘 온 집은 확실히 알지니 너희가 십자가에 못 박은 이 예수를 하나님이 주와 그리스도가 되게 하셨느니라 하니라
>
> 36 "All the people of Israel, then, are to know for sure that this Jesus, whom you crucified, is the one that God has made Lord and Messiah!"

2:36 너희가 십자가에 못 박은 이 예수를 하나님이 주와 그리스도가 되게 하셨느니라. 유대인들이 죽인 예수님이 그리스도이셨다. 또한 '만유의 주'로 계신다. 그들이 만유의

주되신 예수님을 죽였던 것이다. 그들은 지금 제자들이 갑자기 외국어를 하고 있는 것을 보고 조롱하거나 놀랄 것이 아니라 그들이 만유의 주 되신 예수를 죽이는 엄청난 죄악을 저질렀다는 사실 앞에 엎드려야 한다. 그것이 시급하다.

> 37 그들이 이 말을 듣고 마음에 찔려 베드로와 다른 사도들에게 물어 이르되 형제들아 우리가 어찌할꼬 하거늘
>
> 37 When the people heard this, they were deeply troubled and said to Peter and the other apostles, "What shall we do, brothers?"

2:37 말을 듣고 마음에 찔려...우리가 어찌할꼬. 그들은 변화가 필요하다는 것을 깨달았다. 그들은 바뀌어야 한다. 바뀌지 않으면 엄청난 죄 속에서 멸망할 것이라는 것을 깨달은 것이다.

> 38 베드로가 이르되 너희가 회개하여 각각 예수 그리스도의 이름으로 세례를 받고 죄 사함을 받으라 그리하면 성령의 선물을 받으리니
>
> 38 Peter said to them, "Each one of you must turn away from your sins and be baptized in the name of Jesus Christ, so that your sins will be forgiven; and you will receive God's gift, the Holy Spirit.

2:38 회개하여. 과거의 죄에서 돌아서야 한다. 그들이 있던 죄의 자리에 대해 아파하며 그곳에서 돌아서야 한다. **예수 그리스도의 이름으로 세례를 받고 죄 사함을 받으라.** 죄에서 돌아서기만 하는 것이 아니라 예수 그리스도를 자신의 주로 받아들여야 한다. 예수 그리스도와 함께하는 의로운 삶을 시작해야 한다. **성령의 선물을 받으리니.** 그들이 계속 의의 길을 가는 것이 결코 쉽지 않다. 그래서 성령을 선물로 받아야 한다. 성령의 임재로 성령의 인도하심을 따라 살아야 한다. 그래야 거룩한 길을 계속 갈 수 있다.

> 39 이 약속은 너희와 너희 자녀와 모든 먼 데 사람 곧 주 우리 하나님이 얼마든지 부르시는 자들에게 하신 것이라 하고
>
> 39 For God's promise was made to you and your children, and to all who are far away—all whom the Lord our God calls to himself."

2:39 먼 데 사람. 지리적으로 또는 믿음적으로 멀리 있는 사람도 바뀌기를 하나님께서 원하신다. 그래서 그들도 부르신다. 회개하고 세례를 받으며 성령을 받기만 하면 된다. 그러면 바뀔 수 있다. 아주 어려운 그 일이 아주 쉽게 바뀔 수 있다. 그것을 하나님께서 기뻐하시기 때문이다.

> 40 또 여러 말로 확증하며 권하여 이르되 너희가 이 패역한 세대에서 구원을 받으라 하니
>
> 40 Peter made his appeal to them and with many other words he urged them, saying, "Save yourselves from the punishment coming on this wicked people!"

2:40 패역한 세대에서 구원을 받으라. 구원을 받지 않으면 패역한 세대에서 멸망할 것이다. 가만히 있으면 멸망한다. 모든 사람에게 가장 중요한 것은 패역한 시대의 멸망에서 구원받는 것이다.

> 41 그 말을 받은 사람들은 세례를 받으매 이 날에 신도의 수가 삼천이나 더하더라
>
> 41 Many of them believed his message and were baptized, and about 3,000 people were added to the group that day.

2:41 신도의 수가 삼천이나 더하더라. 삼천이나 되는 많은 사람들이 그 날 회개하였다. 바뀌었다. 오늘날 사람들이 구원받아야 하는 필요성을 느끼지 못하는 경우가 많다. 세상에서 정신 없이 살고 있기 때문일 것이다. 때로는 어느정도 만족스러운 삶을 살고 있기 때문일 수도 있다. 그러나 모든 사람에게 가장 필요한 것은 구원받는 것이다. 지금 그럭저럭 살고 있는 그것은 그리 오래가지 못한다. 죄의 값을 정확히 치러야 할 때가 올 것이다. 그러니 가능하면 빨리 지금 멸망의 열차에 타고 있다는 것을 깨달아

야 한다. 멸망의 열차에서 구원받기 위해서는 바뀌어야 한다. 내 삶의 주인이 바뀌어야 한다.

> 42 그들이 사도의 가르침을 받아 서로 교제하고 떡을 떼며 오로지 기도하기를 힘쓰니라
>
> 42 They spent their time in learning from the apostles, taking part in the fellowship, and sharing in the fellowship meals and the prayers.

2:42 가르침…교제…떡을 떼며…기도하기를 힘쓰니라. 교회에 필수적으로 있어야 할 것은 기사와 표적이 아니다. 이 4가지가 있어야 한다. 교회는 그리스도의 가르침을 가르쳐야 한다. 핵심은 십자가에서의 죽으심과 부활이다. '교제'는 '어떤 목적을 가지고 함께 모이는 것'을 말한다. 교회는 자주 모여야 한다. 모임의 목적이 무엇이든 자주 모여야 한다. 자주 모이면 서로의 연약함 때문에 시험의 일이 많이 생길 것이다. 그러나 그래도 자주 모여야 한다. '떡을 떼며'는 일반적인 식사와 성찬을 함께 했던 당시를 생각하면 이것이 두 가지를 다 포함하고 있다고 생각할 수 있다. 교회에서의 식사는 애찬(일반적 식사)을 하고 이어서 성찬을 했다. 그렇게 일반적 식사를 함께 하는 것이 좋은 일이다. 성찬을 하는 것이 필수적이다. '기도에 힘썼다'는 것을 기억해야 한다. 기도는 늘 해야 한다. 교회가 하나님의 뜻을 찾아야 하기 때문이다. 구체적으로 하나님의 뜻을 찾고 행하기 위해서 기도해야 한다.

> 43 사람마다 두려워하는데 사도들로 말미암아 기사와 표적이 많이 나타나니
>
> 43 Many miracles and wonders were being done through the apostles, and everyone was filled with awe.

2:43 사도들로 말미암아 기사와 표적이 많이 나타나니. 사도들의 말이 정당함을 증거하기 위해 하나님께서 사도들을 통해 '기사와 표적'이 일어나게 하셨다. 기사와 표적은 때때로 교회에서 복음이 전달되는 수단이 되었다. 기사와 표적이 있을 때 사람들이 놀라워하기 때문이다. 필요할 때는 하나님께서 주실 것이다. 그러나 기사와 표적을 의지하지는 말아야 한다. 특별계시가 완료된 오늘날은 더 이상 기적이 표적의 역할을

하지 못한다.

> 44 믿는 사람이 다 함께 있어 모든 물건을 서로 통용하고
>
> 44 All the believers continued together in close fellowship and shared their belongings with one another.

2:44 모든 물건을 서로 통용하고. 흔히 오해하는 것처럼 공산주의나 사유재산이 없는 공동체처럼 사유재산을 인정하지 않았다는 말이 아니다. 이후의 말씀을 보면 여전히 개인 땅이 있고 재산이 있는 것을 볼 수 있다. 재산은 어떤 누구에게나 매우 중요하다. 그런데 때로는 그런 재산까지 통용하는 경우가 생긴 것을 의미한다. 지속적이지는 않았던 것 같지만 그들은 그렇게 복음을 위해 자신들의 모든 것을 헌신하였다.

> 45 또 재산과 소유를 팔아 각 사람의 필요를 따라 나눠 주며
>
> 46 날마다 마음을 같이하여 성전에 모이기를 힘쓰고 집에서 떡을 떼며 기쁨과 순전한 마음으로 음식을 먹고
>
> 47 하나님을 찬미하며 또 온 백성에게 칭송을 받으니 주께서 구원 받는 사람을 날마다 더하게 하시니라
>
> 45 They would sell their property and possessions, and distribute the money among all, according to what each one needed.
>
> 46 Day after day they met as a group in the Temple, and they had their meals together in their homes, eating with glad and humble hearts,
>
> 47 praising God, and enjoying the good will of all the people. And every day the Lord added to their group those who were being saved.

2:47 앞에서 교회의 외적 본질 4가지(42절)를 말하였고 여기에서는 내면적 본질 2가지를 말한다. **하나님을 찬미하며.** 하나님을 찬양하고 하나님께 영광을 돌리는 것은 교회의 내면적 본질에서 가장 중요하다. 교회가 교회되기 위해서는 하나님이 찬양받아야 한다. 하나님이 영광 받아야 한다. 우리의 믿음이 믿음되기 위해서는 우리를 통해 하나님이 영광 받으셔야 한다. 우리가 하나님을 더욱더 찬양하고 싶어야 한다. **온 백**

성에게 칭송을 받으니. 교회가 교회되는 또 하나의 본질은 '세상의 칭송'을 듣는 것이다. 물론 교회는 세상과 가치관이 다르다. 그래서 때로는 미움을 받고 순교를 당하기도 한다. 그러나 본질적인 측면에 있어서는 칭송을 받아야 한다. 교회가 예수님의 거룩을 닮아간다면 당연히 칭송받을 것이다. 그러기에 세상의 칭송을 받지 못한다면 가치관이 달라서 그런 것인지 아니면 우리가 교회답지 않아서 그런 것인지를 돌아보아야 한다. **구원받는 사람을 날마다 더하게 하시니라.** 교회가 본질을 지켰을 때 교회는 확장되었다. 본질에는 생명이 담겨 있고 세상은 생명이 필요하기 때문에 세상에 더 많이 전달된 것이다. 결국 본질이 이긴다. 그러니 당장 효과가 없는 것 같아도 본질을 놓치지 말아야 한다.

1부

베드로 사도를 중심으로 한 유대인 사역

(3:1-12:25)

예루살렘에서 전파(3:1-5:42)

3장

> 1 제 구 시 기도 시간에 베드로와 요한이 성전에 올라갈새
>
> 1 One day Peter and John went to the Temple at three o'clock in the afternoon, the hour for prayer.

3:1 제 구시 기도 시간. 오후 3시로서 당시 성전에서 상번제를 드리는 시간이다. 이 시간에는 사람들이 모여 함께 기도하는 시간이기도 하였다.

제자들은 초기에는 기존의 유대인의 모습을 그대로 따라하고 있었다. 기독교와 유대교가 갈라진 것은 스데반의 순교에서 금이 갔고, 62년 예수님의 동생 야고보의 순교에서는 회복할 수 없는 간격이 생겼고, 유대인들의 로마에 대한 저항 전쟁(66년-70년)으로 완전히 나뉘었다.

> 2 나면서 못 걷게 된 이를 사람들이 메고 오니 이는 성전에 들어가는 사람들에게 구걸하기 위하여 날마다 미문이라는 성전 문에 두는 자라
>
> 2 There at the Beautiful Gate, as it was called, was a man who had been lame all his life. Every day he was carried to the gate to beg for money from the people who were going into the Temple.

3:2 나면서 못 걷게 된 이를...구걸하기 위하여 날마다 미문이라는 성전 문에 두는 지라. '미문'의 위치는 3가지 가능성이 있다. 1.지금 예루살렘에 가면 돌로 막힌 황금문이라고 불리는 성전 전체 뜰의 입구 문. 2.이방인의 뜰에서 여인의 뜰로 들어가는 문. 3.여인의 뜰에서 이스라엘의 뜰(남자의 뜰)로 들어가는 문. 이 중에 보통 2번을 의미하는 것으로 생각한다. 장애인은 그 이상으로 들어갈 수 없어 그 문에서 멈추어 있었을 것이다. 앉은뱅이로 태어난 이 남자가 살 수 있는 유일한 길은 구걸밖에 없었을 것이다.

다행히 당시 유대인들은 자선을 베푸는 것을 신앙의 3대 요소(율법, 예배, 자선) 중 하나로 생각했기 때문에 이곳에서 구걸하여 살아갈 수 있었을 것이다. **사람들이 메고 오니.** 비록 이방인의 뜰까지는 들어갈 수 있었고 구걸하여 목숨을 연명할 수는 있었지만 이 남자의 인생은 참으로 안타까운 모습이다. 그곳에 혼자 올 수도 없었고 '사람들이 메고'와야만 그곳에 올 수 있었다. 늘 그 자리에서 구걸하면서 살았다. 성전 문은 높이가 14m정도 되었고 금으로 도금되어 있었다. 아주 화려하였다. 그래서 그 문을 미문이라 하였다. 그러나 자신의 모습은 결코 화려함과는 거리가 멀었다. 그 안으로 들어갈 수도 없었다.

> 3 그가 베드로와 요한이 성전에 들어가려 함을 보고 구걸하거늘
> 4 베드로가 요한과 더불어 주목하여 이르되 우리를 보라 하니
> 5 그가 그들에게서 무엇을 얻을까 하여 바라보거늘
> 6 베드로가 이르되 은과 금은 내게 없거니와 내게 있는 이것을 네게 주노니 나사렛 예수 그리스도의 이름으로 일어나 걸으라 하고
>
> 3 When he saw Peter and John going in, he begged them to give him something.
> 4 They looked straight at him, and Peter said, "Look at us!"
> 5 So he looked at them, expecting to get something from them.
> 6 But Peter said to him, "I have no money at all, but I give you what I have: in the name of Jesus Christ of Nazareth I order you to get up and walk!"

3:6 은과 금은 내게 없거니와. 걸인은 돈(은)을 생각하면서 쳐다보았다. 그것을 알기에 베드로는 자신들이 걸인에게 줄 은과 금이 없다고 말하였다. 그 말을 듣는 순간 걸인은 실망하였을 것이다. **이것을 네게 주노니.** '대체 무엇을 주겠다는 것이지?'라고 생각했을 것이다. 그때 베드로가 말하였다. '나사렛 예수 그리스도의 이름으로 일어나 걸으라.' 앉은뱅이에게 '걸으라'니 말이 될까?

> 7 오른손을 잡아 일으키니 발과 발목이 곧 힘을 얻고
>
> 7 Then he took him by his right hand and helped him up. At once the man's feet and

> ankles became strong;

3:7 멍하니 보고 있는 걸인을 베드로가 잡아 일으켰다. 그런데 놀랍게도 걸인은 발에 힘을 줄 수 있었고 걸을 수 있었다. 이전에 한 번도 걸어 본적이 없는데 갑자기 걷게 되었다.

> 8 뛰어 서서 걸으며 그들과 함께 성전으로 들어가면서 걷기도 하고 뛰기도 하며 하나님을 찬송하니
>
> 8 he jumped up, stood on his feet, and started walking around. Then he went into the Temple with them, walking and jumping and praising God.

3:8 성전으로 들어가면서. 걸인은 평생 이곳에 왔지만 여자들의 뜰을 거쳐 이스라엘의 뜰(남자들의 뜰)에 들어가지 못하였다. 그곳으로 들어가야 제사를 드릴 수 있고 함께 기도에 동참할 수 있다. 그런데 장애인이라 한 번도 들어가지 못하였다. 이제 걸을 수 있게 되어 성전에 들어가는 베드로 일행과 함께 그 성전에 직접 들어갈 수 있게 되었다. **걷기도 하고 뛰기도 하며 하나님을 찬송하니.** '미문'이 '여인의 뜰에 들어가는 문'으로 볼 수 있는 중요한 이유가 여기에 나온다. '뛰었다'하는데 그러면 이스라엘의 뜰에 이르는 문은 아닐 것이다. 이스라엘의 뜰에 이르는 문은 바로 제사를 드리는 곳이기 때문에 뛸 수 있는 곳이 아니다.

> 9 모든 백성이 그 걷는 것과 하나님을 찬송함을 보고
>
> 10 그가 본래 성전 미문에 앉아 구걸하던 사람인 줄 알고 그에게 일어난 일로 인하여 심히 놀랍게 여기며 놀라니라
>
> 9 The people there saw him walking and praising God,
>
> 10 and when they recognized him as the beggar who had sat at the Beautiful Gate, they were all surprised and amazed at what had happened to him.

3:10 심히 놀랍게 여기며. 성전에 자주 오는 사람은 걸인의 얼굴을 잘 알고 있었을 것이다. 수십 년을 그렇게 앉은뱅이로 있던 사람이 걸으니 얼마나 놀랐을까?

> 11 나은 사람이 베드로와 요한을 붙잡으니 모든 백성이 크게 놀라며 달려 나아가 솔로몬의 행각이라 불리우는 행각에 모이거늘
>
> 11 As the man held on to Peter and John in Solomon's Porch, as it was called, the people were amazed and ran to them.

3:11 나은 사람이 베드로와 요한을 붙잡으니. '나은 사람'은 앉은뱅이 걸인이었던 사람을 말한다. 그는 일어나 걷게 된 이후 바로 베드로와 함께 성전에 들어가 예배와 기도에 참여하고 나왔다. 생전 처음 있는 일이었을 것이다. 그리고 이제 자신의 집에 가서 자신의 변화를 알리고 싶을 것 같은데 그렇게 하지 않았다. '붙잡으니'는 '체포하다' 등에도 사용하는 단어로 강력하게 그를 따라붙어 있는 것을 의미한다. 그는 성전에서 나오면서 집에 가지 않고 베드로에게 바짝 붙어 있었다. 성경의 치유 기사는 보통 믿음으로 고침을 받는데 그는 아마 믿음 없이 고침을 받았고 그로 인해 믿음을 가지게 된 것 같다. 감사한 것은 그가 믿음 없이 고침을 받았어도 그냥 떠나지 않고 믿음을 가지게 되고 베드로를 따라가고 있다는 것이다. **모든 백성이 크게 놀라며 달려 나아가.** 걸인을 알아챈 사람들이 멀리서도 달려왔다. 금세 '솔로몬의 행각'이라는 곳에 사람들이 모여들었다. 솔로몬의 행각은 이방인의 뜰을 둘러싸고 있는 곳으로 지붕과 기둥만 있는 곳을 의미한다. 이쪽저쪽에서 사람들이 몰려들었고 웅성거렸다. 그들은 걸인을 신기하게 쳐다보기도 하였지만 이내 걸인을 일어서게 하였다는 베드로를 주목하여 보았다.

> 12 베드로가 이것을 보고 백성에게 말하되 이스라엘 사람들아 이 일을 왜 놀랍게 여기느냐 우리 개인의 권능과 경건으로 이 사람을 걷게 한 것처럼 왜 우리를 주목하느냐
>
> 12 When Peter saw the people, he said to them, "Fellow-Israelites, why are you surprised at this, and why do you stare at us? Do you think that it was by means of our own power or godliness that we made this man walk?

3:12 우리 개인의 권능과 경건으로 이 사람을 걷게 한 것처럼 왜 우리를 주목하느냐. 베드로는 앉은뱅이 걸인이 걷게 된 것은 자신의 권능이나 믿음 때문이 아니라고 분명하게 말하였다.

> 13 아브라함과 이삭과 야곱의 하나님 곧 우리 조상의 하나님이 그의 종 예수를 영화롭게 하셨느니라 너희가 그를 넘겨 주고 빌라도가 놓아 주기로 결의한 것을 너희가 그 앞에서 거부하였으니
>
> 14 너희가 거룩하고 의로운 이를 거부하고 도리어 살인한 사람을 놓아 주기를 구하여
>
> 15 생명의 주를 죽였도다 그러나 하나님이 죽은 자 가운데서 그를 살리셨으니 우리가 이 일에 증인이라
>
> 13 The God of Abraham, Isaac, and Jacob, the God of our ancestors, has given divine glory to his Servant Jesus. But you handed him over to the authorities, and you rejected him in Pilate's presence, even after Pilate had decided to set him free.
>
> 14 He was holy and good, but you rejected him, and instead you asked Pilate to do you the favour of turning loose a murderer.
>
> 15 You killed the one who leads to life, but God raised him from dead-and we are witnesses to this.

3:15 생명의 주를 죽였도다. 베드로의 설교에서는 예수님에 대한 다양한 칭호가 나온다. '생명의 주'는 '생명의 근원'이라고 해석할 수도 있다. 생명의 근원이시고 영원한 생명을 주시는 유일한 분을 사람들이 죽였다. 그러니 얼마나 큰 죄가 될까?

> 16 그 이름을 믿으므로 그 이름이 너희가 보고 아는 이 사람을 성하게 하였나니 예수로 말미암아 난 믿음이 너희 모든 사람 앞에서 이같이 완전히 낫게 하였느니라
>
> 16 It was the power of his name that gave strength to this lame man. What you see and know was done by faith in his name; it was faith in Jesus that has made him well, as you can all see.

3:16 그 이름이 너희가 보고 아는 이 사람을 성하게 하였나니. 예수 그리스도께서 앉은뱅이 걸인을 걷게 하셨다. 그 분을 주목해야 한다. 사람들은 앉은뱅이 걸인이 일어난 것을 보고 제자들을 놀라운 눈으로 보았다. 그러나 제자들은 예수님을 전하였다. 앉은뱅이 걸인이 걷게 된 이 놀라운 사건에서 주인공은 앉은뱅이 걸인이 아니다. 제자들도 아니다. 오직 예수님이시다. 사람들은 예수님을 죽였으나 예수님은 부활하셨고 앉은뱅이를 걷게 하셨다.

지금도 마찬가지다. 사람들은 자신들의 머릿속에서 예수님을 생각하지 않는다. 어떤

사람은 과거에 교회를 잘 다녔으나 지금은 자신의 삶에서 지워버렸다. 그러나 예수님은 여전히 만물을 다스리고 계신다. 사람들은 앉은뱅이 걸인처럼 세상에서 계속 바쁘게 무엇인가를 구하면서 살고 있다. 그러나 우리를 앉은뱅이 걸인과 같은 삶에서 일어나게 하시고 진짜 인생을 살아갈 수 있게 하시는 유일한 분은 예수님이다. 예수님을 주목하여 보아야 한다.

> 17 형제들아 너희가 알지 못하여서 그리하였으며 너희 관리들도 그리한 줄 아노라
>
> 17 "And now, my fellow-Israelites, I know that what you and your leaders did to Jesus was due to your ignorance.

3:17 형제들아 너희가 알지 못하여서 그리하였으며. 알지 못하고 범하는 죄도 죄에 해당하지만 그래도 알고 행하는 것보다는 조금 덜한 죄다. 그러니 '이제라도 그렇게 절망하지만 말고 예수님을 믿으라'고 말한다.

> 18 그러나 하나님이 모든 선지자의 입을 통하여 자기의 그리스도께서 고난 받으실 일을 미리 알게 하신 것을 이와 같이 이루셨느니라
>
> 18 God announced long ago through all the prophets that his Messiah had to suffer; and he made it come true in this way.

3:18 하나님이 모든 선지자의 입을 통하여…고난 받으실 일을 미리 알게 하신 것. 사람들은 예수님을 주목하고 있지 않았지만 하나님께서는 이미 선지자들을 통해 그리스도의 고난에 대해 말씀하셨다. 그들이 주목하지 않고 있었을 뿐이다. 모세도 사무엘도 이사야도 말하였다.

> 19 그러므로 너희가 회개하고 돌이켜 너희 죄 없이 함을 받으라 이같이 하면 새롭게 되는 날이 주 앞으로부터 이를 것이요
>
> 19 Repent, then, and turn to God, so that he will forgive your sins. If you do,

3:19 회개하고 돌이켜 너희 죄 없이 함을 받으라. '죄 없이 함'이 없으면 죄의 구렁텅이에서 영원토록 살게 될 것이다. 죄의 처절함만이 있는 곳이다. 앉은뱅이 걸인의 비참함에서 더 나아가 영원한 죄인의 구렁텅이는 어찌 말로 다 표현할 수 있을까? 빨리 죄의 구렁텅이에서 나와 하나님을 찬미하며 사는 자리로 옮겨야 한다. 앉은뱅이 걸인이 고침을 받아 예수님을 알고 '찬미하며' 예배하였던 것처럼 말이다.

> 20 또 주께서 너희를 위하여 예정하신 그리스도 곧 예수를 보내시리니
>
> 21 하나님이 영원 전부터 거룩한 선지자들의 입을 통하여 말씀하신 바 만물을 회복하실 때까지는 하늘이 마땅히 그를 받아 두리라
>
> 20 times of spiritual strength will come from the Lord, and he will send Jesus, who is the Messiah he has already chosen for you.
>
> 21 He must remain in heaven until the time comes for all things to be made new, as God announced through his holy prophets who lived long ago.

3:21 만물을 회복하실 때. 이 땅에 있는 수많은 죄와 아픔과 고통은 모두 비정상이다. 하나님께서 기뻐하시는 것이 아니다. 사람이 안고 살아야 할 모습이 아니다. 그러한 모든 비정상적인 것이 정상으로 회복될 때가 있다. **하늘이 마땅히 그를 받아 두리라.** 만물이 회복하기 전까지 예수님이 '하늘'에 계신 것을 말한다. 승천하신 예수님을 말하는 것이다. 승천하셔서 하나님 우편에 앉아 계시다가 재림하실 것에 대한 말씀이다. 그날 모든 것이 회복될 것이다. 또한 모든 죄에 대해 심판하실 것이다. 그러기에 빨리 예수님을 주목해야 한다.

> 22 모세가 말하되 주 하나님이 너희를 위하여 너희 형제 가운데서 나 같은 선지자 하나를 세울 것이니 너희가 무엇이든지 그의 모든 말을 들을 것이라
>
> 23 누구든지 그 선지자의 말을 듣지 아니하는 자는 백성 중에서 멸망 받으리라 하였고
>
> 24 또한 사무엘 때부터 이어 말한 모든 선지자도 이 때를 가리켜 말하였느니라
>
> 25 너희는 선지자들의 자손이요 또 하나님이 너희 조상과 더불어 세우신 언약의

자손이라 아브라함에게 이르시기를 땅 위의 모든 족속이 너의 씨로 말미암아 복을 받으리라 하셨으니

26 하나님이 그 종을 세워 복 주시려고 너희에게 먼저 보내사 너희로 하여금 돌이켜 각각 그 악함을 버리게 하셨느니라

22 For Moses said, 'The Lord your God will send you a prophet, just as he sent me, and he will be one of your own people. You are to obey everything that he tells you to do.

23 Anyone who does not obey that prophet shall be separated from God's people and destroyed.'

24 And all the prophets who had a message, including Samuel and those who came after him, also announced what has been happening these days.

25 The promises of God through his prophets are for you, and you share in the covenant which God made with your ancestors. As he said to Abraham, 'Through your descendants I will bless all the people on earth.'

26 And so God chose his Servant and sent him first to you, to bless you by making every one of you turn away from your wicked ways."

4장

> 1 사도들이 백성에게 말할 때에 제사장들과 성전 맡은 자와 사두개인들이 이르러
>
> 1 Peter and John were still speaking to the people when some priests, the officer in charge of the temple guards, and some Sadducees arrived.

4:1 말할 때에 제사장들과...이르러. 사람들이 많이 모여 있자 성전 관리인들이 왔다. 아마 설교가 다 끝나갈 무렵쯤 온 것 같다. '성전 맡은 자'는 대제사장 다음으로 높은 직위의 사람이다. 당시 성전의 치안은 레위인들을 중심으로 한 성전 경비병이 맡고 있었다. 사람들이 모여 있으니 무슨 일이 일어났다 생각하여 온 것이다.

> 2 예수 안에 죽은 자의 부활이 있다고 백성을 가르치고 전함을 싫어하여
>
> 2 They were annoyed because the two apostles were teaching the people that Jesus had risen from death, which proved that the dead will rise to life.

4:2 죽은 자의 부활이 있다고 백성을 가르치고 전함을 싫어하여. '사두개인'들은 부활을 믿지 않았다. 사두개인은 주로 제사장들과 장로들이 속한 파벌이다. 그러니 그들이 예수님이 부활하셨다고 전하는 것을 싫어할 수밖에 없다. 거짓말이라 생각하였을 것이다. 또한 그들이 죽인 예수가 부활하였다고 하니 더욱 싫어하였을 것이 뻔하다.

> 3 그들을 잡으매 날이 이미 저물었으므로 이튿날까지 가두었으나
>
> 3 So they arrested them and put them in jail until the next day, since it was already late.

4:3 날이 이미 저물었으므로 이튿날까지 가두었으나. 산헤드린은 저녁에 재판할 수 없다. 그래서 다음날까지 기다렸다. 이 구절은 제자들이 핍박을 받은 첫 이야기다. 제자

들은 단지 앉은뱅이 걸인을 고쳐주었고 그것에 대해 설명하였을 뿐인데 성전 관리자들은 그것이 질서 유지에 해가 된다고 생각하여 붙잡아 재판에 부쳤다.

> 4 말씀을 들은 사람 중에 믿는 자가 많으니 남자의 수가 약 오천이나 되었더라
>
> 4 But many who heard the message believed; and the number of men grew to about 5,000.

4:4 믿는 자가 많으니 남자의 수가 약 오천이나 되었더라. 이것은 5천 가정을 말한다. 그렇다면 자녀 한 명만 있는 것을 가정하더라도 15,000명이며 예루살렘 인구의 절반에 해당하는 숫자다. 이미 대단히 많은 사람들이 예수님의 제자가 되었기 때문에 유대 지도자들이 제자들을 함부로 할 수 없을 것이라는 것을 말하고 있는 것 같다.

> 5 이튿날 관리들과 장로들과 서기관들이 예루살렘에 모였는데
>
> 5 The next day the Jewish leaders, the elders, and the teachers of the Law gathered in Jerusalem.

4:5 관리. 대제사장을 비롯한 그 부류의 사람들을 말한다. '관리, 장로, 서기관'은 산헤드린 구성원이다. 예루살렘의 산헤드린은 자연스럽게 이스라엘 전체의 최고 산헤드린이 되었다. 최고 결정기관이다.

> 6 대제사장 안나스와 가야바와 요한과 알렉산더와 및 대제사장의 문중이 다 참여하여
>
> 7 사도들을 가운데 세우고 묻되 너희가 무슨 권세와 누구의 이름으로 이 일을 행하였느냐
>
> 6 They met with the High Priest Annas and with Caiaphas, John, Alexander, and the others who belonged to the High Priest's family.

> 7 They made the apostles stand before them and asked them, "How did you do this? What power have you got or whose name did you use?"

4:7 무슨 권세와 누구의 이름으로 이 일을 행하였느냐. 당시 헬라와 로마에는 수많은 신들이 있었기 때문에 어떤 이적을 행하면 어떤 신의 이름으로 행하였는지 물었다. 산헤드린은 제자들이 하나님의 이름이 아니라 다른 미신적인 이름으로 이런 일을 행하였다고 생각한 것이다. 그들은 '예수'라는 이름이 나오면 그것도 미신으로 몰아붙일 생각을 하고 있었을 것이다.

> 8 이에 베드로가 성령이 충만하여 이르되 백성의 관리들과 장로들아
> 9 만일 병자에게 행한 착한 일에 대하여 이 사람이 어떻게 구원을 받았느냐고 오늘 우리에게 질문한다면
> 10 너희와 모든 이스라엘 백성들은 알라 너희가 십자가에 못 박고 하나님이 죽은 자 가운데서 살리신 나사렛 예수 그리스도의 이름으로 이 사람이 건강하게 되어 너희 앞에 섰느니라
> 11 이 예수는 너희 건축자들의 버린 돌로서 집 모퉁이의 머릿돌이 되었느니라
>
> 8 Peter, full of the Holy Spirit, answered them, "Leaders of the people and elders:
> 9 if we are being questioned today about the good deed done to the lame man and how he was healed,
> 10 then you should all know, and all the people of Israel should know, that this man stands here before you completely well through the power of the name of Jesus Christ of Nazareth—whom you crucified and whom God raised from death.
> 11 Jesus is the one of whom the scripture says: 'The stone that you the builders despised turned out to be the most important of all.'

4:11 버린 돌로서 집 모퉁이의 머릿돌이 되었느니라. 예수님은 예루살렘 산헤드린 사람들에 의해 버림받았다. 문제가 된다고 버렸다. 그러나 건축 현장에서 일하는 사람이 쓸모없다 하여 버린 돌이 오히려 가장 중요한 돌이 되는 경우가 있듯이 예수님이 그렇게 되었다고 주장하였다. '모퉁이의 머릿돌'은 오역이다. '머릿돌'의 국어사전적 의미는 '건물의 준공날짜를 기록하는 기념 판'이다. 성경은 그것을 말하는 것이 아니다. 이것은 '모퉁이의 기초 돌'일 수 있다. 모퉁이의 돌은 양 방향의 시작점이기 때문에 기초역

할을 하며 중요하였다. 큰 돌을 사용하였다. 또는 아치형의 가운데 쐐기돌(키스톤)일 수도 있다. 이 돌의 모양은 조금 이상하다. 네모 반듯하지 않고 마름모꼴이다. 그래서 필요 없다 생각하여 옆으로 치웠는데 아치의 중심에 딱 맞는 돌이 되어 가장 중요한 역할을 하는 것을 의미할 수 있다. 아마 후자의 경우가 더 가능성이 높다. 이 돌은 못생겼기 때문이다.

사람들이 볼 때 예수님은 못생기셨다. 그래서 버렸다. 베드로는 그것을 강하게 책망하였다. 그들이 버린 돌인 예수님은 지금 하나님의 우편에 앉아 계신다. 가장 중요한 분이 되셨다.

> 12 다른 이로써는 구원을 받을 수 없나니 천하 사람 중에 구원을 받을 만한 다른 이름을 우리에게 주신 일이 없음이라 하였더라
>
> 13 그들이 베드로와 요한이 담대하게 말함을 보고 그들을 본래 학문 없는 범인으로 알았다가 이상히 여기며 또 전에 예수와 함께 있던 줄도 알고
>
> 12 Salvation is to be found through him alone; in all the world there is no one else whom God has given who can save us."
>
> 13 The members of the Council were amazed to see how bold Peter and John were and to learn that they were ordinary men of no education. They realized then that they had been companions of Jesus.

4:13 본래 학문 없는 범인으로 알았다가. 제자들은 서기관들처럼 율법을 전문으로 배운 사람이 아니다. 그런데 그들이 성경을 잘 아는 것을 보고 놀라워했다. 진리는 공부를 더 했다고 보장되는 것이 아니다. 물론 말씀을 더 잘 알기 위해서는 공부를 해야 한다. 그러나 학위를 가졌다고 더 많이 아는 것은 아닌 것처럼 제자들은 율법교사로서 정식 교육을 받지 않았으나 말씀에 정통하였다. 말씀을 제대로 아는 것이 중요하다.

> 14 또 병 나은 사람이 그들과 함께 서 있는 것을 보고 비난할 말이 없는지라
>
> 14 But there was nothing that they could say, because they saw the man who had been healed standing there with Peter and John.

4:14 병 나은 사람이 제자들과 함께 있었다. 병 고침을 받은 사람이 증인으로 있기 때문에 그것에 대해 할 말이 없었다.

> 15 명하여 공회에서 나가라 하고 서로 의논하여 이르되
> 15 So they told them to leave the Council room, and then they started discussing among themselves.

4:15 공회. 히브리어를 음역하여 '산헤드린'이라고도 한다. 직역하면 '함께 앉다'라는 의미로서 헬라 문화권에서 여러 모임에 대해 사용하던 말이다. 이스라엘에서는 '지역 치리회'의 의미로 사용하였다. 120인 이상이 있는 지역에서는 산헤드린이 구성되어 있었다. 그들은 보통 최대 23인까지 구성되는 작은 산헤드린이었다. 예루살렘은 대제사장을 의장으로 하는 71인으로 구성된 산헤드린이 있었다. 그들은 마치 최고 상위의 산헤드린 역할을 하였다. 제사장 그룹, 장로 그룹, 서기관 그룹으로 구성되어 있었다. 제사장과 장로 그룹이 사두개인이었기 때문에 사두개인의 의견이 더 많이 반영되었다. 산헤드린은 율법에 기초하여 이스라엘의 질서를 지키는 중요한 역할을 하였다. 산헤드린은 정치 지형에 따라 그 위상이 많이 달랐다. 이 당시는 로마 권력이 통치하였기 때문에 산헤드린의 권위가 최소화 되었어도 이스라엘의 종교법에 대해서는 여전히 가장 최고의 권위를 가지고 있었다.

> 16 이 사람들을 어떻게 할까 그들로 말미암아 유명한 표적 나타난 것이 예루살렘에 사는 모든 사람에게 알려졌으니 우리도 부인할 수 없는지라
> 16 "What shall we do with these men?" they asked. "Everyone in Jerusalem knows that this extraordinary miracle has been performed by them, and we cannot deny it.

4:16 우리도 부인할 수 없는지라. 표적이 나타난 사실을 부인할 수 없다는 의미다. 그러한 표적까지 있기 때문에 이들을 처벌하는 것이 어렵다고 생각한 것이다.

> 17 이것이 민간에 더 퍼지지 못하게 그들을 위협하여 이 후에는 이 이름으로 아무에게도 말하지 말게 하자 하고
>
> 17 But to keep this matter from spreading any further among the people, let us warn these men never again to speak to anyone in the name of Jesus."

4:17 후에는 이 이름으로 아무에게도 말하지 말게 하자. 그들은 예수 이름으로 말하는 것을 금하고 풀어주기로 결정하였다. 그들의 결정은 질서유지라는 측면에 있어서는 어느 정도 타당할 수 있다. 그러나 사실 제자들이 질서를 어지럽히지 않았다. 그렇다면 왜 그런 결정을 내렸을까? 혼란을 미연에 막는다는 생각을 했을 것이다. 무엇보다 그들이 사형을 내린 예수님의 이름을 사용한다는 것을 제일 꺼렸을 것이다. '부활'때문에 그들이 예수 이름으로 말하는 것을 금지하였을 수도 있다. 산헤드린의 1/3의 지분으로 참여하고 있는 서기관들은 주로 바리새인들이기 때문에 부활을 믿었다. 일반 백성들도 부활을 믿었다. 그러나 2/3의 지분으로 다수를 차지하고 있던 사두개파 사람들은 부활을 믿지 않았기 때문에 속으로 더욱더 금하는 마음을 강하게 가지고 있었을 것이다.

> 18 그들을 불러 경고하여 도무지 예수의 이름으로 말하지도 말고 가르치지도 말라 하니
>
> 19 베드로와 요한이 대답하여 이르되 하나님 앞에서 너희의 말을 듣는 것이 하나님의 말씀을 듣는 것보다 옳은가 판단하라
>
> 18 So they called them back in and told them that on no condition were they to speak or to teach in the name of Jesus.
>
> 19 But Peter and John answered them, "You yourselves judge which is right in God's sight–to obey you or to obey God.

4:19 하나님 앞에서 너희의 말을 듣는 것이 하나님의 말씀을 듣는 것보다 옳은가 판단하라. 산헤드린의 재판정은 크고 웅장하였다. 큰 권위를 가지고 있다. 높은 직위와 학식이 많은 사람으로 가득하다. 하나님께서 권위를 주신 것이다. 그러나 베드로는 그들이 악한 것을 요구할 때 거절할 수 있음을 선언하고 있다.

> 20 우리는 보고 들은 것을 말하지 아니할 수 없다 하니
>
> 21 관리들이 백성들 때문에 그들을 어떻게 처벌할지 방법을 찾지 못하고 다시 위협하여 놓아 주었으니 이는 모든 사람이 그 된 일을 보고 하나님께 영광을 돌림이라
>
> 20 For we cannot stop speaking of what we ourselves have seen and heard."
> 21 So the Council warned them even more strongly and then set them free. They saw that it was impossible to punish them, because the people were all praising God for what had happened.

4:21 백성들 때문에. 백성들이 이 재판 결과를 지켜보고 있다. 그들을 설득하려면 합당한 근거가 있어야 하는데 지금 제자들을 처벌할 근거가 마땅하지 않았다. 그래서 결국 그들의 도전적인 말에도 불구하고 풀어줄 수밖에 없었다. **모든 사람이 그 된 일을 보고 하나님께 영광을 돌림이라.** 앉은뱅이가 걷게 된 것이 사회질서를 깨트리는 것이 아니었다. 그것의 결과는 '하나님께서 영광 받으신 것'이다. 그렇게 최상의 결과가 나왔으니 제자들을 처벌할 근거가 없었던 것이다.

> 22 이 표적으로 병 나은 사람은 사십여 세나 되었더라
>
> 22 The man on whom this miracle of healing had been performed was over 40 years old.

4:22 앉은뱅이였던 사람의 나이가 40이라고 말한다. 그렇다면 최소한 30년 이상을 성전 문에서 구걸하는 것을 사람들이 보아왔다는 것이다. 이것은 속일 수 있는 사건이 아니다. 우연히 된 것도 아니다. 그가 고침을 받은 것이 앉은뱅이 걸인에게는 놀랍고 매우 감사한 일이다. 그러니 이 상황에서 어찌 제자들을 처벌할 수 있겠는가?

> 23 사도들이 놓이매 그 동료에게 가서 제사장들과 장로들의 말을 다 알리니
>
> 23 As soon as Peter and John were set free, they returned to their group and told them what the chief priests and the elders had said.

4:23 사도들이 놓이매. 사도들이 잡혔을 때 교회는 많이 걱정하였을 것이다. 그런데 사도들이 놓일 때 사정사정하고 풀려난 것이 아니다. 당국자들의 요구를 거절하였음에도 놓임 받았다. 예수를 계속 전하겠다고 말하였는데도 놓인 것이다.

> 24 그들이 듣고 한마음으로 하나님께 소리를 높여 이르되 대주재여 천지와 바다와 그 가운데 만물을 지은 이시요
>
> 24 When the believers heard it, they all joined together in prayer to God: "Master and Creator of heaven, earth, and sea, and all that is in them!

4:24 대주재여 천지와 바다와 그 가운데 만물을 지은 이시요. 하나님은 모든 만물의 유일한 통치자이시다. 하나님의 통치로부터 벗어난 것은 아무것도 없다. 교회는 그것을 분명히 고백하고 있다. 이스라엘 당국이 그들의 정치적 힘으로 사도들을 붙잡았다. 그러나 사도들은 정정당당할 수 있었다. 그들은 대주재이신 하나님께 순종하고 있었기 때문이다. 산헤드린은 대주재이신 하나님의 통치를 제대로 구현하지 못하고 있었다. 사도들이 하나님의 뜻을 전하고 있었다. 그러기에 교회는 걱정할 것이 없었다. 이스라엘 당국의 위에 계신 하나님께서 교회를 보호하실 것이기 때문이다.

> 25 또 주의 종 우리 조상 다윗의 입을 통하여 성령으로 말씀하시기를 어찌하여 열방이 분노하며 족속들이 허사를 경영하였는고
>
> 26 세상의 군왕들이 나서며 관리들이 함께 모여 주와 그의 그리스도를 대적하도다 하신 이로소이다
>
> 25 By means of the Holy Spirit you spoke through our ancestor David, your servant, when he said: 'Why were the Gentiles furious; why did people make their useless plots?
>
> 26 The kings of the earth prepared themselves, and the rulers met together against the Lord and his Messiah.'

4:25-26 지금 벌어지고 있는 일을 말하기 위해 시편 2:1-2을 인용하였다. **세상의 군왕.** 제국의 왕 아래에 있는 사람들로 왕에 의해 그 자리에 앉아 있는 소왕이라 할 수

있다. 지방의 소왕들은 제국의 왕의 뜻을 따라야 한다. **관리들이 함께 모여 주와 그의 그리스도를 대적하도다.** 때로는 소왕이 제국의 왕의 뜻을 거스리고 역적 모의를 할 때도 있다. 그러나 그러한 모의는 이내 깨트려질 것이다. 대주재이신 하나님을 향하여서도 세상의 작은 왕들이 그 뜻을 거스를 때가 있다. 그러나 그러한 모의는 지극히 작은 것이다. 그들이 모의를 한다고 제국의 왕의 뜻을 이길 수 없다. 그것처럼 결국 하나님의 뜻이 세상에 펼쳐진다.

> 27 과연 헤롯과 본디오 빌라도는 이방인과 이스라엘 백성과 합세하여 하나님께서 기름 부으신 거룩한 종 예수를 거슬러
>
> 28 하나님의 권능과 뜻대로 이루려고 예정하신 그것을 행하려고 이 성에 모였나이다
>
> 27 For indeed Herod and Pontius Pilate met together in this city with the Gentiles and the people of Israel against Jesus, your holy Servant, whom you made Messiah.
>
> 28 They gathered to do everything that you by your power and will had already decided would happen.

4:28 하나님의 권능과 뜻대로 이루려고 예정하신 그것을 행하려고 이 성에 모였나이다. 세상 권력이 예수님을 십자가에 못 박았다. 그런 엄청난 불의가 이루어졌다. 그러나 그것은 하나님의 대주재권이 없기 때문에 일어난 것이 아니다. 그것은 오히려 하나님의 대주재권이 더 드러나는 사건이다. 그것은 단지 '하나님의 예정'일 뿐이다. 그것을 믿기에 모였다.

> 29 주여 이제도 그들의 위협함을 굽어보시옵고 또 종들로 하여금 담대히 하나님의 말씀을 전하게 하여 주시오며
>
> 29 And now, Lord, take notice of the threats they have made, and allow us, your servants, to speak your message with all boldness.

4:29 담대히 하나님의 말씀을 전하게 하여 주시오며. 그들은 자신들이 해야 하는 '말씀 전하는 일'을 계속 전할 수 있도록 구하였다. 그리고 그들은 그렇게 계속 말씀을 전하

였다. 힘 있게 전하였다.

> 30 손을 내밀어 병을 낫게 하시옵고 표적과 기사가 거룩한 종 예수의 이름으로 이루어지게 하옵소서 하더라
>
> 31 빌기를 다하매 모인 곳이 진동하더니 무리가 다 성령이 충만하여 담대히 하나님의 말씀을 전하니라
>
> 30 Stretch out your hand to heal, and grant that wonders and miracles may be performed through the name of your holy Servant Jesus."
>
> 31 When they finished praying, the place where they were meeting was shaken. They were all filled with the Holy Spirit and began to proclaim God's message with boldness.

4:31 그들의 '힘 구함'에 하나님께서 응답하셨다. **모인 곳이 진동하더니.** 하나님의 임재를 상징한다. 하나님께서 힘에 대한 그들의 고백에 동의하신다는 뜻일 것이다. 그들에게 필요한 힘은 언제든지 주신다는 의미이다.

> 32 믿는 무리가 한마음과 한 뜻이 되어 모든 물건을 서로 통용하고 자기 재물을 조금이라도 자기 것이라 하는 이가 하나도 없더라
>
> 32 The group of believers was one in mind and heart. None of them said that any of their belongings were their own, but they all shared with one another everything they had.

4:32 물건을 서로 통용하고 자기 재물을 조금이라도 자기 것이라 하는 이가 하나도 없더라. 이 구절을 오해하는 이들이 있다. 이것을 마치 공산주의처럼 생각하기도 한다. 그러나 이것은 제도가 아니라 마음에 대한 이야기다. 제도로 사유재산을 없앤 것이 아니다. 이들은 여전히 사유재산을 가지고 있었다. 그런데 마음으로 여기기를 사유재산이 아니라 공유재산인 것처럼 나누어 준 것이다.

> 33 사도들이 큰 권능으로 주 예수의 부활을 증언하니 무리가 큰 은혜를 받아

> 33 With great power the apostles gave witness to the resurrection of the Lord Jesus, and God poured rich blessings on them all.

4:33 사도들이 큰 권능으로 주 예수의 부활을 증언하니. 우리는 부활 후 영원한 나라가 있음을 믿는다. 우리의 소망은 부활 전의 이 세상이 아니라 부활 후의 영원한 나라다. 부활 후의 영원한 세상은 이 세상에서 어떻게 살았는지에 의해 정해진다. 그러니 이 땅에서의 삶이 중요하다. **큰 은혜를 받아.** 은혜(카리스)는 '호의' '감사'로 번역되는 경우가 많은 단어다. 하나님께 은혜를 받으면 하나님께 감사로 나타나고 이웃에 대한 호의로 나타나기 때문일 것이다. 하나님의 은혜로 부활 후의 영원한 삶을 살게 되었다. 그러니 그들은 은혜 받은 증거로 이 땅에서 마땅히 호의를 베풀면서 살게 될 것이다.

> 34 그 중에 가난한 사람이 없으니 이는 밭과 집 있는 자는 팔아 그 판 것의 값을 가져다가
> 34 There was no one in the group who was in need. Those who owned fields or houses would sell them, bring the money received from the sale,

4:34 가난한 사람이 없으니. 적은 재산이라도 넉넉한 마음으로 나누어 주다 보면 진짜 가난한 사람이 없어지게 된다. 그런데 여기에서 '가난한 자가 없다'는 것을 조금 다른 시각으로 보아야 한다. 이것은 그만큼 그들의 마음이 넉넉했다는 것을 의미한다. 오늘날 사람들을 보라. 매우 잘 살고 있는데도 다들 가난하다. 무엇인가에 대한 대단한 결핍을 느끼면서 살고 있다. 그런데 이들은 자신들에게 진짜 필요한 것을 보았다. 지금보다 훨씬 더 가난하였겠지만 부요함을 느꼈다. 진짜 가난한 사람에 대해서는 교회가 채워주었다. 사실 더 필요한 것은 늘 있는 법이다. 그러나 그들의 마음이 더 필요하여도 절제한 것을 의미할 것이다. 여기에서 가난한 사람이 없다는 것은 물질적으로 본다면 '굶는 사람이 없다' '구걸하는 사람이 없다'는 것이 더 맞을 것 같다.

> 35 사도들의 발 앞에 두매 그들이 각 사람의 필요를 따라 나누어 줌이라
> 35 and hand it over to the apostles; and the money was distributed to each one according to his need.

4:35 사도들의 발 앞에 두매. 사람들이 밭과 집을 팔아 돈을 가지고 와서 사도들에게 맡겼다. 오늘날로 한다면 많은 액수를 헌금한 것이다. 이것이 모든 사람이 그렇게 하였다는 것을 의미하지는 않는다. 37절에서 바나바(요셉)가 그렇게 한 것을 예로 들어 말하는 것을 보면 모든 사람이 그렇게 한 것은 아니라는 것을 알 수 있다. 사람들에게 밭과 집은 매우 중요하다. 그런데 어떤 이들은 그것을 팔아서 교회의 필요한 것을 위해 헌신하였다. 그러한 헌신은 교회에 가난한 자가 없도록 하였다. 가장 소중한 재산을 나눈다는 것은 그들이 믿음을 더욱 소중히 여긴다는 것을 의미한다. 부활 후의 나라를 꿈꾸고 있다는 것을 의미한다.

초대교회는 결코 그리 부요하지 않았을 것이다. 사람들이 갑자기 부자가 된 것도 아니다. 그러나 그들의 마음이 부자가 되었다. 그러면서 실제적으로 나눔을 통해서 가난한 자가 없는 모두가 부자인 상태가 되었다.

> 36 구브로에서 난 레위족 사람이 있으니 이름은 요셉이라 사도들이 일컬어 바나바라 (번역하면 위로의 아들이라) 하니
>
> 37 그가 밭이 있으매 팔아 그 값을 가지고 사도들의 발 앞에 두니라
>
> 36 And so it was that Joseph, a Levite born in Cyprus, whom the apostles called Barnabas (which means "One who Encourages"),
>
> 37 sold a field he owned, brought the money, and handed it over to the apostles.

5장

> 1 아나니아라 하는 사람이 그의 아내 삽비라와 더불어 소유를 팔아
>
> 1 But there was a man named Ananias, who with his wife Sapphira sold some property that belonged to them.

5:1 아나니아라 하는 사람이 그의 아내 삽비라와 더불어 소유를 팔아. 아나니아와 삽비라는 자신들의 소중한 재산을 팔아 교회에 헌금하였다. 아나니아와 삽비라가 아주 뛰어난 일을 한 것 같다. 그러나 그렇지 않았다. 아주 나쁜 일이 일어났다.

> 2 그 값에서 얼마를 감추매 그 아내도 알더라 얼마만 가져다가 사도들의 발 앞에 두니
>
> 2 But with his wife's agreement he kept part of the money for himself and handed the rest over to the apostles.

5:2 베드로가 이르되 아나니아야 어찌하여 사탄이 네 마음에 가득하여 네가 성령을 속이고. 베드로는 아나니아에게 성령을 속였다고 말한다. 아나니아가 땅을 팔고 '일부만 헌금'한 것을 의미하는 것이 아니다. '다 냈어야 했다'는 말도 아니다. '다 낸다고 말하면서 일부를 낸 것'이 문제였다. 아나니아 부부는 명성을 원하였던 것 같다. 칭찬을 원하였다. 그래서 자신들의 땅을 팔아 헌금하였다. 그런데 그들은 자신들의 헌신보다 더 많은 명성을 원하였다. 그래서 일부를 하면서 전부라고 말하였다. '일부의 헌신'을 하면서 '전부의 헌신'이라고 하였다. 아나니아 부부의 헌신은 누가 보아도 매우 귀한 것이었다. 칭찬들을 만한 일이다. 그들의 돈은 교회의 부흥에 대단히 도움이 될 것이다. 그러나 베드로는 그들의 돈이 아니라 거짓을 주목하였다. 이것이 매우 중요하다. 그들이 내는 돈에 주목하였다면 교회도 역시 돈이 중요하다는 세상 가치관을 따라 가는 것이다. 교회는 돈이 중요한 것이 아니라 순결이 중요하다. 돈은 전능하신 하나님께 다 있다. 신앙인에게 요구되는 것은 돈이 아니라 순결이다.

3 베드로가 이르되 아나니아야 어찌하여 사탄이 네 마음에 가득하여 네가 성령을 속이고 땅 값 얼마를 감추었느냐

4 땅이 그대로 있을 때에는 네 땅이 아니며 판 후에도 네 마음대로 할 수가 없더냐 어찌하여 이 일을 네 마음에 두었느냐 사람에게 거짓말한 것이 아니요 하나님께로다

3 Peter said to him, "Ananias, why did you let Satan take control of you and make you lie to the Holy Spirit by keeping part of the money you received for the property?

4 Before you sold the property, it belonged to you; and after you sold it, the money was yours. Why, then, did you decide to do such a thing? You have not lied to human beings-you have lied to God!"

5:4 사람에게 거짓말한 것이 아니요 하나님께로다. 아나니아 부부는 사람의 칭찬을 원하여 사람을 속였다. 그것을 애교로 넘어갈 수도 있을 것 같다. 그래도 헌금하지 않은 사람보다는 훨씬 더 나은 것 같다. 그러나 아니다. 그들은 어떤 경우보다 더 나쁘다. 그것은 하나님을 속인 것이기 때문이다.

5 아나니아가 이 말을 듣고 엎드러져 혼이 떠나니 이 일을 듣는 사람이 다 크게 두려워하더라

6 젊은 사람들이 일어나 시신을 싸서 메고 나가 장사하니라

7 세 시간쯤 지나 그의 아내가 그 일어난 일을 알지 못하고 들어오니

8 베드로가 이르되 그 땅 판 값이 이것뿐이냐 내게 말하라 하니 이르되 예 이것뿐이라 하더라

9 베드로가 이르되 너희가 어찌 함께 꾀하여 주의 영을 시험하려 하느냐 보라 네 남편을 장사하고 오는 사람들의 발이 문 앞에 이르렀으니 또 너를 메어 내가리라 하니

10 곧 그가 베드로의 발 앞에 엎드러져 혼이 떠나는지라 젊은 사람들이 들어와 죽은 것을 보고 메어다가 그의 남편 곁에 장사하니

11 온 교회와 이 일을 듣는 사람들이 다 크게 두려워하니라

5 As soon as Ananias heard this, he fell down dead; and all who heard about it were terrified.

6 The young men came in, wrapped up his body, carried him out, and buried him.

> 7 About three hours later his wife, not knowing what had happened, came in.
>
> 8 Peter asked her, "Tell me, was this the full amount you and your husband received for your property?" "Yes," she answered, "the full amount."
>
> 9 So Peter said to her, "Why did you and your husband decide to put the Lord's Spirit to the test? The men who buried your husband are now at the door, and they will carry you out too!"
>
> 10 At once she fell down at his feet and died. The young men came in and saw that she was dead, so they carried her out and buried her beside her husband.
>
> 11 The whole church and all the others who heard of this were terrified.

5:10-11 아나니아 부부가 죽었다. 교회에 아주 나쁜 소식 같다. 이제 무서워서 누가 헌금을 내겠는가? 그런데 한 가지는 분명해졌다. 순결이 중요하다는 사실이다. 교회는 사람에게 칭찬받고자 하는 그런 인간적인 단체가 아니다. 사람이 숟가락 들고 덤비면 안 되는 곳임이 드러났다. 교회는 인위적 부흥이 중요하지 않다. 순결이 중요하다.

> 12 사도들의 손을 통하여 민간에 표적과 기사가 많이 일어나매 믿는 사람이 다 마음을 같이하여 솔로몬 행각에 모이고
>
> 13 그 나머지는 감히 그들과 상종하는 사람이 없으나 백성이 칭송하더라
>
> 12 Many miracles and wonders were being performed among the people by the apostles. All the believers met together in Solomon's Porch.
>
> 13 Nobody outside the group dared to join them, even though the people spoke highly of them.

5:12-13 믿는 사람이 다 마음을 같이하여 솔로몬 행각에 모이고. 교회는 인간적인 일이 아니라 하나님께 더욱 집중하였다. **그 나머지는 감히 그들과 상종하는 사람이 없으니.** 교회는 세상과 더욱더 차별화되었다. 교회는 인간적인 목적으로 함부로 덤비는 곳이 아닌 것이 드러났다.

> 14 믿고 주께로 나아오는 자가 더 많으니 남녀의 큰 무리더라

> 14 But more and more people were added to the group-a crowd of men and women who believed in the Lord.

5:14 믿고 주께로 나오는 자가 더 많으니. 잠시 주춤하는 것 같더니 이내 더 많은 사람이 교회로 나왔다. 부흥이 멈춘 것이 아니라 더 진행되었다.

> 15 심지어 병든 사람을 메고 거리에 나가 침대와 요 위에 누이고 베드로가 지날 때에 혹 그의 그림자라도 누구에게 덮일까 바라고
>
> 15 As a result of what the apostles were doing, sick people were carried out into the streets and placed on beds and mats so that at least Peter's shadow might fall on some of them as he passed by.

5:15 베드로가 지날 때에 혹 그의 그림자라도 누구에게 덮일까 바라고. 베드로와 사도들을 통해 하나님께서 많은 이들을 치료하셨다. 그래서 베드로의 그림자라도 바라는 사람들이 생겼다.

> 16 예루살렘 부근의 수많은 사람들도 모여 병든 사람과 더러운 귀신에게 괴로움 받는 사람을 데리고 와서 다 나음을 얻으니라
>
> 16 And crowds of people came in from the towns around Jerusalem, bringing those who were ill or who had evil spirits in them; and they were all healed.

5:16 수많은 사람들이 치료함을 받았다. 그러면서 교회는 더 많은 사람들로 가득 찼다. 치료는 사도들이 하는 것이 아니다. 하나님께서 역사하셔서 그렇게 된 것이다. 그런데 그런 치료의 역사는 성경 역사를 보면 많이 나타나지 않는다. 하나님께서 더 많은 병자를 치료하실 때가 있다. 그것은 오직 하나님의 뜻에 의해 때가 정해진다. 우리가 원한다고 되는 것이 아니다. 교회는 치료가 중요한 것이 아니다. 그것은 하나님이 하시는 일이기 때문이다. 치료가 없다고 하나님이 역사하시지 않는 것이 아니다. 치료가 있든 없든 교회는 동일하다. 교회에 중요한 것은 믿음을 살아내는 것이다. 부흥의 때이든 어려운 때이든 믿음을 살아내는 것이 중요하다.

> 17 대제사장과 그와 함께 있는 사람 즉 사두개인의 당파가 다 마음에 시기가 가득하여 일어나서
>
> 17 Then the High Priest and all his companions, members of the local party of the Sadducees, became extremely jealous of the apostles; so they decided to take action.

5:17 사두개인의 당파가 다 마음에 시기가 가득하여. '시기'는 교회와 사도들이 백성의 마음을 얻는 것에 대한 시기일 것이다. '시기'로 번역한 단어를 '열정, 열심'으로 번역할 수도 있다. 그들은 부활에 반대하는 자신들의 신앙에 열심을 가지고 있었던 것 같다. 그들 입장에서는 부활이라는 거짓된 것을 가르치는 교회에 적개심을 가지고 있었던 것이다. 그래서 산헤드린의 바리새인은 언급하지 않고 사두개인을 언급하고 있다. 잘못된 열심은 더 큰 문제를 낳는다. 시기와 열정이 결합된 사두개인들은 교회를 핍박하였다. 그것이 자신들의 이익과 교리 등과 관련된 것이기 때문에 더욱더 열심히 교회를 핍박하였다.

> 18 사도들을 잡아다가 옥에 가두었더니
>
> 18 They arrested the apostles and put them in the public jail.

5:18 사도 중에 누구를 특정하지 않은 것을 볼 때 아마 사도들 전부 붙잡힌 것 같다. 교회가 위기를 맞았다. 사도들이 전부 붙잡혔으니 교회는 구심점을 잃을 것이다. 사두개인들은 자신들이 가지고 있는 힘을 가지고 교회를 핍박하였다.

> 19 주의 사자가 밤에 옥문을 열고 끌어내어 이르되
>
> 19 But that night an angel of the Lord opened the prison gates, led the apostles out, and said to them,

5:19 주의 사자. 천사가 사도들을 돕는다는 것을 생각하지 못했다. 사두개인들은 천사의 존재도 믿지 않았다. 그러나 천사가 와서 감옥의 문을 열고 그것을 지키는 사람들이 알아채지 못하게 하는 아주 신비한 방식으로 사도들을 감옥에서 다 나오게 하였다. 그들의 열정이 천사들을 막을 수는 없었다.

20 가서 성전에 서서 이 생명의 말씀을 다 백성에게 말하라 하매

21 그들이 듣고 새벽에 성전에 들어가서 가르치더니 대제사장과 그와 함께 있는 사람들이 와서 공회와 이스라엘 족속의 원로들을 다 모으고 사람을 옥에 보내어 사도들을 잡아오라 하니

20 "Go and stand in the Temple, and tell the people all about this new life."

21 The apostles obeyed, and at dawn they entered the Temple and started teaching. The High Priest and his companions called together all the Jewish elders for a full meeting of the Council; then they sent orders to the prison to have the apostles brought before them.

5:21 그들이 듣고. 천사가 그들에게 '성전에 가서 전하라' 하였다. 그들은 바로 성전에 들어가 전하였다. 그곳에서 전하면 분명히 또 잡힐 것이다. 그들은 잡히는 것을 두려워하지 않고 있는 것이다. **새벽.** 사도들이 솔로몬 행각에서 새벽기도(아침 상번제에 맞춘 기도)를 위해 들어오는 사람들을 향하여 다시 복음을 전하였다. 그 때 산헤드린은 사도들이 감옥에서 빠져나간 사실을 모르고 공식적으로 다시 모임을 가졌다. 사도들을 처리하는 것이 가장 큰 안건이었을 것이다. 그러나 사도들을 불러들이려 하였으나 감옥에서 사도들이 감쪽같이 사라진 것을 알게 되었다.

22 부하들이 가서 옥에서 사도들을 보지 못하고 돌아와

23 이르되 우리가 보니 옥은 든든하게 잠기고 지키는 사람들이 문에 서 있으되 문을 열고 본즉 그 안에는 한 사람도 없더이다 하니

24 성전 맡은 자와 제사장들이 이 말을 듣고 의혹하여 이 일이 어찌 될까 하더니

25 사람이 와서 알리되 보소서 옥에 가두었던 사람들이 성전에 서서 백성을 가르치더이다 하니

22 But when the officials arrived, they did not find the apostles in prison, so they returned to the Council and reported,

23 "When we arrived at the jail, we found it locked up tight and all the guards on watch at the gates; but when we opened the gates, we found no one inside!"

24 When the chief priests and the officer in charge of the temple guards heard this, they wondered what had happened to the apostles.

25 Then a man came in and said to them, "Listen! The men you put in prison are in the

Temple teaching the people!"

5:25 사도들이 감옥에 없다는 보고를 받고 그들이 어리둥절하고 있을 때 다시 좋은 소식이 들렸다. 사도들을 다시 잡아들일 수 있다는 것인데 그들이 멀리 도망간 것이 아니라 솔로몬 행각에 다 모여 있다는 보고를 받았다.

26 성전 맡은 자가 부하들과 같이 가서 그들을 잡아왔으나 강제로 못함은 백성들이 돌로 칠까 두려워함이더라

26 So the officer went off with his men and brought the apostles back. They did not use force, however, because they were afraid that the people might stone them.

5:26 그들을 잡아왔으나 강제로 못함은. 그들은 사도들을 강제연행한 것이 아니라 협조를 받아 임의동행방식으로 다시 산헤드린에 데리고 올 수 있었다. 성전경비대장도 이제는 사도들을 함부로 어찌할 수 없었던 것이다. 사도들이 처음 잡혀 갈 때에 하늘에서 불이 내려 그들이 감옥에 갇히는 것을 막으셨다면 더 좋았을 것 같다고 생각하는 사람도 있을 수 있다. 그러나 우리는 우리의 무지로 하나님의 지혜로운 통치에 개입하려 하지 말아야 한다. 하나님은 하나님의 때와 하나님의 방식으로 사도들이 존중받게 하셨다.

27 그들을 끌어다가 공회 앞에 세우니 대제사장이 물어

28 이르되 우리가 이 이름으로 사람을 가르치지 말라고 엄금하였으되 너희가 너희 가르침을 예루살렘에 가득하게 하니 이 사람의 피를 우리에게로 돌리고자 함이로다

27 They brought the apostles in, made them stand before the Council, and the High Priest questioned them.

28 "We gave you strict orders not to teach in the name of this man," he said; "but see what you have done! You have spread your teaching all over Jerusalem, and you want to make us responsible for his death!"

5:28 가르치지 말라고 엄금하였으되. 산헤드린은 자신들이 이전에 베드로에게 예수님을 전하는 것을 엄금하였었다는 사실을 상기시켰다. 그런데 또 가르치고 있으니 죄가 크다는 것을 말하였다. 그들은 이스라엘의 최고 지도자들이다. 사도들의 목숨을 빼앗을 권리를 가지고 있었다.

> 29 베드로와 사도들이 대답하여 이르되 사람보다 하나님께 순종하는 것이 마땅하니라
>
> 29 Peter and the other apostles replied, "We must obey God, not men.

5:29 사람보다 하나님께 순종하는 것이 마땅하니라. 이전에도 이렇게 말하였었다. 그때도 예수님을 전하지 않겠다고 약조하지 않았었다. 사도들은 그들이 보고 들은 것을 전하는 것일 뿐이다. 정부에 순종하는 것이 옳으나 그 정부가 하나님의 뜻을 어긴다면 정부의 명령을 어기고 하나님께 순종하는 것이 맞다는 논리다.

> 30 너희가 나무에 달아 죽인 예수를 우리 조상의 하나님이 살리시고
>
> 31 이스라엘에게 회개함과 죄 사함을 주시려고 그를 오른손으로 높이사 임금과 구주로 삼으셨느니라
>
> 32 우리는 이 일에 증인이요 하나님이 자기에게 순종하는 사람들에게 주신 성령도 그러하니라 하더라
>
> 33 그들이 듣고 크게 노하여 사도들을 없이하고자 할새
>
> 30 The God of our ancestors raised Jesus from death, after you had killed him by nailing him to a cross.
>
> 31 God raised him to his right-hand side as Leader and Saviour, to give the people of Israel the opportunity to repent and have their sins forgiven.
>
> 32 We are witnesses to these things—we and the Holy Spirit, who is God's gift to those who obey him."
>
> 33 When the members of the Council heard this, they were so furious that they wanted to have the apostles put to death.

5:33 없이하고자 할새. 사도들의 말을 더 이상 듣지 않고 그들을 죽이고자 하였다. 사도들의 생명은 이렇게 끝이 나는 것 같이 보였다. 사도들은 분명 죽을 죄를 범하지 않았다. 그러나 그들은 자신들의 이익을 위하여 열둘이나 되는 사도들을 죽이고자 하였다.

> 34 바리새인 가말리엘은 율법교사로 모든 백성에게 존경을 받는 자라 공회 중에 일어나 명하여 사도들을 잠깐 밖에 나가게 하고
>
> 34 But one of them, a Pharisee named Gamaliel, who was a teacher of the Law and was highly respected by all the people, stood up in the Council. He ordered the apostles to be taken out for a while,

5:34 바리새인 가말리엘. 만물을 주관하시는 하나님께서 산헤드린의 한 사람을 움직이셨다. 바리새인은 산헤드린 내에서 소수파이지만 율법에 능통하고 사람들에게 존경을 받고 있었다. 특히 가말리엘은 당대에 가장 유명한 율법 선생이었다. 사울(바울)의 율법 선생이기도 하였다. 가말리엘이 사도들을 죽이지 말자고 매우 설득력 있게 주장하였다. 바리새인이기 때문에 사두개인과 달리 부활을 믿었다. 지금 일어나고 있는 일련의 사건들 속에서 예수님의 부활에 대해서도 많이 생각하고 있었을 것이다. 그는 이 사건을 신중하게 다루어야 한다고 주장하였다.

> 35 말하되 이스라엘 사람들아 너희가 이 사람들에게 대하여 어떻게 하려는지 조심하라
>
> 36 이 전에 드다가 일어나 스스로 선전하매 사람이 약 사백 명이나 따르더니 그가 죽임을 당하매 따르던 모든 사람들이 흩어져 없어졌고
>
> 37 그 후 호적할 때에 갈릴리의 유다가 일어나 백성을 꾀어 따르게 하다가 그도 망한즉 따르던 모든 사람들이 흩어졌느니라
>
> 38 이제 내가 너희에게 말하노니 이 사람들을 상관하지 말고 버려 두라 이 사상과 이 소행이 사람으로부터 났으면 무너질 것이요
>
> 39 만일 하나님께로부터 났으면 너희가 그들을 무너뜨릴 수 없겠고 도리어 하나님을 대적하는 자가 될까 하노라 하니
>
> 35 and then he said to the Council, "Fellow-Israelites, be careful what you do to these

men.

36 You remember that Theudas appeared some time ago, claiming to be somebody great, and about four hundred men joined him. But he was killed, all his followers were scattered, and his movement died out.

37 After that, Judas the Galilean appeared during the time of the census; he drew a crowd after him, but he also was killed, and all his followers were scattered.

38 And so in this case, I tell you, do not take any action against these men. Leave them alone! If what they have planned and done is of human origin, it will disappear,

39 but if it comes from God, you cannot possibly defeat them. You could find yourselves fighting against God!" The Council followed Gamaliel's advice.

5:38-39 결국 사도들은 가말리엘 때문에 죽음을 면하게 되었다. 하나님께서 가말리엘을 들어 사용하신 것이다. 가말리엘의 말이 더 효과가 있었던 것은 사도들이 감옥에서 나갔을 때 도망가지 않고 성전에서 가르치고 있었다는 사실도 일정 부분 역할을 하였을 것이다. 초대교회에 큰 위기가 있었으나 하나님께서 그 위기를 넘기도록 인도하셨다.

40 그들이 옳게 여겨 사도들을 불러들여 채찍질하며 예수의 이름으로 말하는 것을 금하고 놓으니

40 They called the apostles in, had them whipped, and ordered them never again to speak in the name of Jesus; and then they set them free.

5:40 채찍질하며 예수의 이름으로 말하는 것을 금하고. 가말리엘의 중재로 사도들은 결국 죽음을 면하고 대신 채찍질을 당하였다. 이 당시 채찍질은 매우 지독한 형벌이었다. 자유인은 채찍질 당하는 것을 매우 수치스러운 것으로 여겼다. 채찍질은 39대를 맞았는데 앞 가슴 쪽을 13대, 등 쪽을 26대 때렸다. 채찍질이라는 단어는 '껍질을 벗기다'라는 의미로 사용하기도 한다. 채찍질은 가히 사람의 피부 껍질을 앞뒤로 벗긴다 할 정도로 매우 고약한 형벌이었다. 맞다가 죽기도 하였다.

41 사도들은 그 이름을 위하여 능욕 받는 일에 합당한 자로 여기심을 기뻐하면서

> **공회 앞을 떠나니라**
> 41 As the apostles left the Council, they were happy, because God had considered them worthy to suffer disgrace for the sake of Jesus.

5:41 그 이름을 위하여 능욕 받는 일에 합당한 자로 여기심을 기뻐하면서. 채찍질을 당한 사도들은 온 몸이 피투성이가 되었을 것이다. 사람의 몰골이 아니었을 것이다. 그러나 그것을 원망하지 않았다. 오히려 기뻐하였다. 예수님이 채찍질 당하셨고 십자가에 매달리셨는데 자신들이 채찍질 당함으로 그 분의 고난에 동참하였다고 생각하면서 기뻐하였다. 채찍질 당하여도 배신하지 않을 믿음으로 인정받았으니 감사하였다. 그리스도의 이름으로 능욕을 받는 것은 참으로 영광이니 감사히 여겼다. 온 몸이 아팠다. 제대로 서지도 못하였을 것이다. 그런데 감사하며 기쁘다고 말한다. 그 고백을 할 때 그들의 눈에서는 피 눈물이 났을 것이다. 온 몸이 아프면 아플수록 '주님이 채찍질 당하실 때 얼마나 아프셨을지'를 생각하며 참으로 더 감사하고 더 슬펐을 것이다.

> 42 그들이 날마다 성전에 있든지 집에 있든지 예수는 그리스도라고 가르치기와 전도하기를 그치지 아니하니라
> 42 And every day in the Temple and in people's homes they continued to teach and preach the Good News about Jesus the Messiah.

5:42 성전에 있든지 집에 있든지 예수는 그리스도라고 가르치기...그치지 아니하니라. 산헤드린의 채찍질이 사도들의 복음을 전하는 입을 막지 못하였다. 그들은 결코 그치지 않았다. 그들은 자신들의 몸이 부서지고 또 부서져도 복음을 전할 열정을 가지고 있었다. 그들은 자신들이 전하는 복음이 자신들의 몸보다 더 중요하다는 것을 알았기 때문이다. 일사각오 그 이상이었다. 그들의 그러한 열정을 대체 누가 막을 수 있을까? 세상은 결코 그들을 막지 못한다. 감당하지 못한다. 그래서 복음이 우리에게 전해졌다.

사도와 교회가 핍박에도 불구하고 복음을 전하는 것을 보았다. 복음을 막으려는 이들도 매우 강한 열정을 가지고 있었다. 자신들의 이익을 위해서는 물불 가리지 않았다. 사람을 죽이는 것을 쉽게 여겼다. 그러나 교회는 더 큰 열정을 가지고 있었다. 자신의 이익이 아니라 자신의 몸을 바쳤다. 자신의 몸을 바쳐도 부족한 것이 복음의 가치였다. 그래서 교회의 열정이 세상의 열정을 이겼고 복음은 힘있게 전달되었다.

오늘날 극도의 이기주의를 본다. 교회도 이기주의 앞에서 맥을 못 추는 것을 본다. 교회에서조차 이기주의가 복음을 짓누르는 것을 본다. 세상 이기주의의 열정에 지지 말아야 한다. 그들의 열정이 대단하지만 순교정신까지는 아니다. 우리는 순교정신을 가지고 복음을 전해야 한다. 복음의 순결을 지켜야 한다. 그러면 세상을 이길 수 있다.

세상이 이길지 교회가 이길지는 결국 열정싸움이다. 권력의 크기 차이가 아니다. '누구의 열정이 더 큰지'의 문제다. 복음의 열정으로 세상의 이기주의를 이기는 우리가 되기를 기도한다.

일곱 사역자와 헬라 지역으로 흩어짐(6:1-8:3)

6장

> 1 그 때에 제자가 더 많아졌는데 헬라파 유대인들이 자기의 과부들이 매일의 구제에 빠지므로 히브리파 사람을 원망하니
>
> 1 Some time later, as the number of disciples kept growing, there was a quarrel between the Greek-speaking Jews and the native Jews. The Greek-speaking Jews claimed that their widows were being neglected in the daily distribution of funds.

6:1 헬라파 유대인들이…히브리파 사람을 원망하니. 예루살렘 교회에 두 부류의 사람이 있었는데 헬라어를 모국어로 하는 사람(헬라파 유대인)과 히브리어(아람어)를 모국어로 하는 사람(히브리파 사람)이 있었다. 이런 저런 이유(노예 또는 장사로)로 해외에서 살다가 귀국하여 예루살렘에 살고 있는 사람들이 있었는데 그들의 주 언어는 헬라어였다. 그들이 헬라파 유대인이다. 서로 상대의 언어를 어느 정도는 할 수 있었을 것이다. 그러나 모국어와는 다르다. 이들 사이에 균열이 생겼다. **헬라파 유대인들이 자기의 과부들이 매일의 구제에 빠지므로.** '매일의 구제'는 매일 나누어 주는 빵, 콩, 과일 등을 의미한다. '주간 구제'는 매일 구제에서 빠진 다른 음식, 옷 등을 나누어 주는 것을 뜻한다. 과부는 하루하루를 '매일 구제'로 살아가야 하는데 구제 대상에서 빠지면 매우 힘들었을 것이다. 나이 든 여인이 할 수 있는 것은 원망 섞인 하소연 뿐일 것이다. 그러한 하소연은 아주 빠르게 다른 사람들에게 전해졌을 것이다.

> 2 열두 사도가 모든 제자를 불러 이르되 우리가 하나님의 말씀을 제쳐 놓고 접대를 일삼는 것이 마땅하지 아니하니
>
> 2 So the twelve apostles called the whole group of believers together and said, "It is not right for us to neglect the preaching of God's word in order to handle finances.

6:2 우리가 하나님의 말씀을 제쳐 놓고 접대를 일삼는 것이 마땅하지 아니하니. 교회에 원망이 있다는 말을 들었을 때 사도들도 속상하였을 것이다. 그리스도의 이름으로 그리스도의 뜻을 따라 살기 위해 최선을 다하였는데 오히려 이런 불평이 들려오니 속상한 것은 당연하다. 그러나 제자들은 속상함으로 반응하지 않았다. 문제를 문제로 반응하지 않았다. 사도들은 문제를 받아들였다. 그것을 불평하는 사람들이 아니라 제대로 집행하지 못한 자신들에게 돌렸다. 자신들이 그렇게 구제 분배를 제대로 하지 못한 것은 '구제와 기도와 말씀' 등으로 바쁜 것 때문임을 알았다. 그래서 자신들의 일을 분담할 수 있는 교회 리더를 세우게 되었다.

> 3 형제들아 너희 가운데서 성령과 지혜가 충만하여 칭찬 받는 사람 일곱을 택하라 우리가 이 일을 그들에게 맡기고
>
> 3 So then, brothers and sisters, choose seven men among you who are known to be full of the Holy Spirit and wisdom, and we will put them in charge of this matter.

6:3 성령과 지혜가 충만하여. 교회 일을 하는데 성령 충만한 것만이 아니라 지혜도 충만해야 한다고 말한다. 교회의 일은 성령 충만하여 믿음이 좋아야 하지만 또한 일할 수 있는 지혜도 필요하다. **일곱을 택하라.** 당시의 문화가 반영된 숫자다. 당시 어떤 지역의 리더들을 뽑을 때 일곱 명씩 뽑곤 하였다. 여기에서 일곱을 우리는 흔히 '집사'라고 부른다. 그러나 성경 본문에는 '집사'라는 단어가 나오지 않는다. 집사 일곱 명을 뽑은 것이 아니라 일꾼 일곱 명을 뽑았다.

> 4 우리는 오로지 기도하는 일과 말씀 사역에 힘쓰리라 하니
>
> 5 온 무리가 이 말을 기뻐하여 믿음과 성령이 충만한 사람 스데반과 또 빌립과 브로고로와 니가노르와 디몬과 바메나와 유대교에 입교했던 안디옥 사람 니골라를 택하여
>
> 4 We ourselves, then, will give our full time to prayer and the work of preaching."
>
> 5 The whole group was pleased with the apostles' proposal, so they chose Stephen, a man full of faith and the Holy Spirit, and Philip, Prochorus, Nicanor, Timon, Parmenas, and Nicolaus, a Gentile from Antioch who had earlier been converted to Judaism.

6:5 일곱 명의 이름이 모두 헬라식 이름이다. 놀랍게도 이들은 모두 헬라파 유대인이었던 것으로 보인다. 사도들이 모두 히브리 유대 사람이었기 때문에 그것을 보충하기 위해 헬라파 유대인을 뽑은 것 같다. 그들은 언어는 나뉘어 있었으나 마음은 나뉘지 않았기 때문에 이것이 가능하였을 것이다.

> 6 사도들 앞에 세우니 사도들이 기도하고 그들에게 안수하니라
>
> 7 하나님의 말씀이 점점 왕성하여 예루살렘에 있는 제자의 수가 더 심히 많아지고 허다한 제사장의 무리도 이 도에 복종하니라
>
> 6 The group presented them to the apostles, who prayed and placed their hands on them.
>
> 7 And so the word of God continued to spread. The number of disciples in Jerusalem grew larger and larger, and a great number of priests accepted the faith.

6:7 하나님의 말씀이 점점 왕성하여. 새로 뽑힌 사람들도 마땅히 말씀을 더 배우고 가르쳤겠지만 기존의 사도들은 시간을 확보하여 기도와 말씀에 집중함으로 말씀이 더욱더 왕성하게 되었다. 말씀이 왕성함으로 교회는 든든히 서 가게 되었다. 교회는 말씀이 왕성하여야 한다. 말씀이 빈약하면 다른 부분에서 아무리 왕성하여도 교회는 빈약하게 된다. 말씀이 빈약하면 하나님의 뜻을 모르고 살아가는 것이기 때문에 그렇다. 말씀을 통해 하나님의 뜻을 알고 그것을 따라가야 교회에 하나님의 충만한 임재가 있다. **제자의 수가 더 심히 많아지고.** 말씀의 기반 위에 제자가 많아졌다. 여기에서 '제자'는 문자적으로 '배우는 자'이다. 교회의 모든 구성원을 '제자'라 말한다. 제자는 하나님의 말씀을 배우고, 따라 사는 것을 배우면서 살아야 한다. 신앙인은 평생 배우면서 살아야 한다. 평생 더 알아야 한다. **제사장의 무리도 이 도에 복종하니라.** 이 당시 이스라엘의 각지에 흩어져 살고 있는 제사장의 수가 18,000명이었다. 그러니 그들의 일부가 기독교인이 된 것은 그리 놀라운 일은 아니다. 그러나 제사장이 기독교인에 합류하였다는 것은 그만큼 기독교가 많은 사람들에게 전파되고 받아들여졌다는 것을 의미한다.

> 8 스데반이 은혜와 권능이 충만하여 큰 기사와 표적을 민간에 행하니
>
> 9 이른 바 자유민들 즉 구레네인, 알렉산드리아인, 길리기아와 아시아에서 온 사람들의 회당에서 어떤 자들이 일어나 스데반과 더불어 논쟁할새
>
> 8 Stephen, a man richly blessed by God and full of power, performed great miracles and wonders among the people.
>
> 9 But he was opposed by some men who were members of the synagogue of the Freedmen (as it was called), which included Jews from Cyrene and Alexandria. They and other Jews from the provinces of Cilicia and Asia started arguing with Stephen.

6:9 예루살렘에 회당이 많이 있었는데 그 중에는 헬라어를 사용하는 회당도 여럿 있었다. 스데반은 그곳에서 복음을 전한 것으로 보인다. **논쟁.** 사람들이 자신들의 생각을 바꾸는 것이 쉽지 않다. 로마에 노예로 잡혀갔다 돌아온 자유인들과 해외살이를 하다 어렵게 고향으로 돌아온 사람들은 더욱더 자기 생각이 강하였던 것 같다. 그들은 복음을 전하는 스데반의 말을 들었으나 자신들의 생각을 바꾸려 하지 않았다.

> 10 스데반이 지혜와 성령으로 말함을 그들이 능히 당하지 못하여
>
> 10 But the Spirit gave Stephen such wisdom that when he spoke, they could not refute him.

6:10 능히 당하지 못하여. 그들은 스데반과의 논쟁에서 이길 수 없었다. 그래서 더욱더 화가 났다. 지식으로 이기지 못하면 감정적으로 바뀌곤 한다. 그들은 스데반을 비난하였다. 스데반은 비난을 들으면서도 그들에게 복음을 전하기 위해 최선을 다하였을 것이다. 스데반 자신을 위해서가 아니라 그들을 위해 전하였다. 복음은 듣는 이들에게 생명이 되기 때문이다.

> 11 사람들을 매수하여 말하게 하되 이 사람이 모세와 하나님을 모독하는 말을 하는 것을 우리가 들었노라 하게 하고
>
> 11 So they bribed some men to say, "We heard him speaking against Moses and against God!"

6:11 사람들을 매수하여. 그들은 정상적인 방식으로 스데반을 이길 수 없자 스데반을 고소하기 위해 은밀하게 조작하였다. '이 사람이 모세와 하나님을 모독하는 말'을 하였다고 말하였다. 아마 스데반은 율법과 성전에 대해 그들이 생각하지 못했던 것을 말하였을 것이다. 그러나 그것은 모독이 아니라 율법의 완성에 대한 것이었다. 그것을 자기들의 입맛에 맞게 교묘히 조작하여 스데반을 고소하였다.

> 12 백성과 장로와 서기관들을 충동시켜 와서 잡아가지고 공회에 이르러
>
> 12 In this way they stirred up the people, the elders, and the teachers of the Law. They seized Stephen and took him before the Council.

6:12 회당 사람들은 스데반을 산헤드린에 고발하였다. 결국 스데반은 산헤드린(공회)에 잡혀 재판을 받게 되었다. 이 고발은 처음부터 '사형'을 생각한 것 같다. 스데반이 회당 사람들에게 미움을 많이 받았다는 것을 의미한다.

> 13 거짓 증인들을 세우니 이르되 이 사람이 이 거룩한 곳과 율법을 거슬러 말하기를 마지 아니하는도다
>
> 13 Then they brought in some men to tell lies about him. "This man," they said, "is always talking against our sacred Temple and the Law of Moses.

6:13 스데반을 공격하는 사람들이 '거짓 증인'을 내세웠다. 감정적으로 미워하였다. 말을 교묘히 엮어서 스데반을 죽음으로 몰아가고 있다. 그들의 말을 들으면서 스데반의 마음은 어땠을까? 억울하고 답답하고 그럴 것 같다. 그런데 그렇지 않았다.

> 14 그의 말에 이 나사렛 예수가 이 곳을 헐고 또 모세가 우리에게 전하여 준 규례를 고치겠다 함을 우리가 들었노라 하거늘
>
> 15 공회 중에 앉은 사람들이 다 스데반을 주목하여 보니 그 얼굴이 천사의 얼굴과 같더라

> 14 We heard him say that this Jesus of Nazareth will tear down the Temple and change all the customs which have come down to us from Moses!"
>
> 15 All those sitting in the Council fixed their eyes on Stephen and saw that his face looked like the face of an angel.

6:15 얼굴이 천사의 얼굴과 같더라. 이것은 아마 얼굴에 광채가 난 것을 의미할 것이다. 이 얼굴은 스데반이 그를 고발하고 죽이려 하는 사람들을 미워하지 않았다는 것을 의미한다. 이 얼굴은 모세가 시내산에서 내려올 때 얼굴이 광채가 난 것과 비슷할 것이다. 얼굴에 광채가 난 것은 그가 하나님 앞에 있는 것을 의미하며 하나님의 임재가 충만하다는 것을 의미한다.

7장

> 1 대제사장이 이르되 이것이 사실이냐
>
> 1 The High Priest asked Stephen, "Is this true?"

7:1 이것이 사실이냐. '이것'은 고소 내용으로서 '율법과 신성 모독죄'가 사실인지 묻는 것이다. '이것'이 사실이라면 매우 큰 죄가 된다. 고소 내용에 대해 스데반은 충실히 자신을 변호해야 한다. 그래야 죽음을 면할 수 있다.

> 2 스데반이 이르되 여러분 부형들이여 들으소서 우리 조상 아브라함이 하란에 있기 전 메소보다미아에 있을 때에 영광의 하나님이 그에게 보여
>
> 2 Stephen answered, "Brothers and fathers, listen to me! Before our ancestor Abraham had gone to live in Haran, the God of glory appeared to him in Mesopotamia

7:2 우리 조상 아브라함. 스데반은 자신의 변론을 아브라함 이야기로 시작한다. 헬라어 순서대로 번역하면 '영광의 하나님이…조상 아브라함에게 보이셨다'이다. 영광의 하나님께서 지극히 작은 아브라함에게 약속을 주신다는 사실 자체가 매우 놀라운 일이다. 영광스러운 일이다. 창조주이신 영광의 하나님께서 작고 작은 아브라함에게 왜 나타나셨을까?

> 3 이르시되 네 고향과 친척을 떠나 내가 네게 보일 땅으로 가라 하시니
>
> 4 아브라함이 갈대아 사람의 땅을 떠나 하란에 거하다가 그의 아버지가 죽으매 하나님이 그를 거기서 너희 지금 사는 이 땅으로 옮기셨느니라
>
> 5 그러나 여기서 발 붙일 만한 땅도 유업으로 주지 아니하시고 다만 이 땅을 아직 자식도 없는 그와 그의 후손에게 소유로 주신다고 약속하셨으며

> 3 and said to him, 'Leave your family and country and go to the land that I will show you.'
> 4 And so he left his country and went to live in Haran. After Abraham's father died, God made him move to this land where you now live.
> 5 God did not then give Abraham any part of it as his own, not even a square metre of ground, but God promised to give it to him, and that it would belong to him and to his descendants. At the time God made this promise, Abraham had no children.

7:5 그의 후손에게 소유로 주신다고 약속하셨으며. 아브라함에게 가나안 땅을 주시겠다고 약속하시고 가나안 땅으로 가라고 하시기 위함이다. 그런데 아브라함에게 땅을 주지 않으시고 그 후손에게 주신다고 말씀하셨다. 아브라함이 아니라 후손에게 주신다 하시니 조금 섭섭할 수 있다. 그러나 아브라함은 그것을 섭섭하게 생각하지 않고 하나님의 말씀을 따라 움직였다. 하나님께서 약속하여 주신다는 것만으로도 충분히 영광스러운 일이기 때문이다.

> 6 하나님이 또 이같이 말씀하시되 그 후손이 다른 땅에서 나그네가 되리니 그 땅 사람들이 종으로 삼아 사백 년 동안을 괴롭게 하리라 하시고
> 6 This is what God said to him: 'Your descendants will live in a foreign country, where they will be slaves and will be badly treated for four hundred years.

7:6 그 땅 사람들이 종으로 삼아 사백 년 동안을 괴롭게 하리라. 후손이 약속을 따라 가나안 땅에 들어가는 것이 400년의 종살이 이후이다. 아주 먼 미래의 일이다. 그러나 그럼에도 불구하고 아브라함은 믿음으로 따른다. 왜 그럴까? 하나님의 약속은 위대하기 때문이다. 아브라함은 하나님께서 주신 약속을 참으로 위대한 것으로 여겼다. 그것을 위해 자신의 모든 것을 헌신하였다. 그 약속은 아무리 미래적인 것이라도 어떤 현재적인 것보다 더 위대하다. 그 약속은 어떤 고통이 있어도 여전히 참으로 위대하다. 스데반은 그것을 말하면서 자신은 약속의 확장인 율법을 결코 모독하지 않았음을 말하고 있는 것이다. 모독하는 것이 아니라 오히려 아브라함만큼 영광스럽게 생각하고 있다. 아브라함에게 주신 약속이 위대하기에 약속의 결정체로서 '메시야 약속'이 있고 예수님이 오심으로 메시야 약속이 성취된 것을 스데반은 목숨을 걸고 전하고 있는 것이다.

> 7 또 이르시되 종 삼는 나라를 내가 심판하리니 그 후에 그들이 나와서 이 곳에서 나를 섬기리라 하시고
>
> 8 할례의 언약을 아브라함에게 주셨더니 그가 이삭을 낳아 여드레 만에 할례를 행하고 이삭이 야곱을, 야곱이 우리 열두 조상을 낳으니라
>
> 9 여러 조상이 요셉을 시기하여 애굽에 팔았더니 하나님이 그와 함께 계셔
>
> 7 But I will pass judgement on the people that they will serve, and afterwards your descendants will come out of that country and will worship me in this place.'
>
> 8 Then God gave Abraham the ceremony of circumcision as a sign of the covenant. So Abraham circumcised Isaac a week after he was born; Isaac circumcised his son Jacob, and Jacob circumcised his twelve sons, the famous ancestors of our race.
>
> 9 "Jacob's sons became jealous of their brother Joseph and sold him to be a slave in Egypt. But God was with him

7:9 여러 조상이 요셉을 시기하여 애굽에 팔았더니. 요셉의 형제들이 요셉을 시기하였다. 요셉이 말씀을 잘 지켜 사랑스러웠다. 아버지 야곱의 사랑을 받았다. 그래서 형제들에게는 시기의 대상이 되었다. 요셉의 형제들은 모두 언약 백성 안에 있는 사람들이다. 그러나 그들이 요셉을 시기하여 죽이려 하였고 결국 애굽에 팔았다. 그들이 요셉을 시기한 것은 언약을 따르는 행동이 아니다. 철저히 언약을 어기는 행동이었다. **하나님이 그와 함께 계셔.** 요셉의 형제들이 다수이고 요셉은 혼자였으나 하나님은 다수인 요셉의 형제들과 함께 하신 것이 아니라 언약 안에 있는 요셉과 함께 하셨다.

> 10 그 모든 환난에서 건져내사 애굽 왕 바로 앞에서 은총과 지혜를 주시매 바로가 그를 애굽과 자기 온 집의 통치자로 세웠느니라
>
> 10 and brought him safely through all his troubles. When Joseph appeared before the king of Egypt, God gave him a pleasing manner and wisdom, and the king made Joseph governor over the country and the royal household.

7:10 환난에서 건져내사. 요셉은 시기하는 형들로 인해 애굽에 종으로 팔려갔다. 시련을 당한 것이다. 그러나 그가 언약을 붙잡고 있었다. 하나님은 언약과 함께 하신다. 요셉이 언약을 붙잡고 있었기에 하나님께서 함께 하셨다. **바로 앞에서 은총과 지혜를 주시매.** 하나님께서 요셉에게 은총과 지혜를 주셔서 애굽의 '통치자'로 세우셨다.

> 11 그 때에 애굽과 가나안 온 땅에 흉년이 들어 큰 환난이 있을새 우리 조상들이 양식이 없는지라
>
> 12 야곱이 애굽에 곡식 있다는 말을 듣고 먼저 우리 조상들을 보내고
>
> 13 또 재차 보내매 요셉이 자기 형제들에게 알려지게 되고 또 요셉의 친족이 바로에게 드러나게 되니라
>
> 14 요셉이 사람을 보내어 그의 아버지 야곱과 온 친족 일흔다섯 사람을 청하였더니
>
> 11 Then there was a famine all over Egypt and Canaan, which caused much suffering. Our ancestors could not find any food,
>
> 12 and when Jacob heard that there was corn in Egypt, he sent his sons, our ancestors, on their first visit there.
>
> 13 On the second visit Joseph made himself known to his brothers, and the king of Egypt came to know about Joseph's family.
>
> 14 So Joseph sent a message to his father Jacob, telling him and the whole family, seventy-five people in all, to come to Egypt.

7:14 요셉이 사람을 보내어...청하였더니. 요셉의 형제들은 자신들이 시기하여 죽이려 하였고 종으로 팔았던 요셉에 의해 기근에서 구함을 얻게 되었다. 그것처럼 스데반은 자신이 사람들의 시기로 인하여 죽음을 당하지만 자신이 전하는 복음이 결국 사람들을 구원하게 될 것임을 그 안에 내포하고 있다. 그래서 스데반은 재판을 받으면서도 당당하였다. 곧 죽임을 당하게 될 것을 직감하면서도 당당하고 오히려 사랑하였다. 우리는 요셉이 미움을 언약으로 승화시킨 것처럼, 스데반이 미움을 복음으로 승화시키고 있는 것처럼 그렇게 살아야 한다.

> 15 야곱이 애굽으로 내려가 자기와 우리 조상들이 거기서 죽고
>
> 15 Then Jacob went to Egypt, where he and his sons died.

7:15 자기와 우리 조상들이 거기서 죽고. 여기에서 '자기'는 아마 요셉을 생각하면서 한 말일 것이다. '세겜'에 묻혔다는 것을 보면 더욱 그러하다. 야곱은 헤브론에 묻혔고 요셉은 세겜에 묻혔다. 요셉은 그렇게 죽었다. 그러나 그는 사명을 다하고 죽었다. 언약에 따라 살았고 언약 안에서 죽었다. 그래서 복된 죽음이다. 어쩌면 이 구절에서 스

데반은 자신의 죽음을 생각하고 있는 것 같다. 자신은 지금 젊은 나이에 죽지만 자신도 언약 안에서 언약을 전하다가 죽는 것이며 사명을 다하였기에 그는 요셉의 죽음처럼 충분하다고 말하고 있는 것 같다.

> 16 세겜으로 옮겨져 아브라함이 세겜 하몰의 자손에게서 은으로 값 주고 산 무덤에 장사되니라
>
> 17 하나님이 아브라함에게 약속하신 때가 가까우매 이스라엘 백성이 애굽에서 번성하여 많아졌더니
>
> 18 요셉을 알지 못하는 새 임금이 애굽 왕위에 오르매
>
> 19 그가 우리 족속에게 교활한 방법을 써서 조상들을 괴롭게 하여 그 어린 아이들을 내버려 살지 못하게 하려 할새
>
> 16 Their bodies were taken to Shechem, where they were buried in the grave which Abraham had bought from the clan of Hamor for a sum of money.
>
> 17 "When the time drew near for God to keep the promise he had made to Abraham, the number of our people in Egypt had grown much larger.
>
> 18 At last a king who did not know about Joseph began to rule in Egypt.
>
> 19 He tricked our ancestors and was cruel to them, forcing them to put their babies out of their homes, so that they would die.

7:18-19 스데반은 하나님이 구원하시는 분임을 말하기 위해 모세 이야기를 하였다. 하나님께서 이스라엘을 애굽에 들어가게 하셨고 번창하게 하셨다. 그런데 이제 때가 되매 애굽에 요셉을 알지 못하는 왕이 나와서 이스라엘 백성을 핍박하기 시작하였다. 하나님은 그들을 구원하기 위하여 모세를 준비시키셨다.

> 20 그 때에 모세가 났는데 하나님 보시기에 아름다운지라 그의 아버지의 집에서 석 달 동안 길리더니
>
> 21 버려진 후에 바로의 딸이 그를 데려다가 자기 아들로 기르매
>
> 20 It was at this time that Moses was born, a very beautiful child. He was cared for at home for three months,

> 21 and when he was put out of his home, the king's daughter adopted him and brought him up as her own son.

7:20-21 모세의 아버지가 용기를 내어 왕의 명령을 어기고 모세를 죽이지 않고 키웠다. 그리고 결국 아이를 버리게 되지만 하나님께서 바로의 딸이 모세를 데려다가 미래의 지도자로 준비되게 하셨다.

> 22 모세가 애굽 사람의 모든 지혜를 배워 그의 말과 하는 일들이 능하더라
> 23 나이가 사십이 되매 그 형제 이스라엘 자손을 돌볼 생각이 나더니
> 22 He was taught all the wisdom of the Egyptians and became a great man in words and deeds.
> 23 "When Moses was forty years old, he decided to find out how his fellow-Israelites were being treated.

7:23 무엇하나 부족한 것이 없었지만 모세는 이스라엘 자손을 돌보는 길을 가고자 하였다. 그런데 그 일이 그렇게 쉽지 않았다.

> 24 한 사람이 원통한 일 당함을 보고 보호하여 압제 받는 자를 위하여 원수를 갚아 애굽 사람을 쳐 죽이니라
> 25 그는 그의 형제들이 하나님께서 자기의 손을 통하여 구원해 주시는 것을 깨달으리라고 생각하였으나 그들이 깨닫지 못하였더라
> 26 이튿날 이스라엘 사람끼리 싸울 때에 모세가 와서 화해시키려 하여 이르되 너희는 형제인데 어찌 서로 해치느냐 하니
> 27 그 동무를 해치는 사람이 모세를 밀어뜨려 이르되 누가 너를 관리와 재판장으로 우리 위에 세웠느냐
> 24 He saw one of them being ill-treated by an Egyptian, so he went to his help and took revenge on the Egyptian by killing him.
> 25 (He thought that his own people would understand that God was going to use him to set them free, but they did not understand.)

26 The next day he saw two Israelites fighting, and he tried to make peace between them. 'Listen, men,' he said, 'you are fellow-Israelites; why are you fighting like this?'

27 But the one who was ill-treating the other pushed Moses aside. 'Who made you ruler and judge over us?' he asked.

7:27 이스라엘 형제의 싸움을 말리자 그들은 모세가 이전에 애굽 사람을 죽인 것을 말하면서 '누가 너를 관리와 재판장으로 우리 위에 세웠느냐'는 말과 함께 거절하였다. 모세의 행동은 애굽 바로에게 위험한 행동으로 보였다. 결국 모세는 도망자가 된다.

28 네가 어제는 애굽 사람을 죽임과 같이 또 나를 죽이려느냐 하니
28 'Do you want to kill me, just as you killed that Egyptian yesterday?'

7:28 모세가 처음 자기의 민족에게 관심을 가졌을 때 그는 거절당하였다. 이스라엘 사람이 싸움을 말리는 모세를 비난하였다.

29 모세가 이 말 때문에 도주하여 미디안 땅에서 나그네 되어 거기서 아들 둘을 낳으니라
29 When Moses heard this, he fled from Egypt and went to live in the land of Midian. There he had two sons.

7:29 하나님께서 모세를 다시 부르셔서 이스라엘의 구원을 위해 사용하신다.

30 사십 년이 차매 천사가 시내 산 광야 가시나무 떨기 불꽃 가운데서 그에게 보이거늘
30 "After forty years had passed, an angel appeared to Moses in the flames of a burning bush in the desert near Mount Sinai.

7:30 사십 년이 차매. 이스라엘 백성을 구원하기 원하시는 하나님은 모세를 광야에서 40년 동안 훈련시키시고 다시 부르셨다.

> 31 모세가 그 광경을 보고 놀랍게 여겨 알아보려고 가까이 가니 주의 소리가 있어
>
> 32 나는 네 조상의 하나님 즉 아브라함과 이삭과 야곱의 하나님이라 하신대 모세가 무서워 감히 바라보지 못하더라
>
> 33 주께서 이르시되 네 발의 신을 벗으라 네가 서 있는 곳은 거룩한 땅이니라
>
> 34 내 백성이 애굽에서 괴로움 받음을 내가 확실히 보고 그 탄식하는 소리를 듣고 그들을 구원하려고 내려왔노니 이제 내가 너를 애굽으로 보내리라 하시니라
>
> 35 그들의 말이 누가 너를 관리와 재판장으로 세웠느냐 하며 거절하던 그 모세를 하나님은 가시나무 떨기 가운데서 보이던 천사의 손으로 관리와 속량하는 자로서 보내셨으니
>
> 31 Moses was amazed by what he saw, and went near the bush to get a better look. But he heard the Lord's voice:
>
> 32 'I am the God of your ancestors, the God of Abraham, Isaac, and Jacob.' Moses trembled with fear and dared not look.
>
> 33 The Lord said to him, 'Take your sandals off, for the place where you are standing is holy ground.
>
> 34 I have seen the cruel suffering of my people in Egypt. I have heard their groans, and I have come down to set them free. Come now; I will send you to Egypt.'
>
> 35 "Moses is the one who was rejected by the people of Israel. 'Who made you ruler and judge over us?' they asked. He is the one whom God sent to rule the people and set them free with the help of the angel who appeared to him in the burning bush.

7:35 거절하던 그 모세를...속량하는 자로 보내셨으니. 하나님께서 모세를 이스라엘의 속량하는 자로서 다시 보내셨다. 이스라엘 백성들에게 모세는 절대적인 인물이다. 그런데 그 모세에 대해서도 이스라엘 백성들은 처음에 거절하였다. 아니 이후에도 수없이 거절하곤 하였다. 모세가 이스라엘의 리더로 세워진 것은 애굽의 왕자로 있을 때가 아니었다. 40년 이후 광야의 야인의 신분이었을 때 결국 리더로 세워졌다.
이스라엘 사람들이 예수님을 거절하였다. 그래서 십자가에 죽이기까지 하였다. 예수님이 그들 보기에 유명한 사람이 아닐 수 있다. 그러나 예수님은 그들의 구원을 위해

오신 위대한 분이다. 하나님은 모세를 거절하는 사람들에게 모세가 참된 선지자라는 것을 알리기 위해서 표적과 기사를 사용하셨다.

> 36 이 사람이 백성을 인도하여 나오게 하고 애굽과 홍해와 광야에서 사십 년간 기사와 표적을 행하였느니라
>
> 36 He led the people out of Egypt, performing miracles and wonders in Egypt and at the Red Sea and for forty years in the desert.

7:36 애굽과 홍해와 광야에서 사십 년간 기사와 표적을 행하였고. 모세가 이스라엘 백성을 애굽에서 나오게 할 때부터 매우 놀라운 일을 경험하였다. 그런데도 모세를 거절하였다. 그와 마찬가지로 예수님을 통해서도 많은 표적과 기사를 행하셨다. 그렇다면 그들이 모세를 통해 홍해를 건너게 된 것처럼 이제 예수님을 믿어야 한다. 예수님의 인도로 영원한 구원의 강을 건너야 한다.

> 37 이스라엘 자손에 대하여 하나님이 너희 형제 가운데서 나와 같은 선지자를 세우리라 하던 자가 곧 이 모세라
>
> 38 시내 산에서 말하던 그 천사와 우리 조상들과 함께 광야 교회에 있었고 또 살아 있는 말씀을 받아 우리에게 주던 자가 이 사람이라
>
> 37 Moses is the one who said to the people of Israel, 'God will send you a prophet, just as he sent me, and he will be one of your own people.'
>
> 38 He is the one who was with the people of Israel assembled in the desert; he was there with our ancestors and with the angel who spoke to him on Mount Sinai, and he received God's living messages to pass on to us.

7:38 시내 산에서...말씀을 받아 우리에게 주던 자가 이 사람이라. 모세는 시내산에 올라가 말씀을 받아 왔다. 그런데도 그들은 모세를 거절할 때가 많았다. 시내산에 올라가 있던 그때도 시내산 아래에서 모세를 거절하는 행위를 하고 있었다.

> 39 우리 조상들이 모세에게 복종하지 아니하고자 하여 거절하며 그 마음이 도리어 애굽으로 향하여
>
> 39 "But our ancestors refused to obey him; they pushed him aside and wished that they could go back to Egypt.

7:39 모세에게 복종하지 아니하고자 하여 거절하며. 그들은 광야에서도 계속 모세를 거절하였다. **그 마음이 도리어 애굽으로 향하여.** 그들은 모세를 거절하며 애굽의 노예 생활과 비교하였고 그리워하였다. 모세를 거절하고 있는 사람은 스데반이 아니었다. 이스라엘 백성이 모세를 거절하였던 것처럼 지금도 그들이 모세를 거절하고 있었다. 스데반은 모세가 전한 율법을 가장 잘 전하고 있다. 자신이 모세의 율법을 전하고 있음을 말하기 위해 스데반은 아주 길게 언약과 모세에 대해 말하고 있다. 예수님은 모세가 전한 율법을 성취하고 완성하신 분이다. 그런데 그들은 또 예수님을 거절하여 죽였다. 그리고 스데반을 거절하여 죽이려 하고 있다. 그것은 그들의 마음이 '애굽을 향하여' 있기 때문이다. 그들은 자신들이 모세의 율법을 잘 지키고 있는 것처럼 말하고 있으나 실상은 세상 권력에 취해 있으며 그것을 지키려는 인간적인 마음 때문에 예수님을 죽였다. 스데반을 죽이려 하고 있다.

> 40 아론더러 이르되 우리를 인도할 신들을 우리를 위하여 만들라 애굽 땅에서 우리를 인도하던 이 모세는 어떻게 되었는지 알지 못하노라 하고
>
> 40 So they said to Aaron, 'Make us some gods who will lead us. We do not know what has happened to that man Moses, who brought us out of Egypt.'

7:40 우리를 인도할 신들을 우리를 위하여 만들라. 그들은 하나님이 보이지 않았기 때문에 신뢰하지 못했다. 그래서 보이는 존재로 만들고자 하였다. 그래서 금송아지를 만들었다. 송아지는 '하나님의 발등상'으로 만들었을 것이다. 하나님은 보이지 않으시니 만들 수가 없어 하나님께서 발을 올려 놓고 있는 송아지는 만들 수 있다고 생각한 것이다. 애굽에서 배운 기법이다. 애굽에서는 송아지 형상을 만들고 자신들의 신이 송아지를 타고 있다고 생각하였다. 때로는 송아지를 타고 있는 신상을 만들었고 때로는 송아지만 만들고 보이지 않는 신상을 생각했다. 그것에서 착안하여 금송아지를 만든 것이다. 금송아지 위에 여호와 하나님께서 발을 올려 놓고 계시다고 상상한 것이

다. 이것은 이후에 북이스라엘이 금송아지를 만드는 것으로 이어진다.

> 41 그 때에 그들이 송아지를 만들어 그 우상 앞에 제사하며 자기 손으로 만든 것을 기뻐하더니
>
> 41 It was then that they made an idol in the shape of a bull, offered sacrifice to it, and had a feast in honour of what they themselves had made.

7:41 자기 손으로 만든 것을 기뻐하더니. 그들은 하나님을 자기 손으로 만든 것 위에 조금이라도 제한하고자 하였다. 우상은 늘 그렇게 만들어진다. 하나님을 믿는다고 말하지만 실제로는 자신들이 제한하고 만들어 낸 신을 믿는 것이다.

> 42 하나님이 외면하사 그들을 그 하늘의 군대 섬기는 일에 버려 두셨으니 이는 선지자의 책에 기록된 바 이스라엘의 집이여 너희가 광야에서 사십 년간 희생과 제물을 내게 드린 일이 있었느냐
>
> 42 So God turned away from them and gave them over to worship the stars of heaven, as it is written in the book of the prophets: 'People of Israel! It was not to me that you slaughtered and sacrificed animals for forty years in the desert.

7:42 하나님이 외면하사. 어긋난 신앙은 그 자리에 머물러 있지 않고 갈수록 더 어긋나게 된다. 하나님께서 그들의 우상 만드는 것을 외면하셨을 때 그들은 더 많은 우상을 만들어냈다. 하늘의 수많은 별과 태양과 달을 보고 우상을 만들어냈다.

> 43 몰록의 장막과 신 레판의 별을 받들었음이여 이것은 너희가 절하고자 하여 만든 형상이로다 내가 너희를 바벨론 밖으로 옮기리라 함과 같으니라
>
> 44 광야에서 우리 조상들에게 증거의 장막이 있었으니 이것은 모세에게 말씀하신 이가 명하사 그가 본 그 양식대로 만들게 하신 것이라
>
> 43 It was the tent of the god Molech that you carried, and the image of Rephan, your star god; they were idols that you had made to worship. And so I will send you into exile

beyond Babylon.'

44 "Our ancestors had the Tent of God's presence with them in the desert. It had been made as God had told Moses to make it, according to the pattern that Moses had been shown.

7:44 장막이 있었으니 이것은 모세에게 말씀하신 이가 명하사 그가 본 그 양식대로 만들게 하신 것이라. 우상 이야기는 장막과 성전이야기로 연결된다. 장막은 사람들이 보기에는 크고 화려한 성전에 비해 비록 초라하게 보일지 모르지만 사람이 고안한 것이 아니라 하나님께서 보여주신 대로 만든 것이다.

45 우리 조상들이 그것을 받아 하나님이 그들 앞에서 쫓아내신 이방인의 땅을 점령할 때에 여호수아와 함께 가지고 들어가서 다윗 때까지 이르니라

46 다윗이 하나님 앞에서 은혜를 받아 야곱의 집을 위하여 하나님의 처소를 준비하게 하여 달라고 하더니

47 솔로몬이 그를 위하여 집을 지었느니라

48 그러나 지극히 높으신 이는 손으로 지은 곳에 계시지 아니하시나니 선지자가 말한 바

49 주께서 이르시되 하늘은 나의 보좌요 땅은 나의 발등상이니 너희가 나를 위하여 무슨 집을 짓겠으며 나의 안식할 처소가 어디냐

45 Later on, our ancestors who received the tent from their fathers carried it with them when they went with Joshua and took over the land from the nations that God drove out as they advanced. And it stayed there until the time of David.

46 He won God's favour and asked God to allow him to provide a dwelling place for the God of Jacob.

47 But it was Solomon who built him a house.

48 "But the Most High God does not live in houses built by human hands; as the prophet says:

49 'Heaven is my throne, says the Lord, and the earth is my footstool. What kind of house would you build for me? Where is the place for me to live in?

7:49 너희가 나를 위하여 무슨 집을 짓겠으며 나의 안식할 처소가 어디냐. 성전은 성막을 기본으로 하였지만 많은 부분을 사람이 고안하여 만들었다. 사람들은 성전을 짓고 더 만족하였지만 실상은 하나님께서 성전을 더 기뻐하시는 것은 아니었다. 특별히 헤롯 성전은 더욱더 그렇다. 크고 화려하였지만 헤롯이 거짓된 마음으로 지은 것이다. 지금 성전을 관리하는 이들이 거짓된 마음으로 예수님을 죽였고 스데반을 죽이려 하고 있다. 스데반은 예수님이 하나님이신 것을 안다. 하나님이 특별히 거하신다는 성전을 위하는 사람들이 하나님을 죽였으니 그들은 더 이상 성전을 관리할 자격이 없었다. 하나님은 사실상 이제 그 성전에 임하시지도 않는다. 교회가 성전인 시대가 되었다.

> 50 이 모든 것이 다 내 손으로 지은 것이 아니냐 함과 같으니라
>
> 51 목이 곧고 마음과 귀에 할례를 받지 못한 사람들아 너희도 너희 조상과 같이 항상 성령을 거스르는도다
>
> 50 Did not I myself make all these things?'
>
> 51 "How stubborn you are!" Stephen went on to say. "How heathen your hearts, how deaf you are to God's message! You are just like your ancestors: you too have always resisted the Holy Spirit!

7:51 목이 곧고 마음과 귀에 할례를 받지 못한 사람들아. 아주 직설적으로 말한다. 다른 사람이 보기에는 '죽으려고 작정했구나'라는 말이 나올 정도로 너무 직설적으로 말하고 있다. 자신을 죽일 권리를 가진 이스라엘의 높은 사람들 앞에서 스데반은 전혀 주눅들지 않고 강력하게 하고 싶은 말을 하였다. '목이 곧고'라고 말한다. 이스라엘 백성들이 교만해서 메시야 되신 그리스도를 받아들이지 않았다. 이스라엘 백성들이 할례를 받았다 말하는데 '귀가 할례를 받지 않아서' 말씀을 제대로 들을 줄 몰랐다. 메시야의 오심에 대해 말해도 듣지를 못했다. '마음에 할례를 받지 못해서' 그렇다. 그들은 결국 신앙인이 아니기 때문에 메시야 되신 그리스도를 거절하고 있다고 주장하였다.

> 52 너희 조상들이 선지자들 중의 누구를 박해하지 아니하였느냐 의인이 오시리라 예고한 자들을 그들이 죽였고 이제 너희는 그 의인을 잡아 준 자요 살인한 자가 되나니
>
> 52 Was there any prophet that your ancestors did not persecute? They killed God's messengers, who long ago announced the coming of his righteous Servant. And now you have betrayed and murdered him.

7:52 너희 조상들이 선지자들 중의 누구를 박해하지 아니하였느냐. 이스라엘의 많은 유명한 선지자들이 늘 이스라엘 백성들의 박해를 받았다. 그렇게 하나님께서 보내신 선지자들을 박해한 것처럼 지금도 이스라엘이 예수님을 박해하였고 기독교인들을 박해하고 있다. **너희는 그 의인을 잡아 준 자요 살인한 자가 되나니.** 선지자 중의 선지자이신 예수님을 그들이 죽였다. 이전에 선지자들을 박해하더니 예수님마저 죽였다.

> 53 너희는 천사가 전한 율법을 받고도 지키지 아니하였도다 하니라
>
> 54 그들이 이 말을 듣고 마음에 찔려 그를 향하여 이를 갈거늘
>
> 53 You are the ones who received God's law, that was handed down by angels-yet you have not obeyed it!"
>
> 54 As the members of the Council listened to Stephen, they became furious and ground their teeth at him in anger.

7:54 마음에 찔려 그를 향하여 이를 갈거늘. 이스라엘 사람들은 역시 마음에 할례받지 못한 사람들이었다. '찔려'보다 '화가 나'로 번역하는 것이 나은 것 같다. 내적 마음은 화가 나고 외적 표현은 이를 갈면서 분노하고 있는 모습이다. 그들은 스데반이 말하는 것을 진리라고 생각하지 않았다. 오직 분노하였다.

> 55 스데반이 성령 충만하여 하늘을 우러러 주목하여 하나님의 영광과 및 예수께서 하나님 우편에 서신 것을 보고
>
> 56 말하되 보라 하늘이 열리고 인자가 하나님 우편에 서신 것을 보노라 한대
>
> 57 그들이 큰 소리를 지르며 귀를 막고 일제히 그에게 달려들어

> 55 But Stephen, full of the Holy Spirit, looked up to heaven and saw God's glory and Jesus standing at the right-hand side of God.
>
> 56 "Look!" he said. "I see heaven opened and the Son of Man standing at the right-hand side of God!"
>
> 57 With a loud cry the members of the Council covered their ears with their hands. Then they all rushed at him at once,

7:56-57 인자가 하나님 우편에 서신 것을 보노라. 예수님은 본래 '우편에 앉아 계신다'고 표현한다. 그런데 '서신' 것은 아마 지금 상황을 향한 안타까운 마음과 스데반이 하늘에 오는 것을 맞이하는 모습을 반영한 것으로 보인다. 스데반은 하늘 영광을 보고 있었다. 놀라운 순간이다. 그러나 그 순간 산헤드린 사람들은 달랐다. **큰 소리를 지르며 귀를 막고.** 그들은 스데반의 '예수님이 하나님 우편에 서 계신다'는 표현을 신성모독으로 생각하였다. 그래서 그 소리를 듣지 않기 위해 큰 소리를 질렀다. 귀를 막았다. 영광의 순간과 모습에 대해 그들은 반대로 생각하였다. 신성모독으로 생각하였다. 그들이 믿음의 열정이 있는 것 같으나 실상은 믿음의 맹인 모습이다.

> 58 성 밖으로 내치고 돌로 칠새 증인들이 옷을 벗어 사울이라 하는 청년의 발 앞에 두니라
>
> 58 threw him out of the city, and stoned him. The witnesses left their cloaks in the care of a young man named Saul.

7:58 돌로 칠새. 백성들이 흥분하였다. 산헤드린의 정식 재판이 아니라 흥분한 사람들에 의해 스데반은 성 밖으로 끌려나오고 사람들이 던진 돌에 맞아 숨졌다. 이것은 로마법과 이스라엘의 법을 다 어긴 것이다. 그러나 그들은 흥분하여 사람을 죽였고 산헤드린 사람들은 그것이 그들이 원하였던 것이기 때문에 문제 없이 잘 무마시킨 것으로 보인다.

> 59 그들이 돌로 스데반을 치니 스데반이 부르짖어 이르되 주 예수여 내 영혼을 받으시옵소서 하고

> 59 They kept on stoning Stephen as he called out to the Lord, "Lord Jesus, receive my spirit!"

7:59 그들이 돌로 스데반을 치니…예수여 내 영혼을 받으시옵소서. 사람들은 스데반을 보면서 돌로 쳤다. 그런데 스데반은 자신에게 돌을 던지는 사람들이 아니라 하늘에 계신 예수님을 바라보았다. 스데반이 억울하게 죽고 있다. 신앙의 사람이 억울하게 죽임당하고 있다. 세상은 많이 그렇다. 세상은 신앙 좋은 사람이 더 피해를 당하고 거짓된 사람들이 세력을 얻는 경우가 많다. 지금 스데반을 쳐 죽인 사람들은 하나님을 믿는다는 사람들이다. 하나님을 믿지 않는 세상이 아니라 하나님을 믿는 교회 안에서도 많은 경우 기득권 세력은 거짓의 길을 간다. 기득권 세력이 거짓의 길을 가는 것을 보면서 많은 신앙인이 힘이 빠진다. 교회마저 그러니 그들은 희망이 없다고 말한다. 그러나 그렇지 않다. 기득권 세력은 오히려 늘 진리를 놓치는 경우가 많다. 그들이 가진 신앙보다는 기득권을 더 붙잡으려는 경향이 있기 때문이다. 그러기에 그들을 보면서 희망이 없다고 말하면 안 된다.

> 60 무릎을 꿇고 크게 불러 이르되 주여 이 죄를 그들에게 돌리지 마옵소서 이 말을 하고 자니라
>
> 60 He knelt down and cried out in a loud voice, "Lord! Do not remember this sin against them!" He said this and died.

7:60 주여 이 죄를 그들에게 돌리지 마옵소서. 그는 자신을 죽이는 이들이 불쌍하였다. 그들이 기득권 세력이고 거짓으로 자신을 죽이고 있다고 그들을 향하여 분노하지 않았다. 긍휼히 여겼다. 진짜 불쌍한 사람들이기 때문이다. 힘이 없어 죽음을 당하는 스데반이 불쌍한 것이 아니라 믿음이 없어 스데반을 죽이고 있는 사람들이 불쌍한 사람이다. 이것을 명심해야 한다.

스데반의 이름의 뜻은 '왕관, 화관, 명예, 영광, 승리'이다. 본래 '원을 그리다'라는 동사에서 온 이 단어는 이후에 매우 다양한 의미로 확장된다. 그 중에 '미래에 얻게 될 영광의 표시'라는 의미가 스데반의 모습과 가장 어울리는 것 같다. 스데반의 이름의 의미만큼 스데반을 잘 설명해주는 것도 없을 것 같다. 스데반의 순교는 실패가 아니라 승리이다. 지금은 사람들이 땅의 일에 주목하다 보니 실패처럼 보일 수도 있겠으나 영원히 지속될 미래의 모습으로 보면 엄청난 승리다. 영광이다.

8장

> 1 사울은 그가 죽임 당함을 마땅히 여기더라 그 날에 예루살렘에 있는 교회에 큰 박해가 있어 사도 외에는 다 유대와 사마리아 모든 땅으로 흩어지니라
>
> 1 And Saul approved of his murder.

8:1 그 날에 예루살렘에 있는 교회에 큰 박해가 있어...모든 땅으로 흩어지니라. '흩어진다'라는 단어는 '씨를 뿌리다'로도 사용하는 단어다. 흩어진 사람들이 복음의 씨앗이 되어 복음이 확장되는 가장 중요한 계기가 되었다. 예루살렘에서 '유대와 사마리아 모든 땅'으로 복음의 씨앗이 뿌려진 것이다. 거짓 세력이 힘이 강하였다. 그래서 스데반을 죽이기까지 하였다. 그러나 결과적으로 보면 오히려 그것 때문에 스데반이 승리하였다. 그가 전하고자 하였던 복음이 더 많이 전해지게 되었다. 오늘날도 그렇다. 거짓 세력이 훨씬 더 힘이 강하고 그들의 마음대로 되는 것 같다. 그러나 결국은 진리가 승리한다.

스데반의 순교 이후 큰 박해가 있었다. 사람들이 모든 땅으로 흩어졌다. 그러나 그것이 모두 영광이다. 하늘의 길을 가면서 고난을 당할 때 낙심하지 말아야 한다. 영광의 길을 가면서 낙망하지 말아야 한다. 영광이라는 것을 제대로 알아야 한다. 예루살렘에서 전해지던 복음이 밖으로 더 확장된 결정적 계기의 사건이 크게 3가지다. 스데반의 순교, 야고보의 순교, 유대인의 전쟁이다. 스데반의 순교는 땅의 일로는 분명 억울하게 죽은 불쌍한 일이다. 그러나 하늘의 일로는 복음의 폭발적 확장을 이룬 영광의 일이다. 영원토록 영광스러운 일이다.

> 2 경건한 사람들이 스데반을 장사하고 위하여 크게 울더라
>
> 2 Some devout men buried Stephen, mourning for him with loud cries. But Saul tried to destroy the church; going from house to house, he dragged out the believers, both men and women, and threw them into jail.

8:2 크게 울더라. 이 당시 유대 사회는 사형 집행된 사람을 장사지내 주는 것은 허용하였지만 애도하는 것은 금지되었다. 기독교인들이 스데반의 죽음을 표시나게 애도한 것은 대단한 용기다. 스데반의 순교로 기독교인들이 숨어 쥐죽은듯이 있어야 할 것 같은데 그렇지 않았다. 박해는 복음을 향한 그들의 마음을 꺾지 못했다. 복음이 박해받는 것보다 더 크고 중요하였기 때문이다.

> 3 사울이 교회를 잔멸할새 각 집에 들어가 남녀를 끌어다가 옥에 넘기니라
> 3 That very day the church in Jerusalem began to suffer cruel persecution. All the believers, except the apostles, were scattered throughout the provinces of Judea and Samaria.

8:3 사울이 교회를 잔멸할새. 교회에 대한 박해는 스데반 한 명으로 끝나지 않았다. 헬라파 기독교인들을 중심으로 박해는 계속되었다.

사마리아에 전파와 사울의 회심(8:4-9:43)

> 4 그 흩어진 사람들이 두루 다니며 복음의 말씀을 전할새
> 4 The believers who were scattered went everywhere, preaching the message.

8:4 흩어진 사람들. 박해를 피해 삶의 터전인 예루살렘을 떠나게 된 헬라파 기독교인들이 많았다. 그들이 예루살렘에 살게 된 것은 참으로 많은 것을 포기하고 온 경우가 많았을 것이다. 예루살렘에서의 삶을 소망하여 온 것이다. 그런데 이제 복음 때문에 예루살렘을 떠나게 되었다. 복음이 아니라면 그들은 결코 예루살렘을 떠나지 않았을 것이다. 그런데 복음으로 인해 예루살렘을 떠나게 되었다. **복음의 말씀을 전할새.** 그들은 하루 아침에 나그네가 되었다. 이 당시 나그네는 '약자'다. 갑자가 약자가 되었으니 서글플 수 있다. 그러나 그럼에도 불구하고 복음을 향한 열정만은 꺾이지 않았다. 그들은 어느 곳을 가나 열심히 복음을 전하였다.

> 5 빌립이 사마리아 성에 내려가 그리스도를 백성에게 전파하니
> 5 Philip went to the principal city in Samaria and preached the Messiah to the people there.

8:5 사마리아 성에 내려가 그리스도를 백성에게 전파하니. 교회를 위해 새로 세워진 일곱 지도자들 중에 한 명인 빌립은 사마리아로 내려가 복음을 전하였다. 사마리아는 본래 유대인들에게는 결코 가까이할 수 없는 곳이었다. 혈통적으로는 이방인(혼혈인)에 가깝고, 신학적으로 이단(사마리아 성경 사용) 이요, 감정적으로는 원수 중의 원수(하스몬 왕조 때 그리심산 성전 파괴)였다. 그러나 복음은 그러한 모든 것을 넘어섰다. 우리는 하나님 앞에서 혈통이나 신학이나 마음 등 그 무엇으로도 자랑할 것이 없다. 복음 앞에서 모든 것은 녹아지고 하나가 된다. 빌립은 복음을 품고 있었기 때문에 거리낌 없이 사마리아 지역으로 갈 수 있었다.

> 6 무리가 빌립의 말도 듣고 행하는 표적도 보고 한마음으로 그가 하는 말을 따르더라
>
> 6 The crowds paid close attention to what Philip said, as they listened to him and saw the miracles that he performed.

8:6 말도 듣고 행하는 표적도 보고. 무리는 기본적으로 빌립이 말하는 것을 들었다. 빌립은 분명히 복음을 전하였을 것이다. 그런데 마술사 시몬이 놀란 내용을 보면 '말씀'이 빠져 있다. 그는 말씀이 아니라 표적에 집중하였다. 그러기에 그는 어긋날 수밖에 없었다.

> 7 많은 사람에게 붙었던 더러운 귀신들이 크게 소리를 지르며 나가고 또 많은 중풍병자와 못 걷는 사람이 나으니
>
> 7 Evil spirits came out from many people with a loud cry, and many paralysed and lame people were healed.

8:7 역시 하나님은 사마리아 사람을 차별하지 않으셨다. '사마리아 오순절'이라 불리는 일이 일어났다. 사마리아에서도 사람들에게 성령이 임하고 변화가 있었다. 하나님은 누구도 차별하지 않으셨다.

> 8 그 성에 큰 기쁨이 있더라
>
> 9 그 성에 시몬이라 하는 사람이 전부터 있어 마술을 행하여 사마리아 백성을 놀라게 하며 자칭 큰 자라 하니
>
> 8 So there was great joy in that city.
>
> 9 A man named Simon lived there, who for some time had astounded the Samaritans with his magic. He claimed that he was someone great,

8:9 전부터 마술을 행하여 사마리아 백성을 놀라게 하며 자칭 큰 자라. 시몬이라는 사람이 마술을 통해 사마리아 지역에서 영향을 미치고 있었다. 이 사람은 이후로 교회 역사에서 많은 이단의 대명사처럼 사용된다.

> 10 낮은 사람부터 높은 사람까지 다 따르며 이르되 이 사람은 크다 일컫는 하나님의 능력이라 하더라
>
> 11 오랫동안 그 마술에 놀랐으므로 그들이 따르더니
>
> 12 빌립이 하나님 나라와 및 예수 그리스도의 이름에 관하여 전도함을 그들이 믿고 남녀가 다 세례를 받으니
>
> 13 시몬도 믿고 세례를 받은 후에 전심으로 빌립을 따라다니며 그 나타나는 표적과 큰 능력을 보고 놀라니라
>
> 10 and everyone in the city, from all classes of society, paid close attention to him. "He is that power of God known as 'The Great Power'," they said.
>
> 11 They paid this attention to him because for such a long time he had astonished them with his magic.
>
> 12 But when they believed Philip's message about the good news of the Kingdom of God and about Jesus Christ, they were baptized, both men and women.
>
> 13 Simon himself also believed; and after being baptized, he stayed close to Philip and was astounded when he saw the great wonders and miracles that were being performed.

8:13 믿고 세례를 받은 후. 그는 믿고 세례를 받았다. 그러나 거짓이었다. **나타나는 표적과 큰 능력을 보고 놀라니라.** 그가 믿고 세례를 받은 이유는 빌립을 통해 드러나는 '표적과 큰 능력' 때문이었다.

> 14 예루살렘에 있는 사도들이 사마리아도 하나님의 말씀을 받았다 함을 듣고 베드로와 요한을 보내매
>
> 14 The apostles in Jerusalem heard that the people of Samaria had received the word of God, so they sent Peter and John to them.

8:14 베드로와 요한을 보내매. 예루살렘 교회는 사도를 보내 사마리아에서 일어난 일에 대해 살펴보도록 하였다. 교회는 모두 하나다. 비록 오늘날 기독교가 수많은 교단으로 나뉘었지만 그래도 교회는 하나이다. 기본적으로 성경과 사도신경을 공유하며 예수 그리스도를 구주로 믿는 모든 교회는 하나요 한 형제자매다.

> 15 그들이 내려가서 그들을 위하여 성령 받기를 기도하니
>
> 16 이는 아직 한 사람에게도 성령 내리신 일이 없고 오직 주 예수의 이름으로 세례만 받을 뿐이더라
>
> 17 이에 두 사도가 그들에게 안수하매 성령을 받는지라
>
> 15 When they arrived, they prayed for the believers that they might receive the Holy Spirit.
>
> 16 For the Holy Spirit had not yet come down on any of them; they had only been baptized in the name of the Lord Jesus.
>
> 17 Then Peter and John placed their hands on them, and they received the Holy Spirit.

8:16-17 아직 한 사람에게도 성령 내리신 일이 없고...세례만 받을 뿐이었더라. 예수 이름으로 세례를 받았는데 성령이 임하지 않은 것은 참으로 이상한 일이었다. 오늘날에는 성령의 임함이 보통은 세례 받기 전에 일어난다. 믿음을 갖게 되었다는 것은 그 안에 이미 성령이 임하였다는 뜻이다. 그런데 교회의 초창기에는 성령의 임함이라는 것이 강조되어야 했기에 특별한 현상이 동반되어 나타났다. 그래서 믿을 때 또는 세례 받을 때 많이 나타났다. 그러나 사마리아에서는 성령의 임함이 가시적으로 나타나지 않았다. 믿고 세례를 받았는데 성령이 내리신 일이 없다고 말한다.

사마리아에 믿음과 세례까지 있었는데 성령이 임하지 않은 것을 두 가지로 생각할 수 있다. 성령이 임하지 않은 것이 아니라 가시적인 현상으로 나타나지 않은 것을 의미할 수 있다. 사실 모든 믿는자는 성령의 임재가 아니고는 믿음을 제대로 고백할 수 없다. 둘째는 사마리아 교회를 향해 하나님께서 아주 예외적으로 성령의 임재를 보류하신 것일 수 있다. 사도가 와서 안수함으로 예루살렘 교회가 사마리아 교회와 하나임을 가시적으로 알게 하도록 하시기 위함이다. 그것은 유대와 사마리아가 뿌리깊은 반목을 가지고 있었기 때문에 이런 특별한 조치가 필요하였을 수 있다. 성령의 가시적 임재이든 실제로 성령의 처음 임함이든 중요한 것은 사도가 와서 안수함으로 일어났다는 사실이다. 이것은 사도가 특별히 더 뛰어나다는 것을 말하기 위함이 아니다. 이것은 예루살렘 교회와 사마리아 교회가 하나임을 드러내기 위함이다.

> 18 시몬이 사도들의 안수로 성령 받는 것을 보고 돈을 드려
>
> 19 이르되 이 권능을 내게도 주어 누구든지 내가 안수하는 사람은 성령을 받게 하

> 여 주소서 하니
>
> 18 Simon saw that the Spirit had been given to the believers when the apostles placed their hands on them. So he offered money to Peter and John,
>
> 19 and said, "Give this power to me too, so that anyone I place my hands on will receive the Holy Spirit."

8:18-19 시몬이...돈을 드려...이 권능을 내게도 주어. 마술사 시몬은 자신이 성령을 받는 것을 원한 것이 아니라 자신이 다른 사람에게 성령을 주는 기술을 갖기를 원하였다. 시몬은 이것을 일종의 마술로 생각하였다.

> 20 베드로가 이르되 네가 하나님의 선물을 돈 주고 살 줄로 생각하였으니 네 은과 네가 함께 망할지어다
>
> 20 But Peter answered him, "May you and your money go to hell, for thinking that you can buy God's gift with money!

8:20 하나님의 선물을 돈 주고 살 줄로 생각하였으니...망할지어다. 베드로는 아주 강력하게 책망하였다. 이 부분을 어떤 번역자는 '지옥에 떨어져라'고 번역하였다. 하나님을 자신이 조종할 수 있다고 생각하지 말아야 한다. 특히 자신의 돈이나 힘으로 움직이려고 하지 말아야 한다. 이 구절 때문에 '시몬니'(성직매매)라는 단어가 나왔다. 시몬의 이름을 따서 만든 단어다. 오늘날 목회자나 장로나 교회의 직분을 맡을 때도 그렇다. 그런 일에 정상적이지 않은 과한 돈거래가 있는 경우가 있다. 말은 헌금이라고 하지만 실제로는 강요된 돈도 있다. 그렇다면 모두 성직매매에 해당한다.

> 21 하나님 앞에서 네 마음이 바르지 못하니 이 도에는 네가 관계도 없고 분깃 될 것도 없느니라
>
> 21 You have no part or share in our work, because your heart is not right in God's sight.

8:21 하나님 앞에서 네 마음이 바르지 못하니 이 도에는 네가 관계도 없고. 겉모습이 어떠할지라도 하나님 앞에서의 마음이 바르지 못하면 결코 믿음이 아니다. 교회 안에

는 믿음이라 말하지만 이런 '마음이 바르지 못한' 모습이 많다. 이것을 경계해야 한다.

> 22 그러므로 너의 이 악함을 회개하고 주께 기도하라 혹 마음에 품은 것을 사하여 주시리라
>
> 22 Repent, then, of this evil plan of yours, and pray to the Lord that he will forgive you for thinking such a thing as this.

8:22 이 악함을 회개하고...혹 마음에 품은 것을 사하여 주시리라. 교회 안에 순결하지 못한 많은 사람들이 있다. 그러나 그들에게 회개의 문이 열려 있다. 아직 교회에 다니고 있기 때문에 말씀을 듣고 있다. 그러기에 빨리 회개해야 한다.

> 23 내가 보니 너는 악독이 가득하며 불의에 매인 바 되었도다
>
> 24 시몬이 대답하여 이르되 나를 위하여 주께 기도하여 말한 것이 하나도 내게 임하지 않게 하소서 하니라
>
> 23 For I see that you are full of bitter envy and are a prisoner of sin."
>
> 24 Simon said to Peter and John, "Please pray to the Lord for me, so that none of these things you spoke of will happen to me."

8:24 시몬이 말로는 회개하였지만 진정한 회개는 하지 않은 것으로 보인다. 교회 역사에는 그가 이단의 중요한 인물이 된 많은 이야기가 전해온다. 시몬은 끝내 회개하지 못한 것 같다. 그는 믿음도 가짜요, 회개도 가짜였다.

> 25 두 사도가 주의 말씀을 증언하여 말한 후 예루살렘으로 돌아갈새 사마리아인의 여러 마을에서 복음을 전하니라
>
> 26 주의 사자가 빌립에게 말하여 이르되 일어나서 남쪽으로 향하여 예루살렘에서 가사로 내려가는 길까지 가라 하니 그 길은 광야라
>
> 25 After they had given their testimony and proclaimed the Lord's message, Peter and

John went back to Jerusalem. On their way they preached the Good News in many villages of Samaria.

26 An angel of the Lord said to Philip, "Get ready and go south to the road that goes from Jerusalem to Gaza." (This road is not used nowadays.)

8:26 예루살렘에서 가사로 내려가는 길까지 가라. 사마리아에서 열심히 복음을 전하던 빌립을 하나님께서 갑자기 다른 곳으로 이끄셨다. 여전히 사마리아 지역에서 할 일이 많을텐데 왜 갑자기 사마리아 지역을 떠나 예루살렘 아래쪽으로 가라 하실까. 참 의아한 일이었다.

27 일어나 가서 보니 에디오피아 사람 곧 에디오피아 여왕 간다게의 모든 국고를 맡은 관리인 내시가 예배하러 예루살렘에 왔다가

27 So Philip got ready and went. Now an Ethiopian eunuch, who was an important official in charge of the treasury of the queen of Ethiopia, was on his way home. He had been to Jerusalem to worship God and was going back home in his carriage. As he rode along, he was reading from the book of the prophet Isaiah.

8:27 에디오피아 여왕 간다게의 모든 국고를 맡은 관리인 내시가 예배하러 예루살렘에 왔다가. 빌립이 천사가 말한 곳으로 갔다. 무슨 일이 일어날지 모르고 갔다. 그때 그는 그곳에서 한 사람을 만났다. 에디오피아는 지금의 수단 지역에 있었던 나라. 구약 성경에서는 '구스'로 번역할 때가 많다. 백성들이 검은 피부를 가지고 있었기 때문에 '에디오피아'라고 부른 것 같다. 그는 검은 피부를 가지고 있었고 에디오피아의 국고를 맡은 관리인으로 높은 직위의 사람이며 여호와 하나님을 경외하는 사람이었던 것으로 보인다.

28 돌아가는데 수레를 타고 선지자 이사야의 글을 읽더라

8:28 수레를 타고 선지자 이사야의 글을 읽더라. 수레를 탈 정도로 부요하였다. 그는 성경 말씀을 읽고 있었다.

> 29 성령이 빌립더러 이르시되 이 수레로 가까이 나아가라 하시거늘
> 29 The Holy Spirit said to Philip, "Go over to that carriage and stay close to it."

8:29 성령이...수레로 가까이 나아가라. 빌립이 이곳까지 온 이유는 이 사람을 만나게 하시려는 하나님의 특별한 인도하심이었다. 이 사람이 대체 누구길래 하나님께서는 이 사람을 이토록 사랑하고 계실까? 먼저 이 사람은 성경을 읽는 사람이었다. 수레를 타고 가면서까지 읽을 정도로 말씀을 사랑하였다. 이 당시 보통 소리내어 읽었기 때문에 빌립은 그가 읽고 있는 본문이 이사야 53장이라는 것을 알았다. '고난 받는 종'에 대한 이야기다.

> 30 빌립이 달려가서 선지자 이사야의 글 읽는 것을 듣고 말하되 읽는 것을 깨닫느냐
> 30 Philip ran over and heard him reading from the book of the prophet Isaiah. He asked him, "Do you understand what you are reading?"

8:30 읽는 것을 깨닫느냐. 내시가 말씀을 읽고 있었다. 그것은 그가 하나님을 경외하였음을 보여준다. 하나님을 경외하여 하나님께서 주신 말씀을 읽고 있었다. 그러나 말씀을 바로 깨달을 수 있는 것은 아니다. 누군가의 말을 깨닫는다는 것은 그 사람에 대해 알고 있어야 가능하다. 그것을 말한 사람을 모르면 그 말을 바르게 이해할 수 없다. 성경은 시대속에서 사람을 통해 사람의 언어로 전해졌다. 그래서 성경읽기를 통해 하나님의 뜻과 마음을 알기 위해서는 해석이라는 과정이 필요하다. 해석이 없으면 읽기는 하여도 '깨달을' 수가 없다.

> 31 대답하되 지도해 주는 사람이 없으니 어찌 깨달을 수 있느냐 하고 빌립을 청하여 수레에 올라 같이 앉으라 하니라
> 31 The official replied, "How can I understand unless someone explains it to me?" And he invited Philip to climb up and sit in the carriage with him.

8:31 지도해 주는 사람이 없으니 어찌 깨달을 수 있느냐. 내시는 자신에게 말씀을 깨달을 수 있도록 지도해 주는 사람이 필요하다고 말하였다. 그렇다. 해석을 위해서는 지도해 주는 사람이 있어야 한다. 내시에게는 빌립이 필요하였고 오늘날 사람들에게는 신학자와 목회자가 필요하다. 어떤 사람은 혼자 성경을 해석할 수 있다고 말한다. 또는 기도하면 해석할 수 있다고 말하기도 한다. 그러나 그것은 거짓이다. 다른 사람이나 책의 도움을 얻지 않고 성경을 해석한다는 것은 아주 옳지 않다. 성경은 히브리어와 헬라어로 기록되어 있는 것을 각 나라 언어로 번역하였다. 그 과정에 해석이 이미 들어가 있다. 그런데 그것을 읽으면서 자신의 고유한 방식으로 이해한다. 그것은 성경이 말하는 것이 아니라 자신이 생각하는 해석이다. 곧 신학자와 목회자의 해석을 보지 않는다는 것은 객관적인 해석이 아니라 혼자만의 무지로 해석하는 것이다. 그래서 그것은 틀릴 수밖에 없다. 해석에는 해석의 전통과 도움이 필요하다.

> 32 읽는 성경 구절은 이것이니 일렀으되 그가 도살자에게로 가는 양과 같이 끌려갔고 털 깎는 자 앞에 있는 어린 양이 조용함과 같이 그의 입을 열지 아니하였도다
>
> 33 그가 굴욕을 당했을 때 공정한 재판도 받지 못하였으니 누가 그의 세대를 말하리요 그의 생명이 땅에서 빼앗김이로다 하였거늘
>
> 34 그 내시가 빌립에게 말하되 청컨대 내가 묻노니 선지자가 이 말한 것이 누구를 가리킴이냐 자기를 가리킴이냐 타인을 가리킴이냐
>
> 32 The passage of scripture which he was reading was this: "Like a sheep that is taken to be slaughtered, like a lamb that makes no sound when its wool is cut off, he did not say a word.
>
> 33 He was humiliated, and justice was denied him. No one will be able to tell about his descendants, because his life on earth has come to an end."
>
> 34 The official asked Philip, "Tell me, of whom is the prophet saying this? Of himself or of someone else?"

8:34 내가 묻노니 선지자가 이 말한 것이 누구를 가리킴이냐. 내시는 단순히 성경을 읽는 사람이 아니라 질문하며 읽는 사람이었다. 내시의 이 질문은 결국 그의 인생을 바꾸는 질문이 되었다. 진리를 알고자 진지하게 질문하는 그를 위해 하나님께서 특별히 사람을 보내신 것이다.

> 35 빌립이 입을 열어 이 글에서 시작하여 예수를 가르쳐 복음을 전하니
>
> 35 Then Philip began to speak; starting from this passage of scripture, he told him the Good News about Jesus.

8:35 이 글에서 시작하여. 이사야 말씀을 의미한다. **예수를 가르쳐 복음을 전하니.** 빌립은 구약의 다른 본문을 더 가르침으로 이사야와 성경 저자들이 전하는 메시야되신 예수님을 전하였다. 예수님의 사역을 전하였다. 예수님의 삶과 죽음과 부활을 해석하여 전하였다.

> 36 길 가다가 물 있는 곳에 이르러 그 내시가 말하되 보라 물이 있으니 내가 세례를 받음에 무슨 거리낌이 있느냐
>
> 36 As they travelled down the road, they came to a place where there was some water, and the official said, "Here is some water. What is to keep me from being baptized?"

8:36 내가 세례를 받음에 무슨 거리낌이 있느냐. 내시는 바로 세례받기를 원하였다. 그는 말씀의 해석을 통해 말씀을 깨달았다. 말씀을 깨닫게 되었을 때 하나님을 인격적으로 만났다. 하나님의 뜻이 무엇인지 알고 마음을 알았기에 그 분을 인격적으로 만날 수 있었고 그 분을 주인으로 받아들일 수 있었다.

> 37 (없음)
>
> 38 이에 명하여 수레를 멈추고 빌립과 내시가 둘 다 물에 내려가 빌립이 세례를 베풀고
>
> 39 둘이 물에서 올라올새 주의 영이 빌립을 이끌어간지라 내시는 기쁘게 길을 가므로 그를 다시 보지 못하니라
>
> 38 The official ordered the carriage to stop, and both Philip and the official went down into the water, and Philip baptized him.
>
> 39 When they came up out of the water, the Spirit of the Lord took Philip away. The official did not see him again, but continued on his way, full of joy.

8:39 내시는 기쁘게 길을 가므로. 내시는 말씀을 깨닫게 되었을 때 하나님을 인격적으로 만났다. 그래서 기쁨을 갖게 되었다. 신앙인의 기쁨이 그 안에 가득하게 되었다. 내시의 경우 어떤 이적과 표적이 있지 않았다. 그러나 더욱더 중요한 '기쁨'이 있었다. 표적과 이적은 일시적이지만 기쁨은 모든 시대 모든 사람에게 자신이 믿음을 가진 사람이라는 것을 증명하는 가장 중요한 표징이다.

> 40 빌립은 아소도에 나타나 여러 성을 지나 다니며 복음을 전하고 가이사랴에 이르니라
>
> 40 Philip found himself in Azotus; he went on to Caesarea, and on the way he preached the Good News in every town.

8:40 가이사랴에 이르니라. 그는 사마리아 지역인 가이사랴로 다시 돌아갔다. 사마리아 산간지역에서 복음을 전하고 있었기에 본래 가이사랴에 가고자 한다면 바로 해안가 쪽으로 내려가면 된다. 그런데 내시를 만나도록 하기 위해 하나님께서 매우 먼 길을 돌아서 가이사랴에 가도록 하셨다. 말씀 읽는 내시를 귀히 여기신 것이다.

빌립의 행적은 한 번 더 성경의 기록에 나타난다. 약 20년 후 바울이 예루살렘에 돌아갈 때 가이사랴에 살고 있는 빌립의 집에서 잠을 잔다. 빌립은 항구 도시 가이사랴를 통해 오가는 땅끝 사람들과 사마리아 사람들에게 계속 복음을 전하는 사역을 감당한 것으로 보인다. 그는 성경을 잘 해석함으로 복음을 전하였을 것이다.

9장

> 1 사울이 주의 제자들에 대하여 여전히 위협과 살기가 등등하여 대제사장에게 가서
>
> 1 In the meantime Saul kept up his violent threats of murder against the followers of the Lord. He went to the High Priest

9:1 사울이...위협과 살기가 등등하여. 사울은 교회를 핍박하는 자신이 잘 살고 있다고 생각하였다. 그래서 더욱 열심히 핍박하였다.

> 2 다메섹 여러 회당에 가져갈 공문을 청하니 이는 만일 그 도를 따르는 사람을 만나면 남녀를 막론하고 결박하여 예루살렘으로 잡아오려 함이라
>
> 2 and asked for letters of introduction to the synagogues in Damascus, so that if he should find there any followers of the Way of the Lord, he would be able to arrest them, both men and women, and bring them back to Jerusalem.

9:2 예루살렘에 일어난 기독교인 박해로 인하여 많은 헬라파 유대인이 다메섹으로 도피하였다. 사울은 그들을 잡아들이기 위해 다메섹으로 가고자 하였다. 자신의 삶에 대해 자긍심과 열심을 가지고 있었다. 사울이 쫓고 있는 사람들은 **그 도를 따르는 사람.** 직역하면 '그 길의 사람들'이다. 당시 기독교인들은 '그 길의 사람'이라는 정체성을 가지고 있었다. '길'은 '총체적인 삶'을 상징한다. 그들에게 있어 믿음은 자신의 모든 삶을 바쳐 그 길을 걷는 것이었다. 예수님께서 '나는 길이요 진리요 생명이니'라고 말씀하신 것을 따라 그 길을 걷는 사람들이었다. 그들은 완전히 다른 삶을 살고 있었다. 사울은 그 길을 걷는 사람들을 핍박하였다.

> 3 사울이 길을 가다가 다메섹에 가까이 이르더니 홀연히 하늘로부터 빛이 그를 둘

> 러 비추는지라
>
> 3 As Saul was coming near the city of Damascus, suddenly a light from the sky flashed round him.

9:3 홀연히 하늘로부터 빛이 그를 둘러 비추는지라. 길을 가던 사울에게 하늘로부터 강한 빛이 비추었다. 정오에 플래쉬를 비추면 켜진 것도 표시 나지 않을 정도로 미비하다. 강한 빛이 되기 위해서는 참으로 강한 빛이어야 한다. 그러한 찬란한 빛이 사울의 둘레를 비추었다. 빛은 하나님의 임재를 상징적으로 보여준다. 하나님께서 사울에게 특별히 임재하신 것이다.

> 4 땅에 엎드러져 들으매 소리가 있어 이르시되 사울아 사울아 네가 어찌하여 나를 박해하느냐 하시거늘
>
> 4 He fell to the ground and heard a voice saying to him, "Saul, Saul! Why do you persecute me?"

9:4 사울아 사울아 네가 어찌하여 나를 박해하느냐. 사울은 천상의 존재가 말하는 이 소리를 들었다. 사울이 경험한 이 순간을 나는 '빛의 순간'이라고 명명한다. 영광의 하나님을 깊이 만나는 순간이다. 빛의 순간은 사람마다 다르게 다양한 모양으로 나타난다. 나는 중3 때 하나님을 위해 목숨까지 바치겠다고 다짐하였지만 특별한 경험은 없었다. 그러다 대학교 1학년 여름방학 때 예배 전에 혼자 말씀을 읽으면서 묵상하다가 빛의 순간을 만났다. 7년 동안 은혜의 눈물을 흘리는 것에 대해 사모했지만 눈물을 흘린 적은 없었다. 나는 본래 독한 사람이라 눈물이 없다고 생각했다. 그런데 엡 3:8에서 '하나님의 지식에 넘치는 사랑'을 묵상하다가 혼자 하염없이 눈물을 흘렸다. 빛의 순간이었다.

> 5 대답하되 주여 누구시니이까 이르시되 나는 네가 박해하는 예수라
>
> 5 "Who are you, Lord?" he asked. "I am Jesus, whom you persecute," the voice said.

9:5 나는 네가 박해하는 예수라. 하늘의 존재에게 사울이 정체를 물었을 때 들은 대답이다. 사울은 천상의 존재를 박해하고 있었다. 결코 일어나서는 안 되는 일을 자기가 하고 있었다. 사울은 기껏해야 출세 욕심이 그 안에 있었을까? 교만한 마음이 있었을까? 그가 그렇게 잘못 살아온 것 같지는 않다. 그런데 그가 지금 하고 있는 일이 메시야 예수를 박해하는 일이었다. 너무 악한 일이었다.

> 6 너는 일어나 시내로 들어가라 네가 행할 것을 네게 이를 자가 있느니라 하시니
> 7 같이 가던 사람들은 소리만 듣고 아무도 보지 못하여 말을 못하고 서 있더라
>
> 6 "But get up and go into the city, where you will be told what you must do."
> 7 The men who were travelling with Saul had stopped, not saying a word; they heard the voice but could not see anyone.

9:7 소리만 듣고 아무도 보지 못하여. 무슨 소리였을까? 이 상황을 파악하기 위해 다음 구절을 함께 보아야 한다. "나와 함께 있는 사람들이 빛은 보면서도 나에게 말씀하시는 이의 소리는 듣지 못하더라" (행 22:9) '빛은 보면서도 나에게 말씀하시는 이의 소리는 듣지 못하더라'고 말한다. 7절에서 '보지 못하였다'는 것은 사울과 함께 하였던 사람들이 '말하는 사람'을 보지 못하였다는 것이다. 그리고 듣지 못하였다는 것은 '말을 이해할 수 있게 듣지 못하고 천둥소리처럼 들렸기' 때문일 것이다. 반면에 사울은 강한 빛 가운데서 천상의 예수님을 보았고, 그 분께서 말씀하시는 것을 분명하게 들었다. 사울만 보고 들었다. 사울과 함께 가고 있던 사람들은 아마 성전 경비병으로서 레위인 일 것이다. 그들도 보고 들었으면 더 많은 사람이 바뀔 수 있었을 것 같으나 하나님께서는 사울 한 사람에게만 보고 들을 수 있는 기회를 주셨다.

> 8 사울이 땅에서 일어나 눈은 떴으나 아무 것도 보지 못하고 사람의 손에 끌려 다메섹으로 들어가서
>
> 8 Saul got up from the ground and opened his eyes, but could not see a thing. So they took him by the hand and led him into Damascus.

9:8 땅에서 일어나 눈은 떴으나 아무 것도 보지 못하고. 찬란한 빛을 보던 사울은 빛이 사라졌을 때 아무것도 볼 수 없었다.

> 9 사흘 동안 보지 못하고 먹지도 마시지도 아니하니라
>
> 9 For three days he was not able to see, and during that time he did not eat or drink anything.

9:9 먹지도 마시지도 아니하리라. 사흘 동안 완전히 단식하였다. 왜 그랬을까? 나는 이 구절을 읽을 때마다 눈물을 흘리곤 한다. 사울의 마음이 느껴진다. 사울은 앞을 볼 수 없게 되었을 때 그가 길에서 만난 예수님을 생각했을 것이다. 깊이 생각하면서 그동안 자신의 행적이 너무 마음이 아팠을 것이다. 그러니 어찌 음식을 먹을 수 있을까?

그는 어둠 속에서 기도하며 묵상하였을 것이다. 최근에 일어난 일과 자신의 삶을 돌아보았을 것이다. 지금 시점은 예수님이 돌아가시고 1년 6개월 정도 지난 시점이다. 예수님에 대해 그가 들은 소문을 조합해 보았을 것이다. 아마 예수님을 직접 본적도 있을 것이다. 그 때의 눈빛을 떠올렸을 수도 있다. 그가 알고 있는 성경의 이 본문과 저 본문을 생각하였을 것이다. 예수님이 메시야라는 사실을 깨닫게 해주는 본문이 마치 살아있듯이 그에게 몰려왔을 것이다. 메시야가 그 백성을 구하러 이 땅에 오셨다. 그런데 자신은 핍박하고 있었다. 그것이 얼마나 마음이 아팠을까? 예수님이 이 땅에 오셔서 고생하시는 그 순간에 자신은 편히 있었으며 욕하고 핍박하였다. 그러니 그의 마음이 얼마나 아팠을까? 자기 자신을 용서할 수 없었을 것이다. 도저히 자기 자신에게 밥도 물도 먹이고 싶지 않았을 것이다. 그래서 자기 자신을 굶겼다. 결코 먹을 자격이 없기 때문이다.

> 10 그 때에 다메섹에 아나니아라 하는 제자가 있더니 주께서 환상 중에 불러 이르시되 아나니아야 하시거늘 대답하되 주여 내가 여기 있나이다 하니
>
> 10 There was a believer in Damascus named Ananias. He had a vision, in which the Lord said to him, "Ananias!" "Here I am, Lord," he answered.

9:10 다메섹에 아나니아라 하는 제자가 있더니. 아나니아는 초대 교회의 아픔 '아나니아와 삽비라' 사건의 주인공과 이름이 같다. 그러나 그와는 완전히 다른 인생을 살았다. 아나니아가 언제 제자가 되었는지 나오지 않는다. 지금은 오순절 사건 후 얼마 지나지 않았기 때문에 아나니아가 제자가 된 것이 2년도 안 되었을 것이다. 아나니아는 이전이나 이후에 이름이 다시 나오지 않는다. 그러나 이곳에서 그는 하나님의 도구로 훌륭하게 사용된다. **아나니아야 하시거늘.** 예수님께서 부르시자 아나니아는 바로 '주여 내가 여기 있나이다'라고 말한다. 주님 부르실 때 우리도 '주여 내가 여기 있나이다'라고 대답할 수 있어야 한다. 그렇게 응답할 준비되어 있을 때 주님이 부르신다. 유명한 사람은 아니어도 아나니아처럼 주님의 도구로 사용되는 삶이 복되다.

> 11 주께서 이르시되 일어나 직가라 하는 거리로 가서 유다의 집에서 다소 사람 사울이라 하는 사람을 찾으라 그가 기도하는 중이니라
>
> 11 The Lord said to him, "Get ready and go to Straight Street, and at the house of Judas ask for a man from Tarsus named Saul. He is praying,

9:11 그가 기도하는 중이니라. 사울은 자신이 과거에 교회를 핍박한 것을 아파하며 기도하고 있었다. 깊이 기도하고 있었다. 예수님은 바울의 그러한 철저한 회개를 기뻐 받으신 것으로 보인다.

> 12 그가 아나니아라 하는 사람이 들어와서 자기에게 안수하여 다시 보게 하는 것을 보았느니라 하시거늘
>
> 12 and in a vision he has seen a man named Ananias come in and place his hands on him so that he might see again."

9:12 예수님께서 사울에게 이미 나타나셔서 아나니아가 안수하여 사울의 눈을 뜨게 하는 것을 보여주셨다. 그리고 아나니아에게 그것을 말씀하시면서 사울에게 가라 하셨다.

> 13 아나니아가 대답하되 주여 이 사람에 대하여 내가 여러 사람에게 듣사온즉 그가 예루살렘에서 주의 성도에게 적지 않은 해를 끼쳤다 하더니
>
> 13 Ananias answered, "Lord, many people have told me about this man and about all the terrible things he has done to your people in Jerusalem.

9:13 주의 성도에게 적지 않은 해를 끼쳤다 하더니. 교회가 시작하는 초창기에 교인을 어떻게 지칭하는지를 살펴보는 것이 좋다. 앞에서는 '그의 길의 사람들'이라 불렀다. 그리고 여기에서는 '성도'라 말한다. 성도는 '성인'에서 볼 수 있듯이 '거룩한 사람'을 의미한다. 그 성품과 삶이 거룩한 사람이다. 우리는 성도라 불릴 자격 있는 사람이 되어야 한다. 아나니아는 사울이 성도를 핍박하고 죽인 것을 알았다. 그래서 그 사울에게 가라는 것인지 다시 묻고 있는 것이다.

> 14 여기서도 주의 이름을 부르는 모든 사람을 결박할 권한을 대제사장들에게서 받았나이다 하거늘
>
> 15 주께서 이르시되 가라 이 사람은 내 이름을 이방인과 임금들과 이스라엘 자손들에게 전하기 위하여 택한 나의 그릇이라
>
> 14 And he has come to Damascus with authority from the chief priests to arrest all who worship you."
>
> 15 The Lord said to him, "Go, because I have chosen him to serve me, to make my name known to Gentiles and kings and to the people of Israel.

9:15 이방인...전하기 위하여 택한 나의 그릇이라. 사울은 교회에 해를 끼치던 사람이다. 그런데 그가 극적으로 변화를 받았을 때 오히려 더욱더 열심히 교회를 위해 일할 수 있는 사람이 되었다. 세상에 복음을 전하기를 원하시는 예수님의 마음을 가장 적극적으로 행할 수 있는 '그릇'이 되었다.

> 16 그가 내 이름을 위하여 얼마나 고난을 받아야 할 것을 내가 그에게 보이리라 하시니
>
> 16 And I myself will show him all that he must suffer for my sake."

9:16 그가 내 이름을 위하여 얼마나 고난을 받아야 할 것. 사울은 교회를 핍박하였기 때문에 그가 이후에 예수님의 이름으로 고난을 받을 때도 오히려 더 잘 감당할 수 있을 것이다. 바울은 나중에 자신을 '죄인 중에 괴수였다'라고 소개한다. 그는 자신이 교회를 핍박한 아픈 과거가 있었기에 오히려 고난이 있어도 그것을 감수하며 복음을 전하였다.

> 17 아나니아가 떠나 그 집에 들어가서 그에게 안수하여 이르되 형제 사울아 주 곧 네가 오는 길에서 나타나셨던 예수께서 나를 보내어 너로 다시 보게 하시고 성령으로 충만하게 하신다 하니
>
> 17 So Ananias went, entered the house where Saul was, and placed his hands on him. "Brother Saul," he said, "the Lord has sent me-Jesus himself, who appeared to you on the road as you were coming here. He sent me so that you might see again and be filled with the Holy Spirit."

9:17 형제 사울아. 아나니아는 사울을 '형제'라고 부르고 있다. 자신은 사울을 핍박자로 생각했지만 예수님이 세례를 주라 하셨다. 그것을 알고 나서 그는 억지로 따른 것이 아니다. 진심으로 따랐다. 그것을 알 수 있는 것이 '형제'라고 부르는 것에서 볼 수 있는 것 같다. 그는 이제 예수님의 말씀을 따라 사울을 진심으로 형제로 대하고 있는 것이다. 예수님의 뜻임을 확신하였을 때 거리낌 없이 적극적으로 순종하였다.

> 18 즉시 사울의 눈에서 비늘 같은 것이 벗어져 다시 보게 된지라 일어나 세례를 받고
>
> 19 음식을 먹으매 강건하여지니라
>
> 20 사울이 다메섹에 있는 제자들과 함께 며칠 있을새 즉시로 각 회당에서 예수가 하나님의 아들이심을 전파하니
>
> 18 At once something like fish scales fell from Saul's eyes, and he was able to see again. He stood up and was baptized;
>
> 19 and after he had eaten, his strength came back.
>
> 20 He went straight to the synagogues and began to preach that Jesus was the Son of

> God. All who heard him were amazed and asked, "Isn't he the one who in Jerusalem was killing those who worship that man Jesus? And didn't he come here for the very purpose of arresting those people and taking them back to the chief priests?"

9:20 즉시로 각 회당에서 예수가 하나님의 아들이심을 전파하니. 사울은 성경 지식과 여러가지 면에서 잘 준비된 사람이었다. 그에게는 물꼬가 필요했다. 물꼬가 터지자 모든 것이 함께 꿰어 맞추어져 예수님이 하나님의 아들이심을 논리적으로 확신 있게 전할 수 있게 되었다. 그는 역시 준비된 사람이었다. 만약 아나니아가 처음 생각한 것처럼 주변 사람이 그를 핍박자로만 생각하였으면 그는 결국 아무것도 되지 못하였을 것이다. 그러나 물꼬가 트이자 가장 훌륭한 전도자가 되었다. 우리 주변에도 그런 사람이 있다. 지금 보기에는 핍박자 같고 무관심한 사람 같으나 어쩌면 물꼬만 터주면 가장 훌륭한 신앙인이요 전도자가 될 수도 있다. 그러니 사람을 겉모습으로 판단하고 문을 닫지 말아야 한다. 늘 모든 사람에게 복음의 문을 열어 놓아야 한다.

> 21 듣는 사람이 다 놀라 말하되 이 사람이 예루살렘에서 이 이름을 부르는 사람을 멸하려던 자가 아니냐 여기 온 것도 그들을 결박하여 대제사장들에게 끌어 가고자 함이 아니냐 하더라
>
> 22 사울은 힘을 더 얻어 예수를 그리스도라 증언하여 다메섹에 사는 유대인들을 당혹하게 하니라
>
> 23 여러 날이 지나매 유대인들이 사울 죽이기를 공모하더니
>
> 21 Saul stayed for a few days with the believers in Damascus.
>
> 22 But Saul's preaching became even more powerful, and his proofs that Jesus was the Messiah were so convincing that the Jews who lived in Damascus could not answer him.
>
> 23 After many days had gone by, the Jews met together and made plans to kill Saul,

9:23 여러 날이 지나매. '여러 날'은 3년이라는 기간을 담고 있다. "또 나보다 먼저 사도 된 자들을 만나려고 예루살렘으로 가지 아니하고 아라비아로 갔다가 다시 다메섹으로 돌아갔노라"(갈 1:17) '아라비아로 갔다가 다시 다메섹으로 돌아갔노라'고 말한다. 사울은 아라비아로 가서 2년 정도 복음을 전한 것으로 보인다. 아라비아는 나바티아 제국으로 다메섹의 아래쪽부터 과거 에돔지역 아래와 동쪽의 사막지역까지 아

주 거대한 지역을 통치하던 나라다. 수도는 오늘날 유명한 관광지 페트라다. 나바티아 왕국의 페트라를 비롯한 큰 도시에는 유대인 회당이 많이 있었다. 사울은 복음을 모르는 나바티아 내의 유대인 회당에 가서 복음을 전하였다. 2년쯤 후 사울은 다시 다메섹에 돌아와 1년 미만의 기간 동안 복음을 전하였던 것으로 보인다. '여러 날이 지나매'는 그렇게 나바티아에서 복음을 전하고 다메섹에 돌아와 복음을 전한 것을 의미한다. **유대인들이 사울 죽이기를 공모하더니.** 유대인들이 사울을 죽이려고 공모하였다. 그들은 사울 때문에 그들의 질서가 무너지는 것을 보았다. 그래서 사울을 죽이고자 하였다. "다메섹에서 아레다 왕의 고관이 나를 잡으려고 다메섹 성을 지켰으나"(고후 11:32) 나바티아 왕국의 아레다 왕의 고관이 유대인들과 공모하였다. 어찌 나바티아 왕국의 고관이 사울을 잡으려 하였을까? 이 당시 다메섹이 나바티아 왕국에 속하였는지 로마에 속하였는지는 정확하지 않다. 로마에 속하였을 가능성이 더 있어 보인다. 그러나 나바티아의 영향권 아래 있었던 것 같다. 어쩌면 사울은 나바티아에서 2년간 복음을 전할 때 그곳에서 문제를 일으켰을 수도 있다. 이후의 일을 보면 사울이 복음을 전하면 도시에서 소요가 일어나곤 하였다. 그래서 나바티아에서 사울을 체포하기 위해 사람을 보냈을 수도 있다.

> 24 그 계교가 사울에게 알려지니라 그들이 그를 죽이려고 밤낮으로 성문까지 지키거늘
>
> 25 그의 제자들이 밤에 사울을 광주리에 담아 성벽에서 달아 내리니라
>
> 24 but he was told of their plan. Day and night they watched the city gates in order to kill him.
>
> 25 But one night Saul's followers took him and let him down through an opening in the wall, lowering him in a basket.

9:24-25 성문까지 지키거늘. 유대인들만이 아니라 다메섹의 공권력까지 동원되어 사울을 죽이려 하였다. 나바티아 왕국의 고관까지 동원되어 사울을 잡으려 하였다. **밤에 사울을 광주리에 담아 성벽에서 달아 내리니라.** 사울은 큰 위험 속에서 간신히 빠져 나올 수 있었다. 사울은 많은 어려움을 당하였다. 그러나 그는 그 어려움 때문에 복음을 전하는 것을 중단하지 않았다. 복음이 생명보다 더 중요하였기 때문이다. 사람들이 막으면 장소를 옮겼을 뿐이다. 다메섹에서 나바티아로 그리고 다

시 다메섹으로 옮겼다. 또한 예루살렘으로 가고 가이사랴로 갔으며 이후에는 그의 고향 다소로 갔다.

> 26 사울이 예루살렘에 가서 제자들을 사귀고자 하나 다 두려워하여 그가 제자 됨을 믿지 아니하니
>
> 26 Saul went to Jerusalem and tried to join the disciples. But they would not believe that he was a disciple, and they were all afraid of him.

9:26 다 두려워하여 그가 제자 됨을 믿지 아니하니. 사울이 사람을 죽이려고 혈안이 되어 쫓아 다니던 때가 3년 전이다. 그러니 대부분 그를 아주 잘 기억하고 있었을 것이다. 그래서 교인들은 사울을 만나는 것을 두려워하였다.

> 27 바나바가 데리고 사도들에게 가서 그가 길에서 어떻게 주를 보았는지와 주께서 그에게 말씀하신 일과 다메섹에서 그가 어떻게 예수의 이름으로 담대히 말하였는지를 전하니라
>
> 28 사울이 제자들과 함께 있어 예루살렘에 출입하며
>
> 27 Then Barnabas came to his help and took him to the apostles. He explained to them how Saul had seen the Lord on the road and that the Lord had spoken to him. He also told them how boldly Saul had preached in the name of Jesus in Damascus.
>
> 28 And so Saul stayed with them and went all over Jerusalem, preaching boldly in the name of the Lord.

9:28 제자들과 함께 있어. 사울은 베드로의 집에 거하면서 15일간 예루살렘에 머물렀다. 그러나 그곳에서 그는 예수님의 형제 야고보만 더 만날 수 있었다. 다른 사도는 만나지 못하였다. 그의 모습은 다른 사람들이 보기에 아직 너무 위험해 보였던 것 같다.

> 29 또 주 예수의 이름으로 담대히 말하고 헬라파 유대인들과 함께 말하며 변론하니 그 사람들이 죽이려고 힘쓰거늘

29 He also talked and disputed with the Greek-speaking Jews, but they tried to kill him.

9:29 사울이 예루살렘에 갔을 때 '사람들이 죽이려고 힘쓰거늘'이라고 말한다. 예루살렘에서도 여러 사람이 사울을 죽이려 하였다.

30 형제들이 알고 가이사랴로 데리고 내려가서 다소로 보내니라
30 When the believers found out about this, they took Saul to Caesarea and sent him away to Tarsus.

9:30 사울은 결국 예루살렘을 떠나야 했다. '다소'는 사울의 고향이고 길리기아의 수도다. 어떤 학자는 그곳이 학문에 대한 열정이 철학의 도시 아테나나 제일 큰 도서관이 있던 알렉산드리아보다 더 크다고 말하였다. 그만큼 다소는 학문의 도시였다. 스토아 학파의 본산지다. 사울은 그곳에서도 복음을 전하며 또한 학문에 있어서도 더욱더 준비되는 시간이 되었을 것이다. 그곳에서 준비가 된 후 이후에 안디옥으로 가서 본격적으로 이방 선교의 최전선에 서게 된다.

31 그리하여 온 유대와 갈릴리와 사마리아 교회가 평안하여 든든히 서 가고 주를 경외함과 성령의 위로로 진행하여 수가 더 많아지니라

32 그 때에 베드로가 사방으로 두루 다니다가 룻다에 사는 성도들에게도 내려갔더니

33 거기서 애니아라 하는 사람을 만나매 그는 중풍병으로 침상 위에 누운 지 여덟 해라

31 And so it was that the church throughout Judea, Galilee, and Samaria had a time of peace. Through the help of the Holy Spirit it was strengthened and grew in numbers, as it lived in reverence for the Lord.

32 Peter travelled everywhere, and on one occasion he went to visit God's people who lived in Lydda.

33 There he met a man named Aeneas, who was paralysed and had not been able to get out of bed for eight years.

9:32-33 룻다에 사는 성도들에게도 내려갔더니. 베드로는 예루살렘에 머무르지 않고 지방의 다른 지역으로도 복음을 전하러 나갔다. 룻다에 이미 기독교인들이 있었다. 베드로는 그들을 돌보기 위해 내려갔다. **애니아라 하는 사람을 만나매 그는 중풍병으로 침상 위에 누운 지 여덟 해라.** 베드로가 그를 만난 것을 보면 애니아가 이미 기독교인이 되었든지 아니면 그의 가까운 사람이 기독교인이라는 것을 의미한다. 그렇다면 애니아나 그의 주변 사람이 그의 병이 낫기를 기도하였을 것이다. 그런데 낫지 않았다.

> 34 베드로가 이르되 애니아야 예수 그리스도께서 너를 낫게 하시니 일어나 네 자리를 정돈하라 한대 곧 일어나니
>
> 34 "Aeneas," Peter said to him, "Jesus Christ makes you well. Get up and make your bed." At once Aeneas got up.

9:34 베드로가 이르되 애니아야 예수 그리스도께서 너를 낫게 하시니 일어나. 베드로가 이 말을 하자 애니아가 일어났다. 그동안 기도하였을 때는 일어나지 않았는데 왜 베드로가 말을 하자 병이 낫게 되었을까? 베드로가 사도이기 때문일까? 아니다. 이후에 분명히 베드로는 더 많은 사람이 낫기를 원하였을 것이다. 그러나 그가 기도한다고 모든 사람이 병에서 나은 것은 아닐 것이다. 낫는 사람보다 낫지 않는 사람이 훨씬 더 많았을 것이다. 애니아의 주변 신앙인이 기도할 때는 낫지 않고 베드로가 기도할 때 나은 것은 사람의 믿음 때문이 아니다. 그것은 하나님의 뜻의 차이일 뿐이다. 하나님께서 베드로를 통해 낫게 하시기를 원하셨을 뿐이다. 병에서 낫게하는 것은 하나님의 일이다. 그것을 사람에 의해 일어나는 것처럼 착각하지 말아야 한다.

> 35 룻다와 사론에 사는 사람들이 다 그를 보고 주께로 돌아오니라
>
> 35 All the people living in Lydda and Sharon saw him, and they turned to the Lord.

9:35 그를 보고 주께로 돌아오니라. 병에서 나은 사람을 보고 많은 사람들이 주께로 돌아왔다. 그들 중에 또한 병에 걸린 사람들이 많을 것이다. 그들도 병에서 낫기를 원하였을 것이다. 그러나 그런 내용은 없다. 중요한 것은 병에서 나은 것이 아니다. '주

께로 돌아옴'이 중요하다. 병에서 나은 것은 다시 병에 걸릴 것이다. 그러나 주께 돌아온 사람은 영원한 생명을 얻을 것이다. 하나님께서 베드로를 통해 애니아를 일으키심으로 복음을 전하기를 원하셨다. 그래서 베드로를 사용하셨다. 이 기적에서 주인공이 베드로가 되면 안 된다. 병 나음이 되어서도 안 된다. 이 기적에서 주인공은 오직 하나님이시다. 하나님께서 그들을 영원한 생명으로 구원하기를 원하신다는 것이 주제이어야 한다. 이것을 모르면 어떤 기적도 무의미하다. 하나님의 일에서 사람을 보지 말아야 한다. 하나님을 보아야 한다.

> 36 욥바에 다비다라 하는 여제자가 있으니 그 이름을 번역하면 도르가라 선행과 구제하는 일이 심히 많더니
>
> 36 In Joppa there was a woman named Tabitha, who was a believer. (Her name in Greek is Dorcas, meaning "a deer".) She spent all her time doing good and helping the poor.

9:36 선행과 구제하는 일이 심히 많더니. 욥바에 살고 있는 여제자 다비다는 '선행과 구제하는 일이 많다'고 말한다. 보통 착한 일을 많이 하고 선행을 많이 해도 잘 표시 나지 않는다. 주변 사람들은 잘 모른다. 그런데 이 여제자는 아주 많이 한 것 같다. 그래서 이렇게 표현하고 있을 것이다. 이것은 모든 신앙인이 해야 하는 일이다.

> 37 그 때에 병들어 죽으매 시체를 씻어 다락에 누이니라
>
> 38 룻다가 욥바에서 가까운지라 제자들이 베드로가 거기 있음을 듣고 두 사람을 보내어 지체 말고 와 달라고 간청하여
>
> 37 At that time she became ill and died. Her body was washed and laid in a room upstairs.
>
> 38 Joppa was not very far from Lydda, and when the believers in Joppa heard that Peter was in Lydda, they sent two men to him with the message, "Please hurry and come to us."

9:38 룻다가 욥바에서 가까운지라. 마침 룻다에 베드로가 있음을 알게 된 사람들은

베드로에게 사람을 보냈다. 아마 그들은 베드로를 통해 예수님께서 죽은 자를 살리신 일을 기대하고 있는 것으로 보인다. 이 여인의 죽음이 너무 안타까웠기 때문일 것이다. 죽은자가 살아나기를 바라는 것은 일상적인 일이 아니다. 그러나 복음이 확장하는 초창기에는 가능할 수도 있는 일이었다. 예수님이 하신 일을 기억하고 있기 때문이다. 이후에 바울의 경우도 그랬다. 그러나 이것이 여전히 일상적인 일은 아니라는 것을 알아야 한다. 이것을 당연한 것처럼 생각하지 말아야 한다. 이것은 하나님이 하시는 일이다. 하나님의 때에 하시는 일이다. 사람의 일이 아니다. 베드로가 당연히 해야 하는 일이라고 생각해서는 안 된다.

> 39 베드로가 일어나 그들과 함께 가서 이르매 그들이 데리고 다락방에 올라가니 모든 과부가 베드로 곁에 서서 울며 도르가가 그들과 함께 있을 때에 지은 속옷과 겉옷을 다 내보이거늘
>
> 39 So Peter got ready and went with them. When he arrived, he was taken to the room upstairs, where all the widows crowded round him, crying and showing him all the shirts and coats that Dorcas had made while she was alive.

9:39 도르가가 그들과 함께 있을 때에 지은 속옷과 겉옷을 다 내보이거늘. '속옷'은 우리들이 흔히 입는 속옷을 생각하면 안 된다. 조끼 같은 것 안에 받쳐 입는 옷으로 긴 드레스와 같은 것이다. 겉으로 보이는 옷이다. 사람들이 왜 베드로에게 옷을 보여주었을까? 도르가가 그들에게 만들어 준 옷이기 때문이다. 그들이 입고 있는 옷이 도르가가 선행과 구제의 마음으로 만들어 준 옷이었던 것이다. 도르가가 그렇게 착한 일을 많이 하였기 때문에 죽음에서 다시 살아나야 한다고 말하는 것은 아니다.

> 40 베드로가 사람을 다 내보내고 무릎을 꿇고 기도하고 돌이켜 시체를 향하여 이르되 다비다야 일어나라 하니 그가 눈을 떠 베드로를 보고 일어나 앉는지라
>
> 41 베드로가 손을 내밀어 일으키고 성도들과 과부들을 불러 들여 그가 살아난 것을 보이니
>
> 42 온 욥바 사람이 알고 많은 사람이 주를 믿더라
>
> 40 Peter put them all out of the room, and knelt down and prayed; then he turned to

the body and said, "Tabitha, get up!" She opened her eyes, and when she saw Peter, she sat up.

41 Peter reached over and helped her get up. Then he called all the believers, including the widows, and presented her alive to them.

42 The news about this spread all over Joppa, and many people believed in the Lord.

9:42 욥바의 많은 사람이 도르가 기적으로 인하여 믿게 되었다고 말한다. 이 때 만약 도르가가 아주 나쁜 사람이었다면 어땠을까? 하나님께 영광이 덜 되었을 것이다. 도르가가 선행과 구제를 많이 하는 사람이었기 때문에 사람들은 더욱더 믿게 되었을 것이다. 도르가가 죽음에서 살게 된 일은 하나님의 일이다. 사람이 할 수 있는 부분이 없다. 그러나 그가 구제와 선행을 하면서 산 것은 사람의 일이다. 물론 그것도 하나님께서 힘을 주셔서 하는 것이지만 사람의 일이라 말할 수 있다. 우리가 행해야 하는 것은 사람의 일이다.

43 베드로가 욥바에 여러 날 있어 시몬이라 하는 무두장이의 집에서 머무니라

43 Peter stayed on in Joppa for many days with a tanner of leather named Simon.

이방인(고넬료)에 전파(10:1-11:18)

10장

> 1 가이사랴에 고넬료라 하는 사람이 있으니 이달리야 부대라 하는 군대의 백부장이라
>
> 1 There was a man in Caesarea named Cornelius, who was a captain in the Roman regiment called "The Italian Regiment".

10:1 가이사랴에 고넬료라 하는 사람이 있으니. 하나님께서 이방인을 향한 구원의 여정을 시작하셨음을 알리는 이야기가 시작된다. 이전에 에디오피아 내시의 경우 한 사람을 향한 특별한 구원의 부르심이었다면 오늘 본문의 고넬료는 모든 이방인을 향한 부르심의 시작점이 된다. 가이사랴는 당시 이스라엘의 정치적인 수도 역할을 하던 곳이다. 헤롯 때 건설된 신도시로 인구는 5만 명이었다. 4천 명이 들어가는 야외 원형극장과 3만명이 볼 수 있는 야외 전차 경주장이 있었다. 도시 언덕에는 로마 황제의 신상이 세워져 있고 다른 신전들도 많았다.

> 2 그가 경건하여 온 집안과 더불어 하나님을 경외하며 백성을 많이 구제하고 하나님께 항상 기도하더니
>
> 2 He was a religious man; he and his whole family worshipped God. He also did much to help the Jewish poor people and was constantly praying to God.

10:2 많이 구제하고 하나님께 항상 기도하더니. 고넬료는 출세를 위해 살지 않고 하나님을 믿는 믿음을 따라 살았다. 그는 기도만 하는 사람이 아니라 구제에도 열심이었다. 구제와 기도가 함께하는 것은 균형잡힌 아름다운 믿음의 모습이다.

> 3 하루는 제 구 시쯤 되어 환상 중에 밝히 보매 하나님의 사자가 들어와 이르되 고넬료야 하니
>
> 3 It was about three o'clock one afternoon when he had a vision, in which he clearly saw an angel of God come in and say to him, "Cornelius!"

10:3 구시. 오후 3시로 많은 유대인들이 정하여 기도하는 시간이다. 고넬료는 기도하는 사람이었기 때문에 하나님께서 그를 부르실 때 더 쉬웠다. 기도하지 않는 사람들은 하나님께서 말씀하시는 것을 잘 듣지 못한다. 기도하는 사람이 하나님의 인도함을 잘 받을 수 있다.

> 4 고넬료가 주목하여 보고 두려워 이르되 주여 무슨 일이니이까 천사가 이르되 네 기도와 구제가 하나님 앞에 상달되어 기억하신 바가 되었으니
>
> 4 He stared at the angel in fear and said, "What is it, sir?" The angel answered, "God is pleased with your prayers and works of charity, and is ready to answer you.

10:4 네 기도와 구제가 하나님 앞에 상달되어 기억하신 바가 되었으니. 하나님께서 고넬료에게 사자를 보내셨다. 고넬료는 복음 전파의 중요한 시작점이 될 것이다. 하나님께서 그렇게 중요한 시작점에 고넬료를 들어 사용하셨다. 고넬료에게 사자를 보내신 것은 평상시 그의 '기도와 구제' 때문이라고 말씀한다. 그러한 것이 하나님께서 응답하셔야 하는 '공로'가 되는 것은 아니지만 분명히 '이유'가 된다는 것을 볼 수 있다. 이러한 것을 하지 않으면서 하나님의 뜻을 따라 간다고 말할 수 없다.

> 5 네가 지금 사람들을 욥바에 보내어 베드로라 하는 시몬을 청하라
> 6 그는 무두장이 시몬의 집에 유숙하니 그 집은 해변에 있다 하더라
> 7 마침 말하던 천사가 떠나매 고넬료가 집안 하인 둘과 부하 가운데 경건한 사람 하나를 불러
> 8 이 일을 다 이르고 욥바로 보내니라
>
> 5 And now send some men to Joppa for a certain man whose full name is Simon Peter.

> 6 He is a guest in the home of a tanner of leather named Simon, who lives by the sea."
>
> 7 Then the angel went away, and Cornelius called two of his house servants and a soldier, a religious man who was one of his personal attendants.
>
> 8 He told them what had happened and sent them off to Joppa.

10:8 욥바로 보내니라. 고넬료가 오후 3시에 기도할 때 이 명령을 들었다. 가이사랴에서 욥바까지는 50km떨어져 있다. 하루 반나절 거리다. 그들이 베드로가 기도하던 정오 시간이 조금 지나서 도착한 것을 보면 고넬료가 명령을 듣고 바로 사람을 보냈다는 것을 의미한다. 다음날 보낼만한데 늦은 오후에 바로 보낸 것을 보면 그만큼 고넬료가 바로 순종하였다는 것을 의미한다. 고넬료는 하나님의 부르심에 응답할 준비가 되어 있었다.

> 9 이튿날 그들이 길을 가다가 그 성에 가까이 갔을 그 때에 베드로가 기도하려고 지붕에 올라가니 그 시각은 제 육 시더라
>
> 9 The next day, as they were on their way and coming near Joppa, Peter went up on the roof of the house about noon in order to pray.

10:9 베드로가 기도하려고 지붕에 올라가니 그 시각은 제 육 시더라. 베드로를 부르시는 일이 남았다. 그러나 이것은 쉽지 않았다. 이방인은 유대인을 만나는 것에 거리낌이 없었으나 유대인은 이방인과 함께하는 것에 매우 거리낌이 많았기 때문이다. 역사적인 만남이 가능할 수 있었던 것은 고넬료처럼 베드로도 기도하는 사람이었기 때문이다. 그가 기도하는 사람이었기 때문에 그 어려움을 깨트릴 수 있었다. 정오에 베드로는 기도하기 위해 지붕에 올라갔다. 기도의 응답은 성경에서 상호간에 같은 환상을 보거나 꿈을 꾸게 하심으로 응답하시는 경우가 많았다. 결혼에 대한 응답이라 하면서 어떤 사람은 자기 혼자 꿈을 꾸고 강요하는 경우가 있다. 그것은 잘못이다. 상대방도 같은 꿈을 꾸었거나 상대방이 편한 마음으로 받아들여야 응답이다.

> 10 그가 시장하여 먹고자 하매 사람들이 준비할 때에 황홀한 중에

> 11 하늘이 열리며 한 그릇이 내려오는 것을 보니 큰 보자기 같고 네 귀를 매어 땅에 드리웠더라
>
> 12 그 안에는 땅에 있는 각종 네 발 가진 짐승과 기는 것과 공중에 나는 것들이 있더라
>
> 13 또 소리가 있으되 베드로야 일어나 잡아 먹어라 하거늘
>
> 10 He became hungry and wanted something to eat; while the food was being prepared, he had a vision.
>
> 11 He saw heaven opened and something coming down that looked like a large sheet being lowered by its four corners to the earth.
>
> 12 In it were all kinds of animals, reptiles, and wild birds.
>
> 13 A voice said to him, "Get up, Peter; kill and eat!"

10:13 잡아 먹어라. 베드로가 환상 속에서 본 짐승 중에는 부정한 것도 분명히 있었던 같다. 그의 관습으로는 그것을 먹는 것이 분명히 잘못이었다. 예수님은 생전에 모든 음식이 정하다는 것을 말씀하셨지만 이스라엘의 오랜 신학과 관습에 익숙한 베드로에게는 아직 제대로 정립되지 못하고 있었다. 그래서 베드로는 그것을 시험으로 생각하였다.

> 14 베드로가 이르되 주여 그럴 수 없나이다 속되고 깨끗하지 아니한 것을 내가 결코 먹지 아니하였나이다 한대
>
> 14 But Peter said, "Certainly not, Lord! I have never eaten anything ritually unclean or defiled."

10:14 깨끗하지 아니한 것을 내가 결코 먹지 아니하였나이다. 베드로가 그것이 잘못된 것이라고 생각한다면 먹지 않는 것이 옳다. 그러나 베드로가 모르는 것이 있었다. 그것은 이제 먹어도 된다. 그래서 하나님께서 베드로에게 그것을 가르치시기 위해 환상 중에 말씀하시는 것이다.

> 15 또 두 번째 소리가 있으되 하나님께서 깨끗하게 하신 것을 네가 속되다 하지 말

> 라 하더라
>
> 15 The voice spoke to him again, "Do not consider anything unclean that God has declared clean."

10:15 하나님께서 깨끗하게 하신 것을 네가 속되다 하지 말라. 베드로가 그것을 '부정하다'하는 것은 지금까지의 익숙한 일이었다. 그러나 그도 예수님께서 말씀하신 것을 통해 조금은 열린 생각을 가질 수 있었다. 그리고 지금 하나님께서 그것을 먹으라 할 때 그 이유를 생각해 보아야 했다. 그러나 오랫동안 지속되어 온 그의 생각과 관습이 깨지는 것이 결코 쉽지 않았다.

> 16 이런 일이 세 번 있은 후 그 그릇이 곧 하늘로 올려져 가니라
>
> 16 This happened three times, and then the thing was taken back up into heaven.

10:16 이런 일이 세 번 있은 후. 세 번은 강조다. 하나님께서 강하게 베드로에게 말씀하시는 것이다. 베드로에게 환상 속에서 그것을 '먹으라' 말씀하신 것은 두 가지를 준비시키기 위함이다. 이방인과의 교제와 부정한 음식에 대한 율법의 완성이다. 이 두 가지는 이후에 이방인 전도에서 매우 중요한 역할을 할 것이다. 이 두 가지는 일상에서 항상 만나는 일이었고 당시 유대인 기독교인들이 깨트리기 가장 어려워하는 일이었다. 그래서 하나님께서 베드로를 준비시키기 위해 환상 속에서 세 번이나 말씀하신 것이다.

> 17 베드로가 본 바 환상이 무슨 뜻인지 속으로 의아해 하더니 마침 고넬료가 보낸 사람들이 시몬의 집을 찾아 문 밖에 서서
>
> 17 While Peter was wondering about the meaning of this vision, the men sent by Cornelius had learnt where Simon's house was, and they were now standing in front of the gate.

10:17 환상이 무슨 뜻인지 속으로 의아해 하더니. 베드로는 자신이 보고 들은 것을 통해 하나님께서 무엇을 말씀하시는지 생각했다. 깊이 생각했을 것이다. 그것이 하나님

의 뜻이기에 '자신을 깨트리는 묵상'을 했던 것 같다. 우리가 말씀을 묵상할 때도 지금 베드로처럼 해야 한다. 자신의 생각을 대입시키는 말씀 묵상이 아니라 말씀이 무엇을 말하고 있는지를 살피고 묵상해야 한다. 만약 지금 베드로가 자기 생각을 더 내세웠다면 이것의 의미를 깨닫지 못하였을 것이다. 그러나 자기를 깨트리는 묵상을 하였기 때문에 이후에 벌어지는 사건에서 이것을 잘 해석하여 행동한다.

> 18 불러 묻되 베드로라 하는 시몬이 여기 유숙하느냐 하거늘
>
> 19 베드로가 그 환상에 대하여 생각할 때에 성령께서 그에게 말씀하시되 두 사람이 너를 찾으니
>
> 18 They called out and asked, "Is there a guest here by the name of Simon Peter?"
>
> 19 Peter was still trying to understand what the vision meant, when the Spirit said, "Listen! Three men are here looking for you.

10:19 성령께서 그에게 말씀하시되. 베드로의 자신을 깨트리는 말씀 묵상에 성령께서 또한 적극적으로 도우셔서 베드로가 움직일 수 있게 하셨다.

> 20 일어나 내려가 의심하지 말고 함께 가라 내가 그들을 보내었느니라 하시니
>
> 21 베드로가 내려가 그 사람들을 보고 이르되 내가 곧 너희가 찾는 사람인데 너희가 무슨 일로 왔느냐
>
> 22 그들이 대답하되 백부장 고넬료는 의인이요 하나님을 경외하는 사람이라 유대 온 족속이 칭찬하더니 그가 거룩한 천사의 지시를 받아 당신을 그 집으로 청하여 말을 들으려 하느니라 한대
>
> 20 So get ready and go down, and do not hesitate to go with them, for I have sent them."
>
> 21 So Peter went down and said to the men, "I am the man you are looking for. Why have you come?"
>
> 22 "Captain Cornelius sent us," they answered. "He is a good man who worships God and is highly respected by all the Jewish people. An angel of God told him to invite you to his house, so that he could hear what you have to say."

10:22 고넬료는 의인이요 하나님을 경외하는 사람이라. 손님들은 자신들이 백부장의 심부름으로 왔음을 말하면서 그를 칭찬하였다.

> 23 베드로가 불러 들여 유숙하게 하니라 이튿날 일어나 그들과 함께 갈새 욥바에서 온 어떤 형제들도 함께 가니라
>
> 23 Peter invited the men in and persuaded them to spend the night there. The next day he got ready and went with them; and some of the believers from Joppa went along with him.

10:23 베드로가 불러 들여 유숙하게 하니라. 베드로는 그들을 집안으로 들여서 하룻밤 잠을 자게 하였다. 유대인에게는 이방인을 집으로 들이는 것은 매우 위험한 일이다. 그것을 율법에서 금하고 있는 것은 아니지만 유대인들은 이방인과 사귀는 것을 극도로 조심했다. 경건한 유대인들은 이방인과의 접촉을 최소화해야 했다. 함께 식사하는 것을 금하고 친밀한 교제를 금하였다. 이방인과 사귀는 것을 절제하는 것은 그들과 사귀면 그들의 악한 행위를 본받게 될 것을 두려워하기 때문이다. 그들과 친밀하다 보면 그들이 행하는 악의 자리에 함께 있게 되기 때문에 그들과 함께 친밀한 교제를 하지 않았다. 그러기에 그들을 집 안으로 들여 함께 잠을 잔다는 것은 매우 위험한 행동이었다. 그러나 베드로는 이방인들을 맞이하여 함께 잠을 자는 것이 문제가 되지 않았다. 그가 바로 앞에서 '자기를 깨트리는 묵상'을 통해 자기 자신을 깨트렸기 때문일 것이다. 만약 앞에서 환상을 보지 않고 음성을 듣지 않았으면 그는 결코 이방인들을 집 안으로 들이지 않았을 것이 분명하다. 그러나 환상을 통해 자기 자신이 깨져 있었다. 그래서 그들을 자연스럽게 집 안으로 들여서 손님맞이를 하였다. 이것은 그의 마음이 이방인을 형제로 맞이할 준비가 되었다는 것을 의미한다. **욥바에서 온 어떤 형제들도 함께 가니라.** 여섯 명의 유대인들이 함께 갔다. 그들도 이 여행이 얼마나 위험한 것인지를 알았다. 그들에게 이 여행은 어떤 전쟁터에 가는 것보다 더 위험하고 어려운 일이었을 것이다. 오랜 기간 지켜온 자신들의 자랑거리(정결함)을 깨트리는 것이고 동포 유대인들에게는 완전히 낙인 찍히는 일이다. 그러나 그들은 용기를 내어 이방인의 집을 향해 나갔다.

24 이튿날 가이사랴에 들어가니 고넬료가 그의 친척과 가까운 친구들을 모아 기다리더니

24 The following day he arrived in Caesarea, where Cornelius was waiting for him, together with relatives and close friends that he had invited.

10:24 이튿날 가이사랴에 들어가니. 드디어 베드로가 이방인의 집에 들어갔다. 이방인의 집에 들어가는 것은 구전 율법인 미쉬나에서 금지하는 일이다. 미쉬나는 '이방인이 거주하는 집은 부정하다'라고 말한다. 그 집에 있는 음식은 정결법을 지키지 않은 것일 것이고 그 안에는 집안의 우상과 다양한 우상들이 있을 가능성이 높다. 그러기에 이방인의 집에 들어가는 것 자체가 부정해진다. 베드로는 지금까지 이방인의 집에 들어간 적이 전혀 없을 것이다. 그런데 지금 처음 이방인의 집에 들어가고 있다. **고넬료가 그의 친척과 가까운 친구들을 모아 기다리더니.** 고넬료는 유대인의 법을 잘 알고 있었을 것이다. 그러기에 유대인인 베드로가 자신의 집에 오리라고는 상상하기 어렵다. 그러나 그는 최근에 일어나고 있는 예수님 이야기를 알고 있는 것 같다. 그래서 기독교인들은 어쩌면 이방인에게 마음이 열려 있을 수 있다고 생각한 것 같다. 특히 천사가 그에게 전해준 말 때문에 더욱 확신을 가지고 사람들을 모으고 베드로를 기다리고 있었다.

25 마침 베드로가 들어올 때에 고넬료가 맞아 발 앞에 엎드리어 절하니

26 베드로가 일으켜 이르되 일어서라 나도 사람이라 하고

27 더불어 말하며 들어가 여러 사람이 모인 것을 보고

28 이르되 유대인으로서 이방인과 교제하며 가까이 하는 것이 위법인 줄은 너희도 알거니와 하나님께서 내게 지시하사 아무도 속되다 하거나 깨끗하지 않다 하지 말라 하시기로

25 As Peter was about to go in, Cornelius met him, fell at his feet, and bowed down before him.

26 But Peter made him rise. "Stand up," he said; "I myself am only a man."

27 Peter kept on talking to Cornelius as he went into the house, where he found many people gathered.

28 He said to them, "You yourselves know very well that a Jew is not allowed by his

> religion to visit or associate with Gentiles. But God has shown me that I must not consider any person ritually unclean or defiled.

10:28 이방인과 교제하며 가까이 하는 것이 위법인 줄은 너희도 알거니와. 고넬료의 집에 모인 가이사랴 사람들은 유대의 법을 잘 알고 있었을 것이다. 가이사랴는 대부분 로마 사람과 이방인들이 모인 곳이었지만 이스라엘 안에 있었기 때문에 그들은 유대법을 잘 알고 있었다. **하나님께서 내게 지시하사 아무도 속되다 하거나 깨끗하지 않다 하지 말라 하시기로.** 이것은 이후에 교회에 아주 중요한 기준이 된다. 간단하지만 이방인 선교가 이루어질 수 있었던 출구가 된다. 베드로는 자신의 환상에서 부정한 음식을 먹으라고 하시는 하나님의 말씀을 통해 이방인들도 결코 부정하지 않다는 것을 배운 것이 분명해 보인다. 그래서 그는 자신이 이방인의 집에 있고 모인 사람들이 이방인이라는 사실에 대해 거리낌 없이 그들과 함께 하였고 복음을 전하였다.

> 29 부름을 사양하지 아니하고 왔노라 묻노니 무슨 일로 나를 불렀느냐
>
> 30 고넬료가 이르되 내가 나흘 전 이맘때까지 내 집에서 제 구 시 기도를 하는데 갑자기 한 사람이 빛난 옷을 입고 내 앞에 서서
>
> 29 And so when you sent for me, I came without any objection. I ask you, then, why did you send for me?"
>
> 30 Cornelius said, "It was about this time three days ago that I was praying in my house at three o'clock in the afternoon. Suddenly a man dressed in shining clothes stood in front of me

10:30 30절-32절은 그가 본 환상에 대한 것으로 앞 부분에 이미 나왔던 것이다. 그런데 누가는 이것을 또 다시 기록하고 있다. 왜 이렇게 반복하여 쓰고 있을까? 현대인이 보기에는 종이와 시간 낭비이고 재미를 반감시키는 것 같다. 그러나 이것은 그만큼의 대단한 강조다. 지금 벌어지는 일은 전적으로 하나님께서 주도적으로 하고 계시다는 것을 다시 한 번 더 상기시키고 강조하고 있는 것이다.

> 31 말하되 고넬료야 하나님이 네 기도를 들으시고 네 구제를 기억하셨으니

> 32 사람을 욥바에 보내어 베드로라 하는 시몬을 청하라 그가 바닷가 무두장이 시몬의 집에 유숙하느니라 하시기로
>
> 33 내가 곧 당신에게 사람을 보내었는데 오셨으니 잘하였나이다 이제 우리는 주께서 당신에게 명하신 모든 것을 듣고자 하여 다 하나님 앞에 있나이다
>
> 31 and said: 'Cornelius! God has heard your prayer and has taken notice of your works of charity.
>
> 32 Send someone to Joppa for a man whose full name is Simon Peter. He is a guest in the home of Simon the tanner of leather, who lives by the sea.'
>
> 33 And so I sent for you at once, and you have been good enough to come. Now we are all here in the presence of God, waiting to hear anything that the Lord has instructed you to say."

10:33 듣고자 하여 다 하나님 앞에 있나이다. 그들은 베드로의 입에서 떨어지는 말을 하나님께서 그를 통해 하시는 말로 듣고자 하였다. 하나님이 보이지 않지만 하나님이 그곳에 임재하심을 고백하고 있다. 오늘날 예배 시간과 또한 설교 시간에 어떤 자세로 있어야 하는지를 가장 잘 보여주는 말씀 구절이다. 오늘날 설교를 들을 때 우리는 모두 이 마음이어야 한다. 그러기에 설교자는 하나님의 말씀을 전해야 하고 청중은 하나님의 말씀을 들어야 한다. 그것을 가로막는 설교자의 무지나 세상의 욕심 그리고 청중의 무관심은 큰 죄다. 오직 하나님의 말씀을 전하고 들어야 한다.

> 34 베드로가 입을 열어 말하되 내가 참으로 하나님은 사람의 외모를 보지 아니하시고
>
> 34 Peter began to speak: "I now realize that it is true that God treats everyone on the same basis.

10:34 하나님은 사람의 외모를 보지 아니하시고. 34절-35절은 설교의 시작으로 복음의 대상을 말한다. 모인 사람들을 보면서 베드로는 '하나님께서 참으로 사람을 편애하지 않으신다'는 것을 깨달았다고 말한다. 모인 그들을 베드로는 이전에는 이방인이라 생각하여 멀리하고 집에 들어가리라고는 생각도 하지 못했다. 그러나 하나님께서 보내셨다. 하나님은 그곳에 모인 이방인들을 결코 버리지 않으셨다. 하나님께서 그곳에 모인 사람들에게 복음을 주시기를 원하셨다. 그것을 베드로가 편파적인 생각으로

거부하려는 마음이 강하였었다. 이제 그는 하나님께서 그들에게 복음을 주시기를 원하신다는 것을 분명하게 깨달았다고 말하고 있다. 이 문장은 '참으로'가 강조된 문장이다.

> 35 각 나라 중 하나님을 경외하며 의를 행하는 사람은 다 받으시는 줄 깨달았도다
> 35 Those who worship him and do what is right are acceptable to him, no matter what race they belong to.

10:35 각 나라. 예수님께서 오시기 이전에는 '모든 나라'가 아니었다. 많이 제한되어 있었다. 그러나 이제 '모든 나라'로 확장되었다. 그 대신 '하나님을 경외하며 의를 행하는 사람'을 받으신다. '어떤 사람이냐'가 아니다. 하나님을 경외하는 마음이 필요하다. 그리고 그 마음에 따라 '의를 행하는' 삶이 필요하다. 그들을 하나님께서 긍휼히 여기셔서 복음의 세계로 들어오게 하신다.

오늘날 복음의 대상으로 모든 나라에 복음이 열렸다. 복음이 들어가지 않은 곳이 없을 정도로 전파되었다. 그런데 여전히 복음이 제대로 전파되지 않는 것은 '하나님을 경외함과 의를 행하는 것'이 없기 때문이다. 복음을 듣기는 하여도 하나님을 경외함이 없다. 하나님의 말씀(의)에 따라 살지 않는다. 어찌어찌하여 교회에 다니게 되었으면 그것으로 끝이 아니다. 하나님을 경외하며 의에 따라 사는 것을 알아야 한다. 그들을 진짜 믿음으로 부르신다.

> 36 만유의 주 되신 예수 그리스도로 말미암아 화평의 복음을 전하사 이스라엘 자손들에게 보내신 말씀
> 36 You know the message he sent to the people of Israel, proclaiming the Good News of peace through Jesus Christ, who is Lord of all.

10:36 36절-43절은 예수님에 대한 설교다. 만유의 주 되신 예수님이 이 땅에 오셨다. 세례 요한이 증거하였고 예수님이 이 땅에서 실제 복음을 전하셨다. 예수님이 메시야이신 것은 증거가 차고 넘친다. 그런데 유대 당국은 예수님을 죽였고 하나님께서 다시 살리셨다. 매우 놀라운 일이다. 자신을 포함한 제자들은 부활하신 주님을 보았고

그것에 대한 확실한 증인임을 말하였다.

> 37 곧 요한이 그 세례를 반포한 후에 갈릴리에서 시작하여 온 유대에 두루 전파된 그것을 너희도 알거니와
>
> 38 하나님이 나사렛 예수에게 성령과 능력을 기름 붓듯 하셨으매 그가 두루 다니시며 선한 일을 행하시고 마귀에게 눌린 모든 사람을 고치셨으니 이는 하나님이 함께 하셨음이라
>
> 39 우리는 유대인의 땅과 예루살렘에서 그가 행하신 모든 일에 증인이라 그를 그들이 나무에 달아 죽였으나
>
> 40 하나님이 사흘 만에 다시 살리사 나타내시되
>
> 41 모든 백성에게 하신 것이 아니요 오직 미리 택하신 증인 곧 죽은 자 가운데서 부활하신 후 그를 모시고 음식을 먹은 우리에게 하신 것이라
>
> 42 우리에게 명하사 백성에게 전도하되 하나님이 살아 있는 자와 죽은 자의 재판장으로 정하신 자가 곧 이 사람인 것을 증언하게 하셨고
>
> 37 You know of the great event that took place throughout the land of Israel, beginning in Galilee after John preached his message of baptism.
>
> 38 You know about Jesus of Nazareth and how God poured out on him the Holy Spirit and power. He went everywhere, doing good and healing all who were under the power of the Devil, for God was with him.
>
> 39 We are witnesses of everything that he did in the land of Israel and in Jerusalem. Then they put him to death by nailing him to a cross.
>
> 40 But God raised him from death three days later and caused him to appear,
>
> 41 not to everyone, but only to the witnesses that God had already chosen, that is, to us who ate and drank with him after he rose from death.
>
> 42 And he commanded us to preach the gospel to the people and to testify that he is the one whom God has appointed judge of the living and the dead.

10:42 우리에게 명하사 백성에게 전도하되. 제자들은 전도하라는 명령을 받았다. 그 놀라운 일을 전해야 한다. 그것은 듣는 자에게 복음이다. **살아 있는 자와 죽은 자의 재판장으로 정하신 자가 곧 이 사람.** 사람은 죽음으로 끝이 아니라 모든 사람이 다 부활할 것이고 그들의 삶에 대해 심판을 받을 것이기 때문이다. 영원한 나라의 시작이다.

그때 감당할 수 없는 죄에 의해 영원한 멸망에 이르지 말고 영원한 생명에 이르게 하기 위해서이다.

> 43 그에 대하여 모든 선지자도 증언하되 그를 믿는 사람들이 다 그의 이름을 힘입어 죄 사함을 받는다 하였느니라
>
> 43 All the prophets spoke about him, saying that all who believe in him will have their sins forgiven through the power of his name."

10:43 그를 믿는 사람들이 다 그의 이름을 힘입어 죄 사함을 받는다 하였느니라. 오직 대속하신 그리스도를 통해서만 우리는 죄사함을 받을 수 있다. 어떤 사람은 믿음을 또 하나의 조건처럼 여기는 사람이 있다. 믿음을 이름표로만 여긴다. 그렇지 않다. 믿음은 기계적 조건이 아니다. 오직 그리스도의 사람이 되어야 한다. '그 길 위에 있는 사람'이 되어야 한다. 그리스도의 말씀을 따라 사는 사람이며 그리스도를 주로 모시고 사는 사람이어야 한다.

> 44 베드로가 이 말을 할 때에 성령이 말씀 듣는 모든 사람에게 내려오시니
>
> 44 While Peter was still speaking, the Holy Spirit came down on all those who were listening to his message.

10:44 성령이 말씀 듣는 모든 사람에게 내려오시니. 모인 이들이 믿음의 사람이 되었음을 확증하는 방식으로 성령이 임하였다. 이것은 신학자들이 흔히 '이방인 오순절 사건'이라고 말하는 것이다. 이방인 교회가 시작된 것이다.

> 45 베드로와 함께 온 할례 받은 신자들이 이방인들에게도 성령 부어 주심으로 말미암아 놀라니
>
> 45 The Jewish believers who had come from Joppa with Peter were amazed that God had poured out his gift of the Holy Spirit on the Gentiles also.

10:45 이방인들에게도 성령 부어 주심으로 말미암아 놀라니. 베드로와 함께 온 사람들은 이방인에게 성령이 임재하시는 것을 보고 매우 놀랐다. 처음 경험하는 일이었다.

> 46 이는 방언을 말하며 하나님 높임을 들음이러라
> 46 For they heard them speaking in strange tongues and praising God's greatness. Peter spoke up:

10:46 방언을 말하며 하나님 높임을 들음이러라. 성령이 임하는 특징으로 예루살렘의 오순절 때처럼 '방언'이 있었다. 그런데 성령의 임함이 모두 이렇게 외적으로 보이는 것은 아니다. 오순절 때나 지금 고넬료 가정에 성령이 임한 것이 외적으로 표시나게 드러나는 것은 시작점을 알리는 것이 드러나야 했기 때문이다. 오늘날 성령이 임하면 모두 방언을 말하게 되지는 않는다. 성령의 임함이 외적인 방식으로 표현되는 경우는 오히려 드물다.

> 47 이에 베드로가 이르되 이 사람들이 우리와 같이 성령을 받았으니 누가 능히 물로 세례 베풂을 금하리요 하고
> 47 "These people have received the Holy Spirit, just as we also did. Can anyone, then, stop them from being baptized with water?"

10:47 누가 능히 물로 세례 베풂을 금하리요. 그들에게 세례를 베풂으로 그들이 확실히 교인이 되었음을 선포하고자 하였다. 세례는 '죄의 씻음'이요 '정화'다. 세례를 받은 사람은 이제 죄가 씻겨졌기에 거룩한 백성이 되었다. 그리고 이제 거룩한 백성으로 살아가게 될 것이다. 길이 바뀐 것이다. 이전에는 죄의 길을 걸어갔으나 이제는 의의 길을 걸어가는 사람이다. 성도가 된 것이다. 세례를 통해 그들이 교인되었음을 확증했다. 그들은 죄의 길이 아니라 의의 길을 감으로 그들이 교인되었음을 확증해야 한다. 세례는 외적인 표징이요 그들이 의의 길을 가는 것은 총체적인 표징이 될 것이다.

48 명하여 예수 그리스도의 이름으로 세례를 베풀라 하니라 그들이 베드로에게 며칠 더 머물기를 청하니라

48 So he ordered them to be baptized in the name of Jesus Christ. Then they asked him to stay with them for a few days.

11장

> 1 유대에 있는 사도들과 형제들이 이방인들도 하나님의 말씀을 받았다 함을 들었더니
>
> 1 The apostles and the other believers throughout Judea heard that the Gentiles also had received the word of God.

11:1 이방인들도 하나님의 말씀을 받았다 함을 들었더니. 베드로가 고넬료 집에 들어가 세례를 준 사건은 이내 예루살렘 교회에서도 소문으로 알게 되었다. 매우 놀라운 일이다. 지금까지는 유대인이 세례를 받았다. 사마리아에 복음이 전파되어 세례를 받은 것도 놀라운 일이었다. 그러나 그들은 유대인의 배경을 가진 사람들이다. 이방인이 세례를 받는 것은 완전히 다른 이야기다.

> 2 베드로가 예루살렘에 올라갔을 때에 할례자들이 비난하여
>
> 2 When Peter went to Jerusalem, those who were in favour of circumcising Gentiles criticized him, saying,

11:2 할례자들이 비난하여. '비난하여'는 '문제 삼다'정도로 번역하는 것이 좋을 것 같다. 할례를 중요하게 여기는 사람들이 베드로가 고넬료 집에 모인 사람들과 식사한 것을 문제 삼았다. '그들' 중에 사도도 포함되어 있을까? 어쩌면 그럴 수 있다. 베드로가 아무리 예수님의 특별한 제자라 할지라도 그들은 그것을 용납할 수 없었다. '이방인이 복음을 받아들인 것'과 베드로가 '이방인과 식사를 함께 한 것' 중에 무엇이 더 중요할까? 교회는 복음을 믿는 사람이고 복음을 전하는 사람이다. 복음이 생명임을 안다. 그런데 자신들의 본질적인 것을 놓치고 있었다. 그동안의 뿌리 깊은 유대 문화와 자기중심의 사고 때문이다.

> 3 이르되 네가 무할례자의 집에 들어가 함께 먹었다 하니
>
> 4 베드로가 그들에게 이 일을 차례로 설명하여
>
> 3 "You were a guest in the home of uncircumcised Gentiles, and you even ate with them!"
>
> 4 So Peter gave them a complete account of what had happened from the very beginning:

11:4 설명하여. 베드로는 자신이 예수님의 특별한 제자라는 것으로 변호하지 않았다. 그는 자신이 갈 수밖에 없었던 이유를 말하였다. 자신이 분명하게 하나님의 뜻에 의하여 인도되었음을 설명하였다.

> 5 이르되 내가 욥바 시에서 기도할 때에 황홀한 중에 환상을 보니 큰 보자기 같은 그릇이 네 귀에 매어 하늘로부터 내리어 내 앞에까지 드리워지거늘
>
> 5 "While I was praying in the city of Joppa, I had a vision. I saw something coming down that looked like a large sheet being lowered by its four corners from heaven, and it stopped next to me.

11:5 5절-14절은 베드로와 고넬료가 본 환상에 대한 이야기다. 앞에서도 나왔던 내용인데 또 거의 그대로 반복하여 말하고 있다. 이렇게 반복하는 것은 강조를 의미한다. 중요함을 말한다. 대표적인 것이 출애굽기에 나오는 성막의 제작에 대한 설명이다.

> 6 이것을 주목하여 보니 땅에 네 발 가진 것과 들짐승과 기는 것과 공중에 나는 것들이 보이더라
>
> 7 또 들으니 소리 있어 내게 이르되 베드로야 일어나 잡아 먹으라 하거늘
>
> 8 내가 이르되 주님 그럴 수 없나이다 속되거나 깨끗하지 아니한 것은 결코 내 입에 들어간 일이 없나이다 하니
>
> 9 또 하늘로부터 두 번째 소리 있어 내게 이르되 하나님이 깨끗하게 하신 것을 네가 속되다고 하지 말라 하더라
>
> 10 이런 일이 세 번 있은 후에 모든 것이 다시 하늘로 끌려 올라가더라

11 마침 세 사람이 내가 유숙한 집 앞에 서 있으니 가이사랴에서 내게로 보낸 사람이라

12 성령이 내게 명하사 아무 의심 말고 함께 가라 하시매 이 여섯 형제도 나와 함께 가서 그 사람의 집에 들어가니

13 그가 우리에게 말하기를 천사가 내 집에 서서 말하되 네가 사람을 욥바에 보내어 베드로라 하는 시몬을 청하라

14 그가 너와 네 온 집이 구원 받을 말씀을 네게 이르리라 함을 보았다 하거늘

15 내가 말을 시작할 때에 성령이 그들에게 임하시기를 처음 우리에게 하신 것과 같이 하는지라

16 내가 주의 말씀에 요한은 물로 세례를 베풀었으나 너희는 성령으로 세례를 받으리라 하신 것이 생각났노라

17 그런즉 하나님이 우리가 주 예수 그리스도를 믿을 때에 주신 것과 같은 선물을 그들에게도 주셨으니 내가 누구이기에 하나님을 능히 막겠느냐 하더라

6 I looked closely inside and saw domesticated and wild animals, reptiles, and wild birds.

7 Then I heard a voice saying to me, 'Get up, Peter; kill and eat!'

8 But I said, 'Certainly not, Lord! No ritually unclean or defiled food has ever entered my mouth.'

9 The voice spoke again from heaven, 'Do not consider anything unclean that God has declared clean.'

10 This happened three times, and finally the whole thing was drawn back up into heaven.

11 At that very moment three men who had been sent to me from Caesarea arrived at the house where I was staying.

12 The Spirit told me to go with them without hesitation. These six fellow-believers from Joppa accompanied me to Caesarea, and we all went into the house of Cornelius.

13 He told us how he had seen an angel standing in his house, who said to him, 'Send someone to Joppa for a man whose full name is Simon Peter.

14 He will speak words to you by which you and all your family will be saved.'

15 And when I began to speak, the Holy Spirit came down on them just as on us at the beginning.

16 Then I remembered what the Lord had said: 'John baptized with water, but you will be baptized with the Holy Spirit.'

> 17 It is clear that God gave those Gentiles the same gift that he gave us when we believed in the Lord Jesus Christ; who was I, then, to try to stop God!"

11:17 내가 누구이기에 하나님을 능히 막겠느냐. 베드로는 '이방인은 결코 안 된다는 자기중심적인 생각'과 '이방인에게 복음을 전하고자 하시는 하나님의 뜻' 사이에 서게 되었다. 무엇을 선택해야 할까? 사람이 자기 생각을 바꾸는 것이 지극히 어렵다. 그러나 베드로는 다시 생각해 보았을 것이다. 자신의 생각과 하나님의 생각 중에 무엇이 옳을까? 당연히 하나님의 생각이 옳을 것이다. 그렇다면 자신이 바뀌어야 했다. 베드로가 자신의 생각을 고집하느라 하나님의 뜻을 어기고 있었다. 그가 그토록 사랑한다고 말하는 예수님의 마음 반대로 가고 있음을 깨달았다. 그래서 그는 바뀌었다. 그것을 예루살렘 교회 사람들에게 말하였다.

> 18 그들이 이 말을 듣고 잠잠하여 하나님께 영광을 돌려 이르되 그러면 하나님께서 이방인에게도 생명 얻는 회개를 주셨도다 하니라
>
> 18 When they heard this, they stopped their criticism and praised God, saying, "Then God has given to the Gentiles also the opportunity to repent and live!"

11:18 그들이 이 말을 듣고 잠잠하여. 베드로의 말을 직접 듣기 전에는 예루살렘의 사람들도 자기중심의 생각에서 벗어나지 못하였다. 분노하였다. 그러나 베드로의 말을 통해 하나님의 인도하심을 깨닫고 나서 잠잠하였다. 믿음이 있는 사람들이었기 때문이다. 하나님의 뜻과 마음 앞에 자신들의 뜻과 마음을 잠잠히 잠재웠다. 오늘날 우리가 그래야 한다. 내 뜻과 마음이 있다. 그것이 고유한 특성일 수 있다. 그러나 만약 그것이 하나님의 뜻과 마음에 어긋난다면 그것을 잠재워야 한다. 하나님의 뜻이 있는데 어찌 우리의 뜻을 계속 우기겠는가? 내 뜻이 하나님의 뜻에 분명히 어긋난다는 사실을 알게 된다면 무조건 우리의 뜻을 잠재워야 한다. **하나님께 영광을 돌려 이르되.** 비난하는 대신 '하나님을 찬양'하였다. 하나님께서 '이방인에게도 생명 얻는 회개'를 주신다는 사실에 하나님을 찬양하였다. 하나님의 뜻을 모를 때는 내 생각을 우길 수 있다. 그러나 하나님의 뜻을 분명히 알게 된다면 우리는 하나님의 뜻에 나를 맡겨야 한다. 하나님의 뜻을 따르기만 하는 것이 아니라 하나님의 뜻을 기뻐하며 따라야 한다. 감사하며 따라야 한다.

안디옥 교회와 야고보 순교(11:19-12:25)

> 19 그 때에 스데반의 일로 일어난 환난으로 말미암아 흩어진 자들이 베니게와 구브로와 안디옥까지 이르러 유대인에게만 말씀을 전하는데
>
> 19 Some of the believers who were scattered by the persecution which took place when Stephen was killed went as far as Phoenicia, Cyprus, and Antioch, telling the message to Jews only.

11:19 스데반의 일로 일어난 환난으로 말미암아. 스데반의 죽음은 땅에 떨어진 밀알이 되었다. 스데반의 순교 후 헬라어를 말하는 수천 명의 기독교인들이 각 지역으로 흩어졌다. **안디옥까지 이르러.** 안디옥은 당시 로마의 4대 도시(로마, 알렉산드리아, 안디옥, 고린도) 중의 하나였다. 인구가 50만이었다. 당시 예루살렘이 만 명이었으니 안디옥은 대단히 큰 도시였음을 알 수 있다. 상업이 발달하였으나 도덕적으로는 매우 지탄을 받는 대도시였다. 유대인만 3만명이 살고 있을 정도로 유대인 공동체도 매우 발달된 곳이었다. **유대인에게만 말씀을 전하는데.** 그들은 먼저 안디옥에 있는 회당에서 복음을 전하였다.

> 20 그 중에 구브로와 구레네 몇 사람이 안디옥에 이르러 헬라인에게도 말하여 주 예수를 전파하니
>
> 20 But other believers, who were from Cyprus and Cyrene, went to Antioch and proclaimed the message to Gentiles also, telling them the Good News about the Lord Jesus.

11:20 헬라인에게도 말하여 주 예수를 전파하니. '헬라인'은 헬라어를 말하는 유대인이 아니라 '이방인'을 의미한다. 몇몇 사람이 안디옥의 유대인만이 아니라 이방인에게도 복음을 전하였다. 이것은 매우 놀라운 일이었다. 고넬료 가정의 경우 선교가 아니라 그들이 초청하여 베드로가 방문한 것이었다. 그리고 그들은 이미 '경건한 자'로서 정결법과 의식법만 따르지 않는 '반절의 유대인'이었다. 그런데 여기에서 이방인은 여호와 하나님에 대해 전혀 모르는 사람에게 복음을 전한 것을 의미한다.

> 21 주의 손이 그들과 함께 하시매 수많은 사람들이 믿고 주께 돌아오더라
> 21 The Lord's power was with them, and a great number of people believed and turned to the Lord.

11:21 수많은 사람들이 믿고 주께 돌아오더라. 이방신을 섬기던 사람들이 여호와 하나님을 믿는 신앙이 되었다. 예수님을 믿는 신앙이 되었다.

> 22 예루살렘 교회가 이 사람들의 소문을 듣고 바나바를 안디옥까지 보내니
> 22 The news about this reached the church in Jerusalem, so they sent Barnabas to Antioch.

11:22 바나바를 안디옥까지 보내니. 예루살렘 교회는 바나바를 안디옥에 보냈다. 예루살렘 교회가 안디옥에서 벌어진 일에 놀라지 않고 차분하게 사람을 보낼 수 있었던 것은 고넬료 가정의 세례를 통한 학습효과 때문일 것이다. 처음에 고넬료 가정의 경우는 베드로가 그 가정에 들어간 것만으로도 큰 논쟁 거리였는데 지금은 차분하게 사람을 보냈다. 하나님께서 이방인들도 믿음의 사람으로 부르신다는 것을 믿었기 때문이다.

> 23 그가 이르러 하나님의 은혜를 보고 기뻐하여 모든 사람에게 굳건한 마음으로 주와 함께 머물러 있으라 권하니
> 23 When he arrived and saw how God had blessed the people, he was glad and urged them all to be faithful and true to the Lord with all their hearts.

11:23 하나님의 은혜를 보고 기뻐하여. 바나바는 유대인 신앙인이 이방인과 함께하는 것에 대해 더이상 문제 삼지 않았다. 오히려 기뻐하였다. 이제 이방선교의 문이 활짝 열리게 된 것이다.

> 24 바나바는 착한 사람이요 성령과 믿음이 충만한 사람이라 이에 큰 무리가 주께 더하여지더라
>
> 25 바나바가 사울을 찾으러 다소에 가서
>
> 24 Barnabas was a good man, full of the Holy Spirit and faith, and many people were brought to the Lord.
>
> 25 Then Barnabas went to Tarsus to look for Saul.

11:25 바나바가 사울을 찾으러 다소에 가서. 바나바는 바리새인으로서 성경에 뛰어난 사울을 생각해냈다. 그래서 140km떨어져 있고 배를 타야 하는 다소까지 가서 사울을 만나 함께 안디옥에 왔다.

> 26 만나매 안디옥에 데리고 와서 둘이 교회에 일 년간 모여 있어 큰 무리를 가르쳤고 제자들이 안디옥에서 비로소 그리스도인이라 일컬음을 받게 되었더라
>
> 26 When he found him, he took him to Antioch, and for a whole year the two met with the people of the church and taught a large group. It was at Antioch that the believers were first called Christians.

11:26 두 사람은 일 년 동안…가르쳤다. 일 년간의 가르침이 매우 중요하다. 이 가르침으로 인해 안디옥 교회의 신학과 사역 방향이 정해진 것으로 보인다. **안디옥에서 비로소 그리스도인이라 일컬음을 받게 되었더라.** 지금까지 교회는 유대교의 분파처럼 여김을 받았을 것이다. 그러나 이제 이들은 '그리스도에 속한 사람'이라는 의미로 '그리스도인'이라 불리게 되었다. 이 호칭은 오늘날 교회를 부를 때 가장 많이 불리는 호칭이 되었다. 교회는 고유의 특징을 가진 곳으로 사람들에게 인식이 된 것이다.

오늘날 사람들은 보통 우리를 어떻게 부르는가? '교회 다니는 사람'이라고 한다. 또는 '기독인'이라고 한다. '기독(基督)'이 한자로 무엇일까? 전혀 알 필요가 없다. '기독'은 한자의 뜻과는 전혀 상관없이 헬라어 '크리스토스(Χριστος)'를 발음하기 위해 음을 차용한 '음역'이기 때문이다. 이것을 영어에서는 '크라이스트(christ)'라고 음역하였고 '크리스챤(Christian)'이라고 부른다. 우리는 그것을 '그리스도'라 음역하였고 그리스도를 믿는 사람을 '그리스도인'이라 부른다.

> 27 그 때에 선지자들이 예루살렘에서 안디옥에 이르니
>
> 28 그 중에 아가보라 하는 한 사람이 일어나 성령으로 말하되 천하에 큰 흉년이 들리라 하더니 글라우디오 때에 그렇게 되니라
>
> 27 About that time some prophets went from Jerusalem to Antioch.
>
> 28 One of them, named Agabus, stood up and by the power of the Spirit predicted that a severe famine was about to come over all the earth. (It came when Claudius was emperor.)

11:28 천하에 큰 흉년이 들리라. 예루살렘에서 선지자가 왔다. 그리고 예루살렘에 닥칠 흉년에 대해 예언하였다. 하나님께서 왜 선지자를 통해 예루살렘에 있을 흉년에 대해 말했을까? 예루살렘에서 안디옥까지는 500km떨어진 곳이다. 그 먼 거리를 온 이유는 하나님의 특별한 이유가 있을 것이다. 신학이 다르지는 않지만 문화적으로 많이 달랐다. 더 달라지고 있었다. 그러한 때 예루살렘 교회와 안디옥 교회를 하나로 묶는 사건이 생긴 것이다.

> 29 제자들이 각각 그 힘대로 유대에 사는 형제들에게 부조를 보내기로 작정하고
>
> 29 The disciples decided that they would each send as much as they could to help their fellow-believers who lived in Judea.

11:29 유대에 사는 형제들에게 부조를 보내기로 작정하고. 안디옥은 형편이 좋았다. 그래서 예루살렘에 도움을 주기로 결정하였다. 예루살렘 교회는 안디옥 교회의 도움을 받을 때 '역시 교회는 하나다'라는 인식을 하였을 것이다. 도움을 주는 안디옥 교회도 마찬가지다. 도움을 준다는 것은 '하나라는 인식'이 있기 때문이다. 그렇게 도움을 주고받으면서 예루살렘 교회와 안디옥 교회는 하나가 되었다

> 30 이를 실행하여 바나바와 사울의 손으로 장로들에게 보내니라
>
> 30 They did this, then, and sent the money to the church elders by Barnabas and Saul.

12장

12장은 예루살렘 교회에 임한 박해와 헤롯의 죽음 이야기다. 이것은 기근으로 인해 안디옥 교회에서 예루살렘 교회로 부조를 보낸 사건 사이에 끼어 있다. 11장 30절과 12장 25절 사이에 끼어 있다. 앞 부분은 사도행전의 전반부로서 예루살렘 교회와 베드로를 중심으로 한 사도들의 행전을 기록하고 있고 뒤 부분은 사도행전 후반부로서 안디옥 교회와 바울을 중심으로 한 사도의 사역을 기록하고 있다. 그래서 12장은 철저히 가운데 끼어 있는 이야기다.

끼어 있는 이 이야기는 연대적으로는 앞에서 나온 안디옥 교회가 예루살렘 교회를 위해 부조를 하여 보낸 이야기보다 2년 전에 일어난 이야기다. 야고보의 죽음은 44년이고 예루살렘 교회에 부조를 보낸 이야기는 46년 이야기다. 시간적으로는 2년 더 앞선 이야기인데 왜 사도행전의 두 부분의 한 가운데 이 이야기를 집어 넣었을까? 아마 사도들의 행전 가운데 '교회를 핍박하는 이들이 있으나 하나님의 보호와 통치는 더 크다'는 것을 말하기 위한 것으로 보인다. 교회가 비록 세상에서 힘 없는 존재이나 교회의 주되신 하나님이 계시기에 교회는 결코 약하지 않다는 것을 강하게 말하고 있는 것으로 보인다.

> 1 그 때에 헤롯 왕이 손을 들어 교회 중에서 몇 사람을 해하려 하여
> 1 About this time King Herod began to persecute some members of the church.

12:1 교회 중에서 몇 사람을 해하려 하여. 헤롯(헤롯 아그립바 1세)은 로마 황제와의 친분 때문에 유대 지역의 왕이 되었다. 친화력 하나로 할아버지 헤롯 대왕 때에 버금가는 지역의 통치자가 되었다. 그는 그가 통치하는 유대 사람들에게도 잘 보이기를 원하였다. 그는 특히 바리새인과 잘 지내기를 원하였다. 그래서 희생양으로 삼은 것이 기독교인이다. 유대인들이 기독교인을 경계하며 싫어하는 것을 알고 기독교인 몇 명을 본보기로 죽이고자 하였다.

> 2 요한의 형제 야고보를 칼로 죽이니
> 2 He had James, the brother of John, put to death by the sword.

12:2 요한의 형제 야고보를 칼로 죽이니. 헤롯 왕이 마음을 먹으니 야고보는 힘 없이 죽임을 당하였다. 너무 부당해 보이고 힘이 없어 보인다. 헤롯의 정치적 목적 때문에 한 사람이 목숨을 잃었다. 그는 예수님의 제자였고 복음에 열정을 가진 제자였다. 그런데 헤롯에 의해 너무 쉽게 죽임을 당하였다. 야고보는 사도 중 첫 순교자가 되었다. 이때가 44년이다. 예수님이 죽으시고 11년이 지난 유월절 근경에 죽임 당하였다.

> 3 유대인들이 이 일을 기뻐하는 것을 보고 베드로도 잡으려 할새 때는 무교절 기간이라
> 4 잡으매 옥에 가두어 군인 넷씩인 네 패에게 맡겨 지키고 유월절 후에 백성 앞에 끌어 내고자 하더라
> 3 When he saw that this pleased the Jews, he went on to arrest Peter. (This happened during the time of the Festival of Unleavened Bread.)
> 4 After his arrest Peter was put in jail, where he was handed over to be guarded by four groups of four soldiers each. Herod planned to put him on trial in public after Passover.

12:4 야고보의 죽음을 유대인들이 좋아하자 헤롯은 내친김에 베드로까지 죽이고자 하였다. 베드로를 잡아 '유월절 후에' 죽이고자 감옥에 넣었다. 강한 힘을 가진 헤롯이 마음을 먹으니 안 되는 일이 없었다. 베드로를 잡아 감옥에 넣고 죽이는 일은 그에게 식은죽 먹기처럼 간단하고 쉬운 일이었다.

> 5 이에 베드로는 옥에 갇혔고 교회는 그를 위하여 간절히 하나님께 기도하더라
> 5 So Peter was kept in jail, but the people of the church were praying earnestly to God for him.

12:5 교회는 그를 위하여 간절히 하나님께 기도하더라. 힘 없는 교회는 그저 기도밖에 할 수 있는 것이 없었다. 무엇을 위해 기도했을까? 헤롯의 마음이 바뀌기를 위해서 일

수 있다. 베드로가 비겁하게 목숨을 구걸하는 것이 아니라 아름다운 순교를 할 수 있는 용기를 위해서 일 수도 있다. 베드로의 무엇을 위해 기도해야 할지 모르는 사람도 있었을 것이다. 헤롯이 할 수 있는 일과 교회가 할 수 있는 일은 너무 차이가 많았다. 그러나 교회 뒤에는 전능하신 하나님이 계신다.

> 6 헤롯이 잡아 내려고 하는 그 전날 밤에 베드로가 두 군인 틈에서 두 쇠사슬에 매여 누워 자는데 파수꾼들이 문 밖에서 옥을 지키더니
>
> 6 The night before Herod was going to bring him out to the people, Peter was sleeping between two guards. He was tied with two chains, and there were guards on duty at the prison gate.

12:6 베드로가 두 군인 틈에서 두 쇠사슬에 매여 누워 자는데. 베드로에 대한 경계가 과하다 싶을 정도로 대단하였다. 군인 두 명이 베드로를 가운데 두고 양쪽에서 자신의 발에 하나를 그리고 다른 하나는 베드로를 채우고 잠을 잤다. 그리고 세 겹의 문 밖에서 각각 지켰다. 헤롯의 아주 강한 힘을 보여준다. 그러나 이것은 오히려 교회의 더욱더 강한 힘을 보여주는 결과가 된다.

> 7 홀연히 주의 사자가 나타나매 옥중에 광채가 빛나며 또 베드로의 옆구리를 쳐 깨워 이르되 급히 일어나라 하니 쇠사슬이 그 손에서 벗어지더라
>
> 7 Suddenly an angel of the Lord stood there, and a light shone in the cell. The angel shook Peter by the shoulder, woke him up, and said, "Hurry! Get up!" At once the chains fell off Peter's hands.

12:7 주의 사자가 나타나매...쇠사슬이 그 손에서 벗어지더라. 군인이 양쪽에서 쇠사슬을 함께 채우고 자고 있었어도 천사가 베드로에게 채워진 쇠사슬을 풀고 일어나도록 하는데 전혀 지장이 없었다. 헤롯의 힘은 천사의 힘 앞에서 아주 무기력했다.

> 8 천사가 이르되 띠를 띠고 신을 신으라 하거늘 베드로가 그대로 하니 천사가 또

> 이르되 겉옷을 입고 따라오라 한대
>
> 9 베드로가 나와서 따라갈새 천사가 하는 것이 생시인 줄 알지 못하고 환상을 보는가 하니라
>
> 8 Then the angel said, "Fasten your belt and put on your sandals." Peter did so, and the angel said, "Put your cloak round you and come with me."
>
> 9 Peter followed him out of the prison, not knowing, however, if what the angel was doing was real; he thought he was seeing a vision.

12:9 생시인 줄 알지 못하고 환상을 보는가 하니라. 베드로는 자다가 깨었기 때문에 생시인지 환상인지 혼동되었을 수 있다. 그러나 더 큰 이유는 아마 도저히 불가능한 일이 일어나고 있었기 때문일 것이다.

> 10 이에 첫째와 둘째 파수를 지나 시내로 통한 쇠문에 이르니 문이 저절로 열리는지라 나와서 한 거리를 지나매 천사가 곧 떠나더라
>
> 10 They passed by the first guard post and then the second, and came at last to the iron gate leading into the city. The gate opened for them by itself, and they went out. They walked down a street, and suddenly the angel left Peter.

12:10 첫째와 둘째 파수를 지나 시내로 통한 쇠문에 이르니 문이 저절로 열리는지라. 이것은 헤롯의 힘과 천사의 힘을 비교하며 헤롯의 힘이 얼마나 나약한지를 강조하는 것이다. 헤롯은 사람이 보기에는 대단하였다. 많은 군인을 거느리고 있었다. 아주 단단한 감옥과 감옥문을 가지고 있었다. 그러나 그러한 것이 천사가 베드로를 이끌고 밖으로 나오는데는 전혀 힘을 발휘하지 못했다.

> 11 이에 베드로가 정신이 들어 이르되 내가 이제야 참으로 주께서 그의 천사를 보내어 나를 헤롯의 손과 유대 백성의 모든 기대에서 벗어나게 하신 줄 알겠노라 하여
>
> 11 Then Peter realized what had happened to him, and said, "Now I know that it is really true! The Lord sent his angel to rescue me from Herod's power and from everything the Jewish people expected to happen."

12:11 베드로가 정신이 들어 이르되 내가 이제야 참으로 주께서 그의 천사를 보내어...알 겠노라. 하나님의 인도하심은 참으로 위대하다. 우리의 예상을 뛰어넘을 때가 많다. 베드로는 하나님의 위대하심을 직접 경험하였을 때 처음에는 어안이 벙벙하였다. 그러나 감옥에서 탈출하고 나서야 정신이 번쩍 뜨여 하나님이 하신 일임을 고백하였다.

> 12 깨닫고 마가라 하는 요한의 어머니 마리아의 집에 가니 여러 사람이 거기에 모여 기도하고 있더라
>
> 13 베드로가 대문을 두드린대 로데라 하는 여자 아이가 영접하러 나왔다가
>
> 12 Aware of his situation, he went to the home of Mary, the mother of John Mark, where many people had gathered and were praying.
>
> 13 Peter knocked at the outside door, and a servant named Rhoda came to answer it.

12:13 베드로가 대문을 두드린대. 베드로가 문을 두드린 시간은 감옥에서 자다가 나왔기 때문에 늦은 밤이었을 것이다. 교인들은 일을 하고 와서 늦은 시간에 모여 기도하고 있었다. 늦은 시간 밖으로 소리가 나가면 안 되기 때문에 매우 조용히 기도하고 있었을 것이다. 베드로가 대문을 두드리기 전에는 안에서 인기척이 없었을 것이다.

> 14 베드로의 음성인 줄 알고 기뻐하여 문을 미처 열지 못하고 달려 들어가 말하되 베드로가 대문 밖에 섰더라 하니
>
> 14 She recognized Peter's voice and was so happy that she ran back in without opening the door, and announced that Peter was standing outside.

12:14 문을 미처 열지 못하고 달려 들어가. 문을 열기 위해 나왔던 소녀는 문도 열어주지 않고 기쁘고 놀라서 안으로 들어가 사람들에게 베드로가 왔음을 알렸다. 분명 베드로의 목소리였기 때문이다.

> 15 그들이 말하되 네가 미쳤다 하나 여자 아이는 힘써 말하되 참말이라 하니 그들

사도행전 12장 | 147

이 말하되 그러면 그의 천사라 하더라

15 "You are mad!" they told her. But she insisted that it was true. So they answered, "It is his angel."

12:15 네가 미쳤다...여자 아이는 힘써 말하되 참말이라...그러면 그의 천사라. 그 시간 베드로가 왔을 리가 없다. 어쩌면 그의 수호 천사(수호천사는 그 사람을 닮았다는 속설을 가지고 있었음)라고 생각하였다. 그들은 베드로가 오리라고는 전혀 예상하지 못하였기 때문이다.

16 베드로가 문 두드리기를 그치지 아니하니 그들이 문을 열어 베드로를 보고 놀라는지라

16 Meanwhile Peter kept on knocking. At last they opened the door, and when they saw him, they were amazed.

12:16 문을 열어 베드로를 보고 놀라는지라. 실제로 베드로가 그곳에 있는 것을 보고 사람들이 놀랐다. 불가능하다고 생각했기 때문이다. 베드로가 탈옥하는 과정에 베드로도 처음에는 믿지 못하였고 베드로를 위해 기도하고 있던 사람들도 믿지 못했다. 때로는 우리가 하나님의 인도하심을 제대로 모를 때가 있다. 하나님은 모든 일을 하실 수 있기에 우리가 생각하지 못하는 일들이 많다. 중요한 것은 그 힘이 드러나지 않는 것처럼 보일 때도 여전히 하나님의 힘은 전능하시다는 것을 믿는 것이다. 전능자의 품 안에서 평안한 것이다. 하나님께서 원하신다면 무슨 일이든 하실 것이다. 베드로와 기도하던 사람들도 전혀 예상하지 못했던 일도 하신다. 그러기에 무엇이든 열린 자세로 하나님의 인도하심을 신뢰하고 받아들여야 한다.

17 베드로가 그들에게 손짓하여 조용하게 하고 주께서 자기를 이끌어 옥에서 나오게 하던 일을 말하고 또 야고보와 형제들에게 이 말을 전하라 하고 떠나 다른 곳으로 가니라

17 He motioned with his hand for them to be quiet, and he explained to them how the Lord had brought him out of prison. "Tell this to James and the rest of the believers," he

said; then he left and went somewhere else.

12:17 야고보와 형제들에게 이 말을 전하라 하고 떠나 다른 곳으로 가니라. 헤롯이 사도들을 잡아들였기 때문에 사도들이 다 피신한 것으로 보인다. 베드로도 피신하러 갔다. 베드로가 피신하는 것은 하나님의 전능하심을 믿지 않기 때문이 아니다. 하나님께서 베드로를 감옥에서 나오게 하신 것은 베드로가 피신하도록 하시기 위함이다. 이전에 베드로와 요한을 감옥에서 나오게 하실 때는 성전에서 다시 전하도록 하기 위함이었다. 그때는 '성전에 들어가 전하라' 하셨다. 그러나 지금은 그런 말씀이 없다. 그러면 피신하는 것이 맞다. 여기에서 피신하지 않는다면 믿음이 좋아서가 아니라 하나님의 전능하심과 인도하심에 대한 오해다.

> 18 날이 새매 군인들은 베드로가 어떻게 되었는지 알지 못하여 적지 않게 소동하니
>
> 19 헤롯이 그를 찾아도 보지 못하매 파수꾼들을 심문하고 죽이라 명하니라 헤롯이 유대를 떠나 가이사랴로 내려가서 머무니라
>
> 18 When morning came, there was a tremendous confusion among the guards-what had happened to Peter?
>
> 19 Herod gave orders to search for him, but they could not find him. So he had the guards questioned and ordered them to be put to death. After this, Herod left Judea and spent some time in Caesarea.

12:19 파수꾼들을 심문하고 죽이라 명하니라. 헤롯은 베드로가 탈옥한 것에 대해 분노하며 심문하였다. 그러나 답을 찾지 못했다. 속으로 두려움을 느꼈을 것이다. 그는 죄수를 지키지 못한 군인을 죽이는 것으로 마무리하였다. 로마법은 죄수를 놓치면 그 죄수가 받아야 할 형벌을 놓친 군인이 받는 법이 있었다.

> 20 헤롯이 두로와 시돈 사람들을 대단히 노여워하니 그들의 지방이 왕국에서 나는 양식을 먹는 까닭에 한마음으로 그에게 나아와 왕의 침소 맡은 신하 블라스도를 설득하여 화목하기를 청한지라

> 21 헤롯이 날을 택하여 왕복을 입고 단상에 앉아 백성에게 연설하니
>
> 20 Herod was very angry with the people of Tyre and Sidon, so they went in a group to see him. First they convinced Blastus, the man in charge of the palace, that he should help them. Then they went to Herod and asked him for peace, because their country got its food supplies from the king's country.
>
> 21 On a chosen day Herod put on his royal robes, sat on his throne, and made a speech to the people.

12:21 날을 택하여 왕복을 입고. 아마 로마 황제의 생일을 기념하며 축제로 모인 것 같다. 그렇다면 베드로가 탈옥을 하고 4개월 정도 지난 시점이다. '왕복'은 요세푸스에 의하면 '은으로 만든 옷'인 것으로 보인다. 햇빛에 비치면 강하게 빛나는 그런 옷이었다.

> 22 백성들이 크게 부르되 이것은 신의 소리요 사람의 소리가 아니라 하거늘
>
> 22 백성들이 크게 부르되 이것은 신의 소리요 사람의 소리가 아니라 하거늘

12:22 이것은 신의 소리요 사람의 소리가 아니라. 역사가 요세푸스는 당시 사람들의 말을 이렇게 알린다. "우리에게 자비를 베푸소서, 우리가 지금까지는 왕을 사람으로만 존경했지만, 이제부터는 왕을 죽을 운명의 본성을 뛰어넘은 위대한 분으로 모시겠습니다." 헤롯이 진정 유대인이라면 그는 이들의 말을 책망했어야 한다. 그러나 그는 그들의 아부를 거절하지 않았다.

> 23 헤롯이 영광을 하나님께 돌리지 아니하므로 주의 사자가 곧 치니 벌레에게 먹혀 죽으니라
>
> 23 At once the angel of the Lord struck Herod down, because he did not give honour to God. He was eaten by worms and died.

12:23 헤롯이 영광을 하나님께 돌리지 아니하므로. 요세푸스의 보고를 생각해보면 헤롯이 신적인 표현을 하나님께 돌려야 하는데 자신을 향한 것으로 그대로 받아들였

다는 것을 의미한다. **주의 사자가 곧 치니.** 그런 말을 듣고 있는 그 순간을 의미한다. 요세푸스는 헤롯이 갑자기 복통을 일으켰다고 말한다. 그리고 5일 동안 병을 앓다가 죽었다고 말한다. 신과 같은 존재라고 칭송을 듣던 그 순간 벌레에게 먹혀 고통을 당하다가 죽었다.

헤롯의 죽음은 교회를 핍박하는 세상의 힘이 얼마나 나약한 것인지를 상징적으로 보여준다. 헤롯이 교회를 핍박하였다. 야고보를 죽였다. 베드로도 죽이려 하였다. 그가 마음만 먹으면 교회를 다 죽일 수도 있었다. 그러나 실제로 그가 원한대로 되지 않았다. 그는 단지 야고보만 죽였다. 그것도 하나님의 주권 아래에서 일어난 것에 불과하다. 베드로는 죽이지 못하였다. 베드로 대신 자신의 병사들만 죽였다. 그리고 결국 허무하게 죽임을 당하였다. 교회를 핍박하는 세상의 힘은 사실 헤롯의 경우와 같다. 세상을 핍박하는 세상의 힘을 보면 헤롯을 생각해야 한다. 교회를 핍박하는 세상의 힘은 사실 아무것도 아니다. 그 핍박에 두려워할 필요가 없다. 피신은 할 수 있다. 그러나 두려워할 필요는 없다.

> **24 하나님의 말씀은 흥왕하여 더하더라**
> 24 Meanwhile the word of God continued to spread and grow.

12:24 말씀은 흥왕. 헤롯은 힘이 강하여 교회를 핍박하였다. 그러나 헤롯은 죽고 말씀이 흥왕하였다. 분명히 헤롯이 강한 것 같았으나 실상은 말씀이 강하였다. 헤롯은 죽었고 말씀은 살아 남았다. 어떤 일을 당하고 있는가? 그곳에서 말씀이 흥왕할 것이다. 그러기에 우리는 말씀과 함께 해야 한다. 말씀을 따라 살아야 한다. 그러면 우리도 흥왕할 것이다. 우리의 삶이 풍성해질 것이다.

> **25 바나바와 사울이 부조하는 일을 마치고 마가라 하는 요한을 데리고 예루살렘에서 돌아오니라**
> 25 Barnabas and Saul finished their mission and returned from Jerusalem, taking John Mark with them.

2부

바울 사도를 중심으로 한 유대인 사역

(13:1-28:31)

1차 전도여행(13:1-15:35)

13장

사도행전 후반부의 중심 도시는 안디옥이다. 전반부는 예루살렘 교회였고 후반부는 안디옥 교회가 중심이다. 전반부가 베드로를 중심으로 한 사도행전이었다면 후반부는 바울을 중심으로 한 사도행전이다.

> 1 안디옥 교회에 선지자들과 교사들이 있으니 곧 바나바와 니게르라 하는 시므온과 구레네 사람 루기오와 분봉 왕 헤롯의 젖동생 마나엔과 및 사울이라
>
> 1 In the church at Antioch there were some prophets and teachers: Barnabas, Simeon (called the Black), Lucius (from Cyrene), Manaen (who had been brought up with Herod the governor), and Saul.

13:1 5명이 소개되고 있다. 12사도는 한 명도 없다. 예루살렘에서 세웠던 일곱 일꾼도 한 명도 없다. 이 중에 사람들에게 알려진 사람은 '바나바'가 신앙의 경륜으로 제일 유명하다. 그리고 새로운 성경 교사로 '사울'이 있다.

> 2 주를 섬겨 금식할 때에 성령이 이르시되 내가 불러 시키는 일을 위하여 바나바와 사울을 따로 세우라 하시니
>
> 2 While they were serving the Lord and fasting, the Holy Spirit said to them, "Set apart for me Barnabas and Saul, to do the work to which I have called them."

13:2 성령이...바나바와 사울을 따로 세우라. 바나바와 사울은 안디옥 교회에서 제일 중요한 인물이다. 그런데 그들이 선교사로 세움을 입었다. **금식할 때.** '금식'은 육체의 정욕을 제어하며 하나님께 집중하는 훈련이다. 그러한 훈련과 헌신이 있었기 때문에

바나바와 사울을 선교사로 세울 수 있었을 것이다. 바나바와 사울은 이제 시작된 안디옥 교회에서도 매우 중요한 일꾼이었다. 새로 시작한 교회이기에 바나바와 사울이 해야 할 일이 아주 많았을 것이다. 50만이라는 거대 도시이기에 아직 복음을 전해야 할 사람이 아주 많았다. 그러나 자신들의 필요보다 하나님의 인도하심을 더욱더 중요하게 여겼기 때문에 바나바와 사울을 선교사로 파송할 수 있었다.

> 3 이에 금식하며 기도하고 두 사람에게 안수하여 보내니라
>
> 3 They fasted and prayed, placed their hands on them, and sent them off.

13:3 두 사람에게 안수하여 보내니라. 바나바와 사울은 교회 역사에서 첫 선교사가 되었다. 지금까지 복음의 확장의 과정을 생각해 보자. 예루살렘에 복음이 확장되었다. 그리고 사마리아였다. 고넬료 가정에 복음이 전해짐으로 이방인에게 복음이 심어졌다. 그들은 경건한 사람 즉 하나님을 경외하는 사람이었다. 그리고 안디옥에서 순수한 이방인에게 복음이 전해졌다. 이때 이방인에게 복음을 전한 것은 자신이 있는 곳에서 이웃에게 복음을 전한 것이다. 이제 다섯 번째 단계로 이방인에게 복음을 전하기 위해 다른 지역으로 선교사를 보내게 되었다. 어떤 면에서는 이것이 복음 확장의 마지막 단계다.

> 4 두 사람이 성령의 보내심을 받아 실루기아에 내려가 거기서 배 타고 구브로에 가서
>
> 4 Having been sent by the Holy Spirit, Barnabas and Saul went to Seleucia and sailed from there to the island of Cyprus.

13:4 배 타고 구브로에 가서. 안디옥에서 20km 정도를 가면 항구가 나온다. 구브로는 그곳에서 150km정도 떨어진 섬이다. 로마의 원로원에서 통치하는 곳이었다. 안디옥 앞 바다에 있는 구브로의 면적은 이스라엘과 비슷하다. 회당이 있을 정도로 유대인들이 많이 살고 있었다. 바나바의 고향이기도 하다. 파송 선교의 첫 지역은 '구브로'다.

> 5 살라미에 이르러 하나님의 말씀을 유대인의 여러 회당에서 전할새 요한을 수행원으로 두었더라
>
> 6 온 섬 가운데로 지나서 바보에 이르러 바예수라 하는 유대인 거짓 선지자인 마술사를 만나니
>
> 5 When they arrived at Salamis, they preached the word of God in the synagogues. They had John Mark with them to help in the work.
>
> 6 They went all the way across the island to Paphos, where they met a certain magician named Bar-Jesus, a Jew who claimed to be a prophet.

13:6 바예수라 하는 유대인 거짓 선지자인 마술사를 만나니. '바예수'는 '구원자의 아들'이라는 뜻이다. 그러나 이름은 가면이었다. 그는 '거짓 선지자'였다. 자신의 이익을 위하여 마술을 사용하는 사람이다. 사마리아의 마술사 시몬과 같은 사람이다. 바나바와 사울이 구브로에 복음을 전하기 전에는 거짓 선지자가 그들을 속여서 자기의 이익만 챙기고 있었다. 모든 선교지가 그렇다. 그래서 선교가 필요하다.

> 7 그가 총독 서기오 바울과 함께 있으니 서기오 바울은 지혜 있는 사람이라 바나바와 사울을 불러 하나님의 말씀을 듣고자 하더라
>
> 8 이 마술사 엘루마는 (이 이름을 번역하면 마술사라) 그들을 대적하여 총독으로 믿지 못하게 힘쓰니
>
> 9 바울이라고 하는 사울이 성령이 충만하여 그를 주목하고
>
> 7 He was a friend of the governor of the island, Sergius Paulus, who was an intelligent man. The governor called Barnabas and Saul before him because he wanted to hear the word of God.
>
> 8 But they were opposed by the magician Elymas (that is his name in Greek), who tried to turn the governor away from the faith.
>
> 9 Then Saul-also known as Paul-was filled with the Holy Spirit; he looked straight at the magician

13:9 바울이라고 하는 사울. 이제부터 바울의 활약이 두드러지게 된다. '사울'은 유대식 이름이다. 그리고 '바울'은 로마식 이름이다. 사울은 유대인이지만 로마 시민권을 가진 부모 때문에 태어나면서부터 유대인식 이름과 로마식 이름 두 가지를 다 가지

고 있었던 것으로 보인다. 흔히 말하는 '사울이 변하여 바울이 된 것'이 아니다. 선교를 위해 바울이라는 이름을 더 사용하게 된 것이다. '사울'이라는 이름은 유대식 이름일 뿐만 아니라 헬라어로 발음될 때 안 좋은 의미(창녀의 뒤뚱거리는 걸음)로 들렸다. 그래서 더욱 사울이라는 이름 대신에 바울이라는 이름을 사용한 것으로 보인다. 로마식 이름은 보통 3단어로 되어 있다. 첫 단어가 이름이고 두 번째 단어는 가족(성)이며 세 번째 단어는 가족 안의 작은 단위 가족(성)이다. '바울'은 마지막 세 번째 단어이다. 앞의 두 글자는 무엇인지 정확히 알려진 것은 없다. 바울은 그렇게 많은 글을 쓰면서도 자신을 알리는 것이 아니라 예수님을 알리기 원하였기 때문일 것이다. 여하튼 이제 사울은 바울이라는 이름으로 계속 선교를 한다.

> 10 이르되 모든 거짓과 악행이 가득한 자요 마귀의 자식이요 모든 의의 원수여 주의 바른 길을 굽게 하기를 그치지 아니하겠느냐
>
> 10 and said, "You son of the Devil! You are the enemy of everything that is good. You are full of all kinds of evil tricks, and you always keep trying to turn the Lord's truths into lies!

13:10 악행이 가득한 자요 마귀의 자식이여. 그의 이름의 뜻은 '구원자의 자식'이지만 실제 하는 행동을 보니 '마귀의 자식'이었다. 그래서 그렇게 책망하였다.

> 11 보라 이제 주의 손이 네 위에 있으니 네가 맹인이 되어 얼마 동안 해를 보지 못하리라 하니 즉시 안개와 어둠이 그를 덮어 인도할 사람을 두루 구하는지라
>
> 11 The Lord's hand will come down on you now; you will be blind and will not see the light of day for a time." At once Elymas felt a dark mist cover his eyes, and he walked about trying to find someone to lead him by the hand.

13:11 네가 맹인이 되어 얼마 동안 해를 보지 못하리라. 바울의 말과 동시에 그는 앞을 보지 못하게 되었다. 그가 실제로 맹인이 되기도 하였지만 그것은 또한 그가 진리를 보지 못하고 있는 사람이라는 것을 상징적으로 보여준다. 그는 마술사로 구브로의 총독의 상담자였고 구브로 사람들에게 지혜자처럼 행동하였다. 그러나 사실 그는 진리를 전혀 보

지 못하는 맹인과 같은 사람이었다. 오직 자기 욕심에 이끌려 속이는 자였다.

> 12 이에 총독이 그렇게 된 것을 보고 믿으며 주의 가르치심을 놀랍게 여기니라
> 12 When the governor saw what had happened, he believed; for he was greatly amazed at the teaching about the Lord.

13:12 총독이 그렇게 된 것을 보고 믿으며. 이후에 구브로에 어떤 일이 일어났는지는 잘 모른다. 그러나 구브로의 총독이 믿게 된 것을 보면 어느 정도 성과가 있었던 것으로 보인다.

> 13 바울과 및 동행하는 사람들이 바보에서 배 타고 밤빌리아에 있는 버가에 이르니 요한은 그들에게서 떠나 예루살렘으로 돌아가고
> 13 Paul and his companions sailed from Paphos and came to Perga, a city in Pamphylia, where John Mark left them and went back to Jerusalem.

13:13 바보에서 배 타고 밤빌리아에 있는 버가에 이르니. 구브로에서 지금의 터키 남부 지역으로 이동하였다. 배를 타고 300km를 이동했다. 버가에서 비시디아 안디옥까지는 산맥을 타고 200km이상을 걸어가는 길이다. 선교여행은 참으로 고달픈 행군 그 이상이었을 것이다. **버가에 이르니 요한은 그들에게서 떠나.** 마가복음의 저자인 마가 요한이다. 그가 전도여행 중에 일행을 떠났다. 구브로에 남거나 또는 구브로에서 바로 예루살렘으로 돌아간 것이 아니라 밤빌리아 지역으로 함께 갔고 버가까지 20km를 내륙으로 들어갔다. 그런데 갑자기 요한이 그곳에서 떠난 것이다.

요한이 떠난 이유는 나오지 않는다. 그러나 이후에 이것 때문에 바울이 바나바와 다툰 것을 보면 어쩔 수 없는 상황이나 긍정적인 이유가 아닌 것으로 보인다. 떠난 요한의 입장에서는 어쩔 수 없는 것일 수도 있다. 오죽하면 도중에 떠났을까? 어떤 이유인지는 모르나 많이 힘들었던 것 같다. 복음을 전하는 전도는 참으로 귀하고 복된 것이다. 그러나 그 과정은 여전히 힘들다. 세상의 모든 일에 부가적인 것이 있듯이 전도에도 부가적인 일이 있다. 배를 타고 먼 거리를 이동해야 했다. 복음을 전하는 일이라고 축지법을 사용해서 도착할 수 있는 것이 아니었다. 화창한 날씨만 있는 것이 아니었

다. 궂은 날도 많았을 것이다. 복음을 전하는 발이라고 물집이 안 잡힌 것도 아닐 것이다. 그들의 발은 여러 번 물집이 생기고 터지기를 반복하였을 것이다. 복음이 전해지는 과정이라 하여도 복음과 상관없는 수많은 다른 이유들이 생긴다. 수많은 이유 중에 하나로 요한은 전도여행을 중간에 멈추었다.

> 14 그들은 버가에서 더 나아가 비시디아 안디옥에 이르러 안식일에 회당에 들어가 앉으니라
>
> 14 They went on from Perga and arrived in Antioch in Pisidia, and on the Sabbath they went into the synagogue and sat down.

13:14 회당에 들어가 앉으니라. 비시디아 안디옥에는 많은 유대인이 있었기에 회당이 있었다. 그들은 하나님을 믿는 사람들이었다. 그리고 하나님께서 약속하신 대로 메시야를 보내주셨다. 그런데 멀리 있었기에 그들은 아직 몰랐다. 그래서 바울은 그들에게 예수님이 오셨다는 복음의 소식을 전하고 싶었다. 그들에게 복음이 절대적으로 필요하였다. 복음은 인생에 있어 부가적인 것이 아니라 절대적인 것이다. 그것을 전하는 사람에게도 그러하고 그것을 듣는 사람에게도 그러하다.

> 15 율법과 선지자의 글을 읽은 후에 회당장들이 사람을 보내어 물어 이르되 형제들아 만일 백성을 권할 말이 있거든 말하라 하니
>
> 16 바울이 일어나 손짓하며 말하되 이스라엘 사람들과 및 하나님을 경외하는 사람들아 들으라
>
> 17 이 이스라엘 백성의 하나님이 우리 조상들을 택하시고 애굽 땅에서 나그네 된 그 백성을 높여 큰 권능으로 인도하여 내사
>
> 15 After the reading from the Law of Moses and from the writings of the prophets, the officials of the synagogue sent them a message: "Brothers and sisters, we want you to speak to the people if you have a message of encouragement for them."
>
> 16 Paul stood up, motioned with his hand, and began to speak: "Fellow-Israelites and all Gentiles here who worship God: hear me!
>
> 17 The God of the people of Israel chose our ancestors and made the people a great

nation during the time they lived as foreigners in Egypt. God brought them out of Egypt by his great power,

13:17 하나님이 우리 조상들을 택하시고. 아브라함을 택하셨다. 구원을 위한 일이다. **애굽 땅에서...높여 큰 권능으로 인도하여 내사.** 애굽에서 번성하게 하심(높임)은 그곳에서 안주하게 하려고 하신 것이 아니라 구원의 백성으로 만들고자 하심이다. 그들은 애굽에 안주할 것이 아니라 출애굽해야 했다.

18 광야에서 약 사십 년간 그들의 소행을 참으시고

18 and for forty years he endured them in the desert.

13:18 광야에서...참으시고. 광야에서 그들을 참으시고 돌보셨다. 그들은 애굽의 번영과 광야의 척박함을 통해 하나님의 인도하심에 대해 알아야 했다.

19 가나안 땅 일곱 족속을 멸하사 그 땅을 기업으로 주시기까지 약 사백오십 년간이라

19 He destroyed seven nations in the land of Canaan and made his people the owners of the land.

13:19 가나안 땅...기업으로 주시기까지. 가나안 땅은 아브라함에게 약속하신 것이다. 약속의 땅이 주어졌다. 그곳에서 또한 사사 시대를 지났다.

20 그 후에 선지자 사무엘 때까지 사사를 주셨더니
21 그 후에 그들이 왕을 구하거늘 하나님이 베냐민 지파 사람 기스의 아들 사울을 사십 년간 주셨다가
22 폐하시고 다윗을 왕으로 세우시고 증언하여 이르시되 내가 이새의 아들 다윗을 만나니 내 마음에 맞는 사람이라 내 뜻을 다 이루리라 하시더니

20 All this took about four hundred and fifty years. "After this he gave them judges until the time of the prophet Samuel.

21 And when they asked for a king, God gave them Saul son of Kish from the tribe of Benjamin, to be their king for forty years.

22 After removing him, God made David their king. This is what God said about him: 'I have found that David son of Jesse is the kind of man I like, a man who will do all I want him to do.'

13:22 다윗을 왕으로 세우시고...내 마음에 맞는 사람이라 내 뜻을 다 이루리라. 다윗의 후손을 통한 구원자의 약속이다.

23 하나님이 약속하신 대로 이 사람의 후손에서 이스라엘을 위하여 구주를 세우셨으니 곧 예수라

23 It was Jesus, a descendant of David, whom God made the Saviour of the people of Israel, as he had promised.

13:23 하나님이 약속하신 대로...구주를 세우셨으니. 하나님은 이 세상을 구원하기를 원하신다. 사람들의 죄를 대속하심으로 죄를 정복하고 이 땅에 다시 거룩한 나라가 세워지기를 원하셨다. 그 일은 태초부터 예정된 일이기도 하다. 온 인류 역사의 중심이다. 그리고 이 땅을 사는 모든 사람의 가장 실제적인 일이고 가장 중요한 일이다.

24 그가 오시기에 앞서 요한이 먼저 회개의 세례를 이스라엘 모든 백성에게 전파하니라

25 요한이 그 달려갈 길을 마칠 때에 말하되 너희가 나를 누구로 생각하느냐 나는 그리스도가 아니라 내 뒤에 오시는 이가 있으니 나는 그 발의 신발끈을 풀기도 감당하지 못하리라 하였으니

24 Before Jesus began his work, John preached to all the people of Israel that they should turn from their sins and be baptized.

25 And as John was about to finish his mission, he said to the people, 'Who do you think I am? I am not the one you are waiting for. But listen! He is coming after me, and I am not good enough to take his sandals off his feet.'

13:25 요한이 예수님을 보고 그리스도로 증거하였다.

> 26 형제들아 아브라함의 후손과 너희 중 하나님을 경외하는 사람들아 이 구원의 말씀을 우리에게 보내셨거늘
>
> 27 예루살렘에 사는 자들과 그들 관리들이 예수와 및 안식일마다 외우는 바 선지자들의 말을 알지 못하므로 예수를 정죄하여 선지자들의 말을 응하게 하였도다
>
> 26 "My fellow-Israelites, descendants of Abraham, and all Gentiles here who worship God: it is to us that this message of salvation has been sent!
>
> 27 For the people who live in Jerusalem and their leaders did not know that he is the Saviour, nor did they understand the words of the prophets that are read every Sabbath. Yet they made the prophets' words come true by condemning Jesus.

13:27 예수와 및 안식일마다 외우는 바 선지자들의 말을 알지 못하므로. 바울은 지금 회당에서 선지자의 글을 읽은 후 설명하고 있다. 그들은 그렇게 선지자의 글을 읽었으면서도 그것이 의미하는 약속의 구원자가 오셨음을 알지 못하였다. 그래서 그것을 지금 밝히 설명하고 있다.

> 28 죽일 죄를 하나도 찾지 못하였으나 빌라도에게 죽여 달라 하였으니
>
> 29 성경에 그를 가리켜 기록한 말씀을 다 응하게 한 것이라 후에 나무에서 내려다가 무덤에 두었으나
>
> 30 하나님이 죽은 자 가운데서 그를 살리신지라
>
> 28 And even though they could find no reason to pass the death sentence on him, they asked Pilate to have him put to death.
>
> 29 And after they had done everything that the Scriptures say about him, they took him down from the cross and placed him in a tomb.
>
> 30 But God raised him from death,

13:30 그를 살리신지라. 예수님의 부활은 그 분이 하나님께서 약속하신 구원자인 것을 확실하게 증명한다. 부활을 수많은 사람들이 증거하고 있으니 더욱 분명하다는 것

을 알 수 있다.

> 31 갈릴리로부터 예루살렘에 함께 올라간 사람들에게 여러 날 보이셨으니 그들이 이제 백성 앞에서 그의 증인이라
>
> 32 우리도 조상들에게 주신 약속을 너희에게 전파하노니
>
> 31 and for many days he appeared to those who had travelled with him from Galilee to Jerusalem. They are now witnesses for him to the people of Israel.
>
> 32 And we are here to bring the Good News to you: what God promised our ancestors he would do, he has now done for us, who are their descendants, by raising Jesus to life. As it is written in the second Psalm: 'You are my Son; today I have become your Father.'

13:32 새번역으로 살펴보자. "우리는 하나님께서 조상들에게 하신 그 약속을 여러분에게 기쁜 소식으로 전합니다." (행 13:32) '기쁜 소식'을 전한다고 말한다. 바울은 사람들에게 복음을 전하고 있음을 확신하였다. 어떤 사람에게는 평생 가장 좋은 소식일 것이다. 영원토록 가장 좋은 뉴스가 될 것이다. 사람들은 그들이 '기쁜 소식'을 듣게 될 것이라고 생각하지 않고 있었다. 그러나 바울은 그것이 기쁜 소식이기 때문에 그것을 위해 수많은 난관에도 불구하고 그곳까지 왔다. 그곳에 온 유일한 이유는 복음을 전하기 위해서다.

> 33 곧 하나님이 예수를 일으키사 우리 자녀들에게 이 약속을 이루게 하셨다 함이라 시편 둘째 편에 기록한 바와 같이 너는 내 아들이라 오늘 너를 낳았다 하셨고

13:33 예수를 일으키사 우리 자녀들에게 이 약속을 이루게 하셨다. 예수님의 부활은 하나님의 약속의 성취다.

> 34 또 하나님께서 죽은 자 가운데서 그를 일으키사 다시 썩음을 당하지 않게 하실 것을 가르쳐 이르시되 내가 다윗의 거룩하고 미쁜 은사를 너희에게 주리라 하셨으

> 며
>
> 34 And this is what God said about raising him from death, never to rot away in the grave: 'I will give you the sacred and sure blessings that I promised to David.'

13:34 그를 일으키사 다시 썩음을 당하지 않게 하실 것을 가르쳐. 예수님의 부활은 죽은 자가 썩음을 당하지 않게 될 것을 보여주는 실제다. 비록 다윗도 죽어 썩었고 사람들은 죽어 썩지만 그들도 이후에 예수님처럼 부활할 것이다. 부활은 죽음에 대한 승리다. 죽음은 모든 인류의 가장 큰 아픔이었다. 언제 가장 슬픈가? 사랑하는 사람이 죽었을 때 가장 슬프다. 더 나아가 자기 자신이 죽는다는 것이 얼마나 절망스럽고 슬픈 일인가? 그런데 예수님이 부활하심으로 하나님께서 약속하신 죽음에 대한 승리를 알리셨다. 가장 슬픈 일에 대해 하나님께서 승리를 약속하셨다. 그 약속이 예수님의 부활에서 더 구체화되고 분명하게 되었다. 우리도 부활할 것이 분명하며 그것은 약속의 성취다.

> 35 또 다른 시편에 일렀으되 주의 거룩한 자로 썩음을 당하지 않게 하시리라 하셨느니라
>
> 36 다윗은 당시에 하나님의 뜻을 따라 섬기다가 잠들어 그 조상들과 함께 묻혀 썩음을 당하였으되
>
> 37 하나님께서 살리신 이는 썩음을 당하지 아니하였나니
>
> 38 그러므로 형제들아 너희가 알 것은 이 사람을 힘입어 죄 사함을 너희에게 전하는 이것이며
>
> 35 As indeed he says in another passage: 'You will not allow your faithful servant to rot in the grave.'
>
> 36 For David served God's purposes in his own time, and then he died, was buried with his ancestors, and his body rotted in the grave.
>
> 37 But this did not happen to the one whom God raised from death.
>
> 38 We want you to know, my fellow-Israelites, that it is through Jesus that the message about forgiveness of sins is preached to you; and that everyone who believes in him is set free from all the sins from which the Law of Moses could not set you free.

13:38 이 사람을 힘입어 죄 사함을 너희에게 전하는 이것이며. 사람이 죽는 것은 무엇

때문인가? 죄다. 죄 때문에 죽음이 이 땅에 들어왔다. 그러기에 죽음을 극복하였다는 것은 곧 죄를 극복하였다는 것을 의미한다. 죄에 대한 극복은 '죄 사함'을 통해서이다. 죄사함을 통해 우리는 더 이상 죄인이 아니라 의인이 되고 의인이 되었기에 더 이상 죽음에 머물지 않고 부활하여 영원한 존재로 살게 된다. 죽음에 대한 극복이라는 '복음'은 아무에게나 복음이 되는 것이 아니다. 오직 죄사함을 얻는 사람에게만 복음이 된다. 죄사함을 얻기 원한다면 오직 '예수 그리스도'를 통해야 한다.

> 39 또 모세의 율법으로 너희가 의롭다 하심을 얻지 못하던 모든 일에도 이 사람을 힘입어 믿는 자마다 의롭다 하심을 얻는 이것이라

13:39 모세의 율법으로 너희가 의롭다 하심을 얻지 못하던 모든 일. 모세의 율법이 사람을 대속하지는 못한다. 모든 죄는 죗값이 있다. 율법을 지킨다고 있던 죄까지 없어지는 것이 아니다. 율법의 모든 내용은 대속하시는 예수님을 바라보고 있다. 율법의 핵심을 이루는 제사 제도는 예수님의 대속 없이는 아무것도 아니다. 결코 동물의 죄가 사람의 죄를 대신할 수 없다. **이 사람을 힘입어 믿는 자마다 의롭다 하심을 얻는 이것이라.** 오직 예수님을 주로 믿고 받아들이는 사람만이 의롭다 하심을 얻게 된다. 예수님을 통해서만 모든 죄에 대해 대속함이 있다. 예수님을 통해서만 죄와 싸울 힘을 얻게 된다. 예수님을 통해서만 죄를 이길 수 있게 된다.

> 40 그런즉 너희는 선지자들을 통하여 말씀하신 것이 너희에게 미칠까 삼가라
>
> 41 일렀으되 보라 멸시하는 사람들아 너희는 놀라고 멸망하라 내가 너희 때를 당하여 한 일을 행할 것이니 사람이 너희에게 일러줄지라도 도무지 믿지 못할 일이라 하였느니라 하니라
>
> 40 Take care, then, so that what the prophets said may not happen to you:
>
> 41 'Look, you scoffers! Be astonished and die! For what I am doing today is something that you will not believe, even when someone explains it to you!' "

13:41 멸시하는 사람들아 너희는 놀라고 멸망하라. '멸시하는 사람들'이 있다. 언약을

멸시하고 언약의 성취로 오신 예수님을 멸시한다. 대속의 은혜를 멸시한다. 대속의 은혜를 멸시한 것의 대가가 얼마나 큰 것인지를 알게 될 것이다. 그들은 아주 크게 놀라게 될 것이고 영원히 멸망하게 될 것이다. 오늘날에도 여전히 '도무지 믿지 않는 사람들'이 있다. 그들은 말씀을 들어도 무시한다. 오히려 자신들의 짧은 지식으로 멸시하기까지 한다. 복음을 멸시한다. 교회 안에서도 멸시가 일어나고 있다. 위대한 복음을 마치 작은 소식을 들은 것처럼 여길 때 그렇다. 우리는 복음을 듣는 사람들이다. 복음의 위대함 앞에 우리는 크게 반응해야 한다.

> 42 그들이 나갈새 사람들이 청하되 다음 안식일에도 이 말씀을 하라 하더라
>
> 42 As Paul and Barnabas were leaving the synagogue, the people invited them to come back the next Sabbath and tell them more about these things.

13:42 다음 안식일에도 이 말씀을 하라. 바울과 바나바가 회당에서 나갈 때 사람들이 그 앞에 몰려왔다. 다음에도 복음에 대해 더 말을 해 달라고 요청하였다. 바울 안에 있는 복음에 대한 마음이 그들에게 조금은 전달된 것으로 보인다. 지금 당장 자신들의 모든 것을 바칠 수는 없겠지만 어쩌면 자신들이 살아온 모든 것을 합한 것보다 더 중요하고 더 기쁜 어떤 것에 대해 알게 되지 않을까 하는 생각을 갖게 된 것 같다.

> 43 회당의 모임이 끝난 후에 유대인과 유대교에 입교한 경건한 사람들이 많이 바울과 바나바를 따르니 두 사도가 더불어 말하고 항상 하나님의 은혜 가운데 있으라 권하니라
>
> 43 After the people had left the meeting, Paul and Barnabas were followed by many Jews and by many Gentiles who had been converted to Judaism. The apostles spoke to them and encouraged them to keep on living in the grace of God.

13:43 회당의 모임이 끝난 후에. 회당에서 나와 길을 가는 바울을 사람들이 따라왔다. **사람들이 많이 바울과 바나바를 따르니 두 사도가 더불어 말하고.** 일부 사람들은 다음 안식일에도 복음을 듣기를 원하는 것으로 끝나지 않았다. 그들은 복음을 들은 후 가슴이 뛰었던 것이 분명하다. 그래서 자신들의 집으로 가지 않고 바울을 따라 가며

복음에 대해 더 들었다. 복음을 듣고 가슴이 뛰어 따라오는 사람들을 보고 바울은 얼마나 기뻤을까? 그들에게 복음에 대해 더 많은 것을 말해 주었을 것이다. 그리고 한 가지 당부를 한다. **항상 하나님의 은혜 가운데 있으라 권하니라.** 복음은 일시적인 감동이나 이야기로 끝나는 것이 아니다. 복음을 들으면 그 이전의 삶과 이후의 삶이 완전히 바뀐다. 죽음에서 생명으로 바뀌는 것이다. 죄악된 삶에서 의로운 삶으로 바뀌는 것이다. 그런데 아무리 좋은 것도 때로는 시간이 지나면 평범한 것이 되곤 한다. 우리는 복음을 그렇게 만들면 안 된다. 복음이 우리 안에서 매일 새롭게 되어야 한다. 충분히 그럴 가치가 있기 때문이다. 그래서 복음을 들으면 그 이후에 잊지 말고 그 안에 머물고 더 나아가는 것이 필요하다. '복음'으로 간단히 설명하였지만 그 안에는 더 많은 풍성함이 있다. 하나님의 은혜가 참으로 크니 더 많이 알아가야 한다. 성품이 참으로 아름다우니 더 많이 닮아가야 한다. 그것이 유일한 길이니 이제부터는 철저히 그것을 의지해야 한다. 그렇게 하나님의 은혜 가운데 거해야 한다.

> 44 그 다음 안식일에는 온 시민이 거의 다 하나님의 말씀을 듣고자 하여 모이니
> 44 The next Sabbath nearly everyone in the town came to hear the word of the Lord.

13:44 온 시민이 거의 다. 많이 과장된 표현이다. 비시디아 안디옥은 큰 도시다. 그들의 백 분의 일도 회당에 들어오지 못할 것이다. 그러나 이것은 그만큼의 환호에 대한 표현법이다. 복음은 대단한 것이다. 복음을 듣고 환호하는 그들을 보라. 이 환호 소리를 생생하게 들으라. 그들은 복음을 기다리고 있었다. 사람들은 복음을 기다리고 있다. 그들 깊은 곳에서 복음을 필요로 하기 때문이다.

> 45 유대인들이 그 무리를 보고 시기가 가득하여 바울이 말한 것을 반박하고 비방하거늘
> 45 When the Jews saw the crowds, they were filled with jealousy; they disputed what Paul was saying and insulted him.

13:45 앞에 '그러나'를 생략하고 번역하였다. 복음이 전해졌다. 성경에서 말하고 있는

언약과 성취에 대해 듣기 위해 사람들이 모였다. 그렇다면 회당의 사람들은 기뻐해야 했다. '그러나' 그렇지 않았다. **바울이 말한 것을 반박하고 비방하거늘.** 유대인들 중에 바울을 반박하고 비방하는 사람들이 있었다. 그들은 왜 복음에 대해 반박하고 비방하였을까? 복음에 대한 의심 때문이었을까? 아니었다. 물론 반박할 때는 이유를 말하였을 것이다. 그러나 그것은 반박하기 위한 반박이었을 뿐이다. **무리를 보고 시기가 가득하여.** 그들은 많은 무리가 모인 것을 보았기 때문이다. 많은 사람이 바울의 말에 호응하고 환호하는 것을 보고 시기하였다. 바울이 전하는 복음이 문제였던 것이 아니라 바울이 환호를 받는다는 것이 문제였다. 사람들의 환호는 바울이 아니라 복음에 대한 것이었다. 바울이 그들의 환호로 인하여 금전적인 이익이 생기거나 높은 직위를 얻는 것도 아니다. 그러나 비방하는 이들은 복음이 아니라 바울이 인기를 얻는 것이 싫었다.

> 46 바울과 바나바가 담대히 말하여 이르되 하나님의 말씀을 마땅히 먼저 너희에게 전할 것이로되 너희가 그것을 버리고 영생을 얻기에 합당하지 않은 자로 자처하기로 우리가 이방인에게로 향하노라
>
> 46 But Paul and Barnabas spoke out even more boldly: "It was necessary that the word of God should be spoken first to you. But since you reject it and do not consider yourselves worthy of eternal life, we will leave you and go to the Gentiles.

13:46 너희가 그것을 버리고 영생을 얻기에 합당하지 않은 자로 자처하기로. 복음을 들으면서도 복음이 아니라 사람의 인기에 집중하고 있는 그들의 모습을 보라. 그들은 스스로 자신들이 복음을 담을 그릇이 되지 못한다는 것을 소리 높여 외치고 있는 것이다. 복음을 담을 그릇이 되어야 한다. 사람은 본래 존귀하게 창조되었으니 본래는 복음을 들으면 고향 같이 들리고 갈망하는 마음이 있어야 한다. 그런데 타락한 이후에는 복음을 담지 못하는 경향이 강하다. 그래서 복음을 들어도 도무지 반응하지 못하는 경우가 많다. 복음을 담을 수 있는 큰 그릇이어야 하는데 아주 작은 그릇이 되어 오늘 더 재미있게 사는 것과 아주 적은 돈에 만족하는 것과 당장 작은 행복을 바라고 있다. 그래서 작은 밥그릇 싸움만 하고 있다. 밥그릇을 키워 복음을 담을 수 있도록 해야 하는데 밥그릇이 작아 채워도 곧 비워지니 늘 밥그릇 싸움만 하는 것이다.

47 주께서 이같이 우리에게 명하시되 내가 너를 이방의 빛으로 삼아 너로 땅 끝까지 구원하게 하리라 하셨느니라 하니

48 이방인들이 듣고 기뻐하여 하나님의 말씀을 찬송하며 영생을 주시기로 작정된 자는 다 믿더라

47 For this is the commandment that the Lord has given us: 'I have made you a light for the Gentiles, so that all the world may be saved.' "

48 When the Gentiles heard this, they were glad and praised the Lord's message; and those who had been chosen for eternal life became believers.

13:48 영생을 주시기로 작정된 자는 다 믿더라. 하나님의 생명책에 기록된 자는 복음을 듣고 반응하였다는 말이다. 거부하고 비방하는 사람이 있어도 믿어야 할 자는 다 믿었다. 그러니 거부하는 사람 때문에 낙심할 필요가 없다.

49 주의 말씀이 그 지방에 두루 퍼지니라

50 이에 유대인들이 경건한 귀부인들과 그 시내 유력자들을 선동하여 바울과 바나바를 박해하게 하여 그 지역에서 쫓아내니

49 The word of the Lord spread everywhere in that region.

50 But the Jews stirred up the leading men of the city and the Gentile women of high social standing who worshipped God. They started a persecution against Paul and Barnabas and threw them out of their region.

13:50 유력자들을 선동하여 바울과 바나바를 박해하게 하여. 비방하는 것을 넘어 '박해'까지 하고 있다. 아주 악한 모습이다. 복음을 전하는 이들을 박해하는 그들의 모습은 참으로 악하다. 그러나 악한 것보다는 불쌍하다는 것을 더 알아야 한다. 복음을 모르니 박해하는 것이다. 복음을 박해하는 것이 얼마나 큰 죄인지 모르고 박해하는 것이다. 그러니 그들은 불쌍한 사람들이다.

51 두 사람이 그들을 향하여 발의 티끌을 떨어 버리고 이고니온으로 가거늘

51 The apostles shook the dust off their feet in protest against them and went on to

Iconium.

13:51 발의 티끌을 떨어 버리고. 이것은 책임과 심판에 대한 표현이다. 복음을 비방하고 박해한 이들은 그것에 대한 책임을 지게 될 것이다. 그러니 복음을 전하는 이들은 복음을 받아들이지 않는 이들 때문에 크게 낙심하지 말아야 한다.

> 52 제자들은 기쁨과 성령이 충만하니라
> 52 The believers in Antioch were full of joy and the Holy Spirit.

13:52 제자들. 바울만을 말하는 것이 아니라 복음을 받아들인 모든 사람을 의미한다. '제자'에 해당하는 헬라어의 가장 기본 의미는 '배우다'이다. 이제 새로 복음을 배웠으니 기쁠 것이다. 그것에 집중해야 한다. **기쁨과 성령 충만.** 그것을 일회성이 아니라 이제 그 기초 위에 더욱더 세워 나가야 한다. 더욱 배워 나가야 한다. 오늘 배우지 않고 있으면 제자에서 멀어진 것이다.

14장

> 1 이에 이고니온에서 두 사도가 함께 유대인의 회당에 들어가 말하니 유대와 헬라의 허다한 무리가 믿더라
>
> 1 The same thing happened in Iconium: Paul and Barnabas went to the synagogue and spoke in such a way that a great number of Jews and Gentiles became believers.

14:1 이고니온에서 두 사도가 함께 유대인의 회당에 들어가. 회당이 있다는 것은 이고니온에도 상당한 수의 유대인들이 있다는 것을 의미한다. 바울은 그것을 알았기 때문에 먼 거리를 걸어 이곳까지 온 것이다. 비시디아 안디옥에서 복음을 전하였을 때 사람들의 반응은 환호와 배척 두 가지였다. 이에 바울은 둘 중에 하나를 선택해야 했다. 배척을 선택한다면 돌아갈 것이요 환호를 선택한다면 계속 선교를 할 것이다. 바울과 바나바는 환호를 선택했다. 복음을 필요로 하는 사람들이 있고 복음을 환호하는 사람들이 있으니 그들을 두고 돌아갈 수 없었던 것이다.

> 2 그러나 순종하지 아니하는 유대인들이 이방인들의 마음을 선동하여 형제들에게 악감을 품게 하거늘
>
> 3 두 사도가 오래 있어 주를 힘입어 담대히 말하니 주께서 그들의 손으로 표적과 기사를 행하게 하여 주사 자기 은혜의 말씀을 증언하시니
>
> 2 But the Jews who would not believe stirred up the Gentiles and turned them against the believers.
>
> 3 The apostles stayed there for a long time, speaking boldly about the Lord, who proved that their message about his grace was true by giving them the power to perform miracles and wonders.

14:3 두 사도가 오래 있어. 최소한 몇주간을 의미하는 것 같다. 이 가르침은 이곳에 갈라디아 교회들이 생기는 큰 역할을 하였을 것이다. 바울은 몇 년 지나지 않아 그의 첫 서신으로 '갈라디아서'를 기록하여 이 지역에 편지를 보낸다. 이곳의 교회는 기록

상으로는 그의 첫 개척교회와 같다.

> 4 그 시내의 무리가 나뉘어 유대인을 따르는 자도 있고 두 사도를 따르는 자도 있는지라
>
> 5 이방인과 유대인과 그 관리들이 두 사도를 모욕하며 돌로 치려고 달려드니
>
> 4 The people of the city were divided: some were for the Jews, others for the apostles.
>
> 5 Then some Gentiles and Jews, together with their leaders, decided to ill-treat the apostles and stone them.

14:5 돌로 치려고 달려드니. 배척하는 사람들은 다른 이들을 충동하여 바울을 돌로 쳐 죽이려 하였다. 바울의 선교사역은 이렇게 험한 길이었다. 믿음의 길을 가면 '꽃길'이 되는 것처럼 생각하는 사람들이 있다. 그러나 아니다. 믿음의 길은 진리의 길인 것이지 꽃 길이 아니다. 물론 이후에 주님 재림하시면 꽃 길로 드러날 것이다. 그러나 그전까지는 아니다. 그러기에 믿음의 길을 가면 복을 받아서 '다 잘된다'는 말에 속지 말아야 한다. 바울 자신이 지금 아주 어려운 길을 가고 있다. 어려운 정도가 아니라 고난의 길이다.

> 6 그들이 알고 도망하여 루가오니아의 두 성 루스드라와 더베와 그 근방으로 가서
>
> 6 When the apostles learnt about it, they fled to the cities of Lystra and Derbe in Lycaonia and to the surrounding territory.

14:6 루스드라와 더베와 그 근방으로 가서. 핍박을 피해 피신한 곳은 안전한 곳이 아니다. 더 안쪽으로 들어갔다. 결국 피신한 것이 아니라 복음을 전하기 위해 다른 도시로 간 것이었다. 루스드라에서는 특이하게 '회당'이야기가 나오지 않는다. 일단 유대인을 피하기 위해 회당에 가지 않은 것일 수도 있으나 아마 이 지역에는 유대인이 적어 회당이 없었던 것 같다. 그렇다면 회당이 없는 곳에 복음을 전하러 간 첫 선교가 된다. 이전에는 늘 어느 곳으로 갈 때 그곳에 회당이 있음을 알고 회당을 찾아갔다. 이후에도 선교할 때 회당이 있으면 늘 회당으로 갔다. 그래서 선교를 할 때도 늘 회당

이 있는 곳이 목적지가 되었다. 그런데 루스드라에는 회당이 없는데 간 것으로 보인다. 이고니온에서 40km정도 떨어진 곳이다. 어쩌면 그는 이고니온에서 가르칠 때 루스드라에 대해 들었을 수도 있다. 그래서 루스드라에 회당이 없었지만 복음을 전하기 위해 간 것이다.

> 7 거기서 복음을 전하니라
>
> 8 루스드라에 발을 쓰지 못하는 한 사람이 앉아 있는데 나면서 걷지 못하게 되어 걸어 본 적이 없는 자라
>
> 7 There they preached the Good News.
>
> 8 In Lystra there was a man who had been lame from birth and had never been able to walk.

14:8 나면서 걷지 못하게 되어 걸어 본 적이 없는 자. 그를 치료하여 주었다. 그런데 이 일은 도시에서 엉뚱한 오해를 낳았다.

> 9 바울이 말하는 것을 듣거늘 바울이 주목하여 구원 받을 만한 믿음이 그에게 있는 것을 보고
>
> 10 큰 소리로 이르되 네 발로 바로 일어서라 하니 그 사람이 일어나 걷는지라
>
> 11 무리가 바울이 한 일을 보고 루가오니아 방언으로 소리 질러 이르되 신들이 사람의 형상으로 우리 가운데 내려오셨다 하여
>
> 9 He sat there and listened to Paul's words. Paul saw that he believed and could be healed, so he looked straight at him
>
> 10 and said in a loud voice, "Stand up straight on your feet!" The man jumped up and started walking around.
>
> 11 When the crowds saw what Paul had done, they started shouting in their own Lycaonian language, "The gods have become like men and have come down to us!"

14:11 신들이 사람의 형상으로 우리 가운데 내려오셨다. 루스드라 사람들은 바울과 바나바를 보고 그 지역에서 전해 내려오는 신화를 생각한 것으로 보인다. 제우스와

헤르메스가 사람의 모양을 하고 마을을 방문하였는데 1000 집이나 찾아가도 다 거절하다가 한 노부부 집만 환대하여 그 부부가 복을 받고 나머지는 홍수에 쓸려갔다는 이야기다. 이번에 바나바와 바울이 기적을 행하는 것을 보니 그 신들이 다시 내려온 것이라 생각하여 복을 받기 위해 그 신들을 환영하고 제사를 드리고자 하였다.

> 12 바나바는 제우스라 하고 바울은 그 중에 말하는 자이므로 헤르메스라 하더라
>
> 13 시외 제우스 신당의 제사장이 소와 화환들을 가지고 대문 앞에 와서 무리와 함께 제사하고자 하니
>
> 14 두 사도 바나바와 바울이 듣고 옷을 찢고 무리 가운데 뛰어 들어가서 소리 질러
>
> 15 이르되 여러분이여 어찌하여 이러한 일을 하느냐 우리도 여러분과 같은 성정을 가진 사람이라 여러분에게 복음을 전하는 것은 이런 헛된 일을 버리고 천지와 바다와 그 가운데 만물을 지으시고 살아 계신 하나님께로 돌아오게 함이라
>
> 12 They gave Barnabas the name Zeus, and Paul the name Hermes, because he was the chief speaker.
>
> 13 The priest of the god Zeus, whose temple stood just outside the town, brought bulls and flowers to the gate, for he and the crowds wanted to offer sacrifice to the apostles.
>
> 14 When Barnabas and Paul heard what they were about to do, they tore their clothes and ran into the middle of the crowd, shouting,
>
> 15 "Why are you doing this? We ourselves are only human beings like you! We are here to announce the Good News, to turn you away from these worthless things to the living God, who made heaven, earth, sea, and all that is in them.

14:15 이런 헛된 일을 버리고 천지와 바다와 그 가운데 만물을 지으시고 살아 계신 하나님께로 돌아오게 함이라. 바울은 자신을 높이는 사람들로 인하여 크게 아파하며 오직 하나님만 영광 받으시기를 원했다. 오늘날에도 마찬가지다. 복음의 능력이 있다. 그런데 그것을 자신의 이익을 위해 사용하는 사람들이 있다. 하나님이 영광 받으시는 것이 아니라 자신들의 뱃속을 채우는 거짓 선지자들이 많다. 그들은 참으로 큰 죄를 범하고 있다. 이 구절을 알면서도 자신들이 하나님의 영광을 가로채고 있다고 생각하지 않는다.

16 하나님이 지나간 세대에는 모든 민족으로 자기들의 길들을 가게 방임하셨으나

17 그러나 자기를 증언하지 아니하신 것이 아니니 곧 여러분에게 하늘로부터 비를 내리시며 결실기를 주시는 선한 일을 하사 음식과 기쁨으로 여러분의 마음에 만족하게 하셨느니라 하고

18 이렇게 말하여 겨우 무리를 말려 자기들에게 제사를 못하게 하니라

19 유대인들이 안디옥과 이고니온에서 와서 무리를 충동하니 그들이 돌로 바울을 쳐서 죽은 줄로 알고 시외로 끌어 내치니라

16 In the past he allowed all people to go their own way.

17 But he has always given evidence of his existence by the good things he does: he gives you rain from heaven and crops at the right times; he gives you food and fills your hearts with happiness."

18 Even with these words the apostles could hardly keep the crowd from offering a sacrifice to them.

19 Some Jews came from Antioch in Pisidia and from Iconium; they won the crowd over to their side, stoned Paul and dragged him out of the town, thinking that he was dead.

14:19 유대인들이 안디옥과 이고니온에서 와서 무리를 충동하니. 참 열심이다. 이고니온에서 50km 떨어져 있고, 비시디아 안디옥에서는 200km나 떨어진 곳인데 이곳까지 왔다. 악한 사람들이 때로는 열심이 더 크다. 그들의 충동이 성공하여 결국 무리들이 바울을 돌로 쳤다. 수많은 돌팔매질에 바울이 쓰러졌고 사람들은 그가 죽은 줄 알고 성밖에 버렸다. 이고니온에서는 다행이 미리 그들의 계획을 알아 피할 수 있었다. 그렇다면 이 곳에서도 하나님께서 바울이 피할 수 있도록 길을 열어 주시면 좋을 것 같은데 그렇지 않았다. 참으로 슬픈 일이 일어났다.

20 제자들이 둘러섰을 때에 바울이 일어나 그 성에 들어갔다가 이튿날 바나바와 함께 더베로 가서

20 But when the believers gathered round him, he got up and went back into the town. The next day he and Barnabas went to Derbe.

14:20 제자들이 둘러섰을 때에 바울이 일어나. 피로 범벅이 된 바울의 시체 주변에 제자들이 걱정스러운 모습으로 몰려들었다. 그런데 갑자기 바울이 벌떡 일어났다. 죽은 줄 알았는데 어떻게 일어날 수 있었을까? 잠시 기절했던 것으로 보인다. 몸은 여전히 많이 아팠을 것이다. **이튿날 바나바와 함께 더베로 가서.** 그는 그 몸으로 더베로 갔다. 더베는 루스드라에서 100km 떨어진 곳이다. 그는 처음부터 더베까지 복음을 전할 계획을 가지고 있었을 수 있다. 그래서 남은 복음전파를 위해 더베로 간 것으로 보인다.

> 21 복음을 그 성에서 전하여 많은 사람을 제자로 삼고 루스드라와 이고니온과 안디옥으로 돌아가서
>
> 21 Paul and Barnabas preached the Good News in Derbe and won many disciples. Then they went back to Lystra, to Iconium, and on to Antioch in Pisidia.

14:21 복음을 그 성에서 전하여 많은 사람을 제자로 삼고. 더베에서의 복음전파 성과를 말한다. 그런데 이번에는 복음을 배척하는 이야기가 없다. 악한 이들의 열심이 매우 컸다. 그런데 복음을 전하기 위한 바울의 열심은 더 컸다. 결국 바울의 열심이 배척하는 악한 이들의 열심을 이긴 것으로 보인다. 마지막 도시에서 복음이 많이 전파됨으로 바울은 매우 기쁘게 전도여행을 마칠 수 있었을 것이다. **루스드라와 이고니온과 안디옥으로 돌아가서.** 더베에서의 성공적인 전도를 마치고 바울은 가던 방향대로 200km만 가면 그의 고향 다소다. 그곳에서 육로나 배를 타고 안디옥에 가는 것이 훨씬 더 짧고 좋은 코스다. 그러나 바울은 자신이 복음을 전한 갈라디아 지역의 도시들을 들르며 돌아서 갔다. 그를 핍박하던 곳이다. 위험하다. 그러나 바울은 복음을 위해 그 도시들을 다시 방문하였다.

> 22 제자들의 마음을 굳게 하여 이 믿음에 머물러 있으라 권하고 또 우리가 하나님의 나라에 들어가려면 많은 환난을 겪어야 할 것이라 하고
>
> 22 They strengthened the believers and encouraged them to remain true to the faith. "We must pass through many troubles to enter the Kingdom of God," they taught.

14:22 제자들의 마음을 굳게 하여. 바울이 안디옥에 돌아갈 때 그가 복음을 전한 도시들을 들리기 위해 먼 거리를 돈 이유는 제자들의 믿음을 굳게 하기 위해서였다. 자신이 그곳을 나올 때마다 배척과 환난으로 나왔다. 그래서 사람들은 바울 걱정을 많이 하고 있었을 것이다. 그러나 바울은 오히려 그들을 걱정하였다. 그래서 그들의 마음을 단단히 준비시키도록 하기 위해 자신이 복음을 전하였던 곳을 돌아가며 하나하나 다 들린 것이다. **우리가 하나님의 나라에 들어가려면 많은 환난을 겪어야 할 것이라.** 바울은 자신이 겪은 환난이 이상한 일 당한 것이 아님을 말하였다. 그리고 이제 초신자라 할 수 있는 교회 성도들에게도 환난을 당하게 될 것임을 강하게 말하였다. 성도에게 믿음을 위한 환난 당함은 필수다. 여기에서 말하고 있는 하나님 나라는 '미래의 하나님 나라'를 의미한다. 하나님 나라는 지금 우리 가운데 있는 현재의 하나님 나라와 미래에 완성될 하나님의 나라가 있는데 여기에서는 미래의 하나님 나라를 의미하는 것으로 보인다. 하나님 나라에 들어가고자 하는 사람은 '많은 환난'을 겪어야 한다고 말한다. 흔히 사람들은 하나님 나라를 어려움이 없는 무엇으로 생각하곤 한다. 그러나 그것은 미래의 하나님 나라다. 지금 현재의 하나님 나라에서는 많은 환난을 겪어야 한다.

> 23 각 교회에서 장로들을 택하여 금식 기도 하며 그들이 믿는 주께 그들을 위탁하고
>
> 23 In each church they appointed elders, and with prayers and fasting they commended them to the Lord, in whom they had put their trust.

14:23 각 교회에서 장로들을 택하여. 초대교회 때의 장로는 오늘날 한 지역교회를 담당하는 '목사'에 가깝다. 그 교회를 인도할 지도자를 의미한다. 갈라디아 지역 교회들이 세워진지 1년도 채 안 되었을 것이다. 그런데 교회는 리더가 필요하다. 그래서 바울은 교회가 든든히 세워져 가도록 하기 위해 장로들을 세우고 위탁하였다.

> 24 비시디아 가운데로 지나서 밤빌리아에 이르러
>
> 25 말씀을 버가에서 전하고 앗달리아로 내려가서

> 26 거기서 배 타고 안디옥에 이르니 이 곳은 두 사도가 이룬 그 일을 위하여 전에 하나님의 은혜에 부탁하던 곳이라
>
> 24 After going through the territory of Pisidia, they came to Pamphylia.
>
> 25 There they preached the message in Perga and then went to Attalia,
>
> 26 and from there they sailed back to Antioch, the place where they had been commended to the care of God's grace for the work they had now completed.

14:26 두 사도가 이룬 그 일을 위하여 전에 하나님의 은혜에 부탁하던 곳. 두 사도는 안디옥 교회의 기도 가운데 선교여행을 잘 마칠 수 있었다. 그래서 그곳에 가서 되어진 일을 보고하였다.

바울의 1차 선교 여정이 그렇게 마쳤다. 바울의 1차 선교여정은 47년-49년에 걸쳐 이루어졌다. 결코 순탄하지 않은 여행이었다. 안디옥 교회가 기도로 후원하고 바울 자신도 진심으로 선교를 하였지만 과정은 돌에 맞아 죽을 뻔하기도 하였고 참 많은 환난이 있었다. 그러나 결국 주님 승천하신 이후 14년 만에 소아시아의 갈라디아 지역에 복음이 전해지고 순수한 이방인 교회가 세워졌다.

> 27 그들이 이르러 교회를 모아 하나님이 함께 행하신 모든 일과 이방인들에게 믿음의 문을 여신 것을 보고하고
>
> 28 제자들과 함께 오래 있으니라
>
> 27 When they arrived in Antioch, they gathered the people of the church together and told them about all that God had done with them and how he had opened the way for the Gentiles to believe.
>
> 28 And they stayed a long time there with the believers.

15장

> 1 어떤 사람들이 유대로부터 내려와서 형제들을 가르치되 너희가 모세의 법대로 할례를 받지 아니하면 능히 구원을 받지 못하리라 하니
>
> 1 Some men came from Judea to Antioch and started teaching the believers, "You cannot be saved unless you are circumcised as the Law of Moses requires."

15:1 유대로부터 내려와서…할례를 받지 아니하면 능히 구원을 받지 못하리라. 안디옥 교회가 은혜 중에 복음사역을 잘 감당하고 있었다. 그런데 문제가 생겼다. 이 문제는 이미 끝난 일이다. 이전에 고넬료 가족과 지인들이 할례를 받지 않았으나 구원받은 백성으로 인치는 세례를 받았다. 그때 반발이 있었으나 '하나님이 하시는 일'이라고 받아들였다. 안디옥 교회는 많은 사람이 할례를 받지 않았을 것이다. 새로 세워진 갈라디아 교회들은 할례를 받지 않은 사람이 더 많았을 것이다. 그런데 유대로부터 온 사람들이 할례를 받아야 구원을 받는다고 주장하였다. 구원은 중요한 문제였기 때문에 사람들은 동요하였다.

'할례를 받아야 구원을 받는다'고 주장하는 사람들도 분명 기독교인일 것이다. 그런데 그들은 왜 그렇게 주장하고 있을까? '할례를 통해 구원을 받는다'는 것은 '유대인이 되어야 한다'는 것을 의미한다. 다른 민족이어도 할례를 받고 정결법을 포함한 모든 법을 지키기로 하면 유대인이 되었다. 이방인들 중에는 마음으로는 믿지만 할례를 비롯한 정결법 때문에 완전히 개종하지 못하고 반쪽짜리 신앙인을 '경건한 사람'이라 하였다. 하나님을 경외하지만 의식과 정결법은 지키지 않는 사람들이다. 할례와 정결법을 지키는 것은 이방인들에게 자신이 속한 공동체에서 스스로 외톨이가 되는 것이기 때문에 쉽게 신앙인이 되지 못하였다. 그래서 경건한 사람으로 남는 사람이 많았다. 그래서 유대인이 되어야 한다는 사실이 유일신 하나님을 믿는 믿음의 확장에 아주 큰 걸림돌이었다. 기독교는 달랐다. 그들은 분명히 유대인인데 성경에서 말하는 메시야가 오셨음을 말하면서 할례와 정결법에 자유하였다. 처음에는 그렇지 않았지만 고넬료 가정의 세례(40년) 이후 그렇게 되었다. 여전히 지키는 사람도 있었고 그렇지 않은 사람도 있었다. 주로 유대인들은 계속 지켰을 것이고 이방인들은 지키지 않았

을 것이다. 그런데 계속 지키더라도 그것은 문화적인 것이지 더이상 신학적인 것이 아니었다. 그런데 그것을 신학적으로 '구원'과 연관시켜서 주장하는 사람이 나타난 것이다. 이러한 주장을 하는 사람은 계속 이어졌다. 이 사건 후 몇 달도 안 되어 바울은 갈라디아 지역에 이 주제로 편지를 보내야 했다.

여전히 '할례가 구원에 필수'라고 주장하는 그 이면에는 다양한 이유가 있다. 주로 현실적인 문제와 밀접한 연관이 있다. 할례를 받아야 한다는 것은 아브라함 때부터 이어온 믿음이었다. 아브라함 이후 그때까지 할례받지 않고 구원받는 경우는 없었다. 그러니 어찌 할례를 쉽게 생각할 수 있을까? 이기주의의 마음도 한 몫 하였을 것이다. 유대에서 온 사람들은 이미 할례를 받은 사람이다. 힘들여서 정결법을 지키고 있는 사람들이다. 그런데 안디옥에 와 보니 사람들이 할례도 받지 않았고 정결법도 지키지 않고 난장판 같았다. 자기들은 이미 하고 있는 일이니 다른 사람들에게 지키라고 하는 것은 쉽다. 자기들이 바꿀 필요는 없기 때문이다. 시기의 마음도 있었을 것이다. 이방인 교회인 안디옥 교회가 폭발적으로 성장하고 있었다. 할례도 받지 않고 정결법도 지키지 않아도 된다고 생각하니 쉽게 오는 것이라 생각하였다. 걱정하는 마음도 있었을 것이다. 지금은 49년이다. 44년에 사도 야고보가 순교하였었다. 62년에 예수님의 동생 야고보가 순교한다. 교회는 그렇게 위험 속에 있었다. 그런데 교회가 할례를 받지 않는다고 하면 유대인들에게 미움을 받을 것이다. 위험해질 것이다.

> 2 바울 및 바나바와 그들 사이에 적지 아니한 다툼과 변론이 일어난지라 형제들이 이 문제에 대하여 바울과 바나바와 및 그 중의 몇 사람을 예루살렘에 있는 사도와 장로들에게 보내기로 작정하니라
>
> 2 Paul and Barnabas got into a fierce argument with them about this, so it was decided that Paul and Barnabas and some of the others in Antioch should go to Jerusalem and see the apostles and elders about this matter.

15:2 이 문제에 대하여...예루살렘에 있는 사도와 장로들에게 보내기로 작정하니라. 할례 문제는 실제로는 끝난 주제다. 그러나 그럼에도 불구하고 큰 반향을 일으켰다. 결국 이 문제에 종지부를 찍기 위해 예루살렘에 바울을 파송하였다.

3 그들이 교회의 전송을 받고 베니게와 사마리아로 다니며 이방인들이 주께 돌아온 일을 말하여 형제들을 다 크게 기쁘게 하더라

4 예루살렘에 이르러 교회와 사도와 장로들에게 영접을 받고 하나님이 자기들과 함께 계셔 행하신 모든 일을 말하매

3 They were sent on their way by the church; and as they went through Phoenicia and Samaria, they reported how the Gentiles had turned to God; this news brought great joy to all the believers.

4 When they arrived in Jerusalem, they were welcomed by the church, the apostles, and the elders, to whom they told all that God had done through them.

15:4 하나님이 자기들과 함께 계셔 행하신 모든 일을 말하매. 세상을 구원하시는 하나님의 은혜는 참으로 크다. 우리는 하나님의 은혜와 행하심에 초점을 맞추어야 한다.

5 바리새파 중에 어떤 믿는 사람들이 일어나 말하되 이방인에게 할례를 행하고 모세의 율법을 지키라 명하는 것이 마땅하다 하니라

5 But some of the believers who belonged to the party of the Pharisees stood up and said, "The Gentiles must be circumcised and told to obey the Law of Moses."

15:5 바리새파 중에...할례를 행하고 모세의 율법을 지키라 명하는 것이 마땅하다. 바리새인들은 성경을 잘 아는 사람들이다. 그러나 그들이 지금 믿고 있는 예수님께서 말씀을 완성하신 분이라는 것을 잘 모르고 있었다. 그래서 이 일에 많은 변론을 하였다. 변론의 핵심은 '율법이냐 은혜냐'가 아니다. '하나님의 뜻이 무엇인가'에 있다.

6 사도와 장로들이 이 일을 의논하러 모여

7 많은 변론이 있은 후에 베드로가 일어나 말하되 형제들아 너희도 알거니와 하나님이 이방인들로 내 입에서 복음의 말씀을 들어 믿게 하시려고 오래 전부터 너희 가운데서 나를 택하시고

8 또 마음을 아시는 하나님이 우리에게와 같이 그들에게도 성령을 주어 증언하시고

> 9 믿음으로 그들의 마음을 깨끗이 하사 그들이나 우리나 차별하지 아니하셨느니라
>
> 6 The apostles and the elders met together to consider this question.
>
> 7 After a long debate Peter stood up and said, "My brothers and sisters, you know that a long time ago God chose me from among you to preach the Good News to the Gentiles, so that they could hear and believe.
>
> 8 And God, who knows the thoughts of everyone, showed his approval of the Gentiles by giving the Holy Spirit to them, just as he had to us.
>
> 9 He made no difference between us and them; he forgave their sins because they believed.

15:9 믿음으로 그들의 마음을 깨끗이 하사. 유대인들은 정결법에 따라 많은 것을 가렸다. 그러나 이제 오직 '믿음으로' 깨끗해진다. 음식을 가림으로 깨끗해지는 것이 아니다. 왜 그럴까? 시대가 바뀌었기 때문이다. 이전에는 정결법으로 깨끗해졌다. 그러나 메시야가 오신 이후로는 아니다. 이제 교회는 메시야 시대를 살고 있다. 그림자 시대가 아니라 원형되신 예수님이 오셨다. 그러니 그림자를 따라 깨끗이 되는 것이 아니라 예수님의 은혜에 따라 깨끗이 되는 것이다. **그들이나 우리나 차별하지 아니하셨느니라.** 할례를 받은 유대인이나 할례를 받지 않은 고넬료 가정이나 동일하게 성령이 임하였다. 할례로 더 이상 사람을 나누어서는 안 된다. 성령으로 하나 되어야 한다.

> 10 그런데 지금 너희가 어찌하여 하나님을 시험하여 우리 조상과 우리도 능히 메지 못하던 멍에를 제자들의 목에 두려느냐
>
> 10 So then, why do you now want to put God to the test by laying a load on the backs of the believers which neither our ancestors nor we ourselves were able to carry?

15:10 하나님을 시험하여. '드러난 하나님의 뜻을 어겨서 하나님이 심판하시나 안 하시나 테스트한다'는 의미다. 곧 할례를 주장하는 이들은 하나님의 드러난 뜻을 심각하게 어기고 있다는 뜻이다. 계속 그렇게 어기면 하나님의 심판이 있을 것이라는 엄한 말이다. **우리 조상과 우리도 능히 메지 못하던 멍에를 제자들의 목에 두려느냐.** 율법을 '멍에'로 긍정적으로 사용할 때가 있다. 율법의 멍에를 지면 세상의 멍에를 메지 않아도 된다. 그리스도와 함께 하는 멍에를 짐으로 세상 멸망의 멍에를 메지 않게 될 것이다. 그런데 여기에서는 부정적으로 사용되었다. 그렇다면 어떤 멍에일까? 이 멍에

가 율법이나 행위를 의미하는 것으로 생각하면 안 된다. 이 멍에는 의식법과 정결법에 초점이 맞춰 있다. 그리고 그것과 관련된 수많은 전통과 규율이다. 원형되신 그리스도가 오셨는데 아직도 그림자만 집착하고 그림자에 무엇인가를 덧붙여 더이상 짊어질 수 없는 멍에를 만들어 놓았다. 그것에 대한 이야기다.

> 11 그러나 우리는 그들이 우리와 동일하게 주 예수의 은혜로 구원 받는 줄을 믿노라 하니라
>
> 11 No! We believe and are saved by the grace of the Lord Jesus, just as they are."

15:11 그들이 우리와 동일하게 주 예수의 은혜로 구원 받는 줄을 믿노라. '은혜'의 주어는 그리스도다. 그리스도께서 어떤 은혜를 베푸셨나? 모든 것의 원형으로 오셨다. 십자가에서 대속하셨다. 그 은혜를 믿는 믿음으로 구원을 받는다. 할례가 아니라 그리스도로 구원받는다. 그리스도를 믿음으로 받는다. 그러기에 할례가 아니라 그리스도에 집중해야 하고 그리스도의 뜻에 집중해야 한다. 메시야가 오시기 전까지는 할례를 받아야 했다. 그것이 그리스도의 뜻이다. 그러나 그리스도가 오심으로 이제 할례가 아니라 그리스도를 믿음으로 구원을 얻는다. 그것이 그리스도의 뜻이다. '은혜로 구원을 얻는 것'은 행함이 없는 것을 의미하는 것이 아니라 그림자가 아니라는 것을 의미한다. 그림자가 아니라 원형으로 구원을 얻는 것이다. 정결법이 아니라 그리스도의 뜻을 따라 행하는 믿음으로 정결해지는 것이다.

> 12 온 무리가 가만히 있어 바나바와 바울이 하나님께서 자기들로 말미암아 이방인 중에서 행하신 표적과 기사에 관하여 말하는 것을 듣더니
>
> 13 말을 마치매 야고보가 대답하여 이르되 형제들아 내 말을 들으라
>
> 12 The whole group was silent as they heard Barnabas and Paul report all the miracles and wonders that God had performed through them among the Gentiles.
>
> 13 When they had finished speaking, James spoke up: "Listen to me, my brothers and sisters!

15:13 야고보가 대답하여 이르되. 예수님의 형제 야고보가 베드로를 지지하기 위해 말하였다.

> 14 하나님이 처음으로 이방인 중에서 자기 이름을 위할 백성을 취하시려고 그들을 돌보신 것을 시므온이 말하였으니
>
> 15 선지자들의 말씀이 이와 일치하도다 기록된 바
>
> 16 이 후에 내가 돌아와서 다윗의 무너진 장막을 다시 지으며 또 그 허물어진 것을 다시 지어 일으키리니
>
> 14 Simon has just explained how God first showed his care for the Gentiles by taking from among them a people to belong to him.
>
> 15 The words of the prophets agree completely with this. As the scripture says:
>
> 16 'After this I will return, says the Lord, and restore the kingdom of David. I will rebuild its ruins and make it strong again.

15:16 다윗의 무너진 장막을 다시 지으며. 다윗의 후손이신 예수님께서 부활하심으로 모든 것을 다시 세우시고 계신다. 예수님과 다윗의 관계를 생각해 보라. 예수님이 다윗에 매인 것이 아니라 다윗이 예수님께 매인 것이다. 이것은 그림자와 실체를 잘 나타낸다.

> 17 이는 그 남은 사람들과 내 이름으로 일컬음을 받는 모든 이방인들로 주를 찾게 하려 함이라 하셨으니
>
> 17 And so all the rest of the human race will come to me, all the Gentiles whom I have called to be my own.

15:17 모든 이방인들로 주를 찾게 하려 함이라. 모든 사람이 구원을 받아야 한다. 그리스도 안에서 모든 이방인들이 더욱 쉽게 돌아올 수 있게 되었다. 더이상 의식법과 정결법에 매이지 않아도 되기 때문이다.

> 18 즉 예로부터 이것을 알게 하시는 주의 말씀이라 함과 같으니라
>
> 19 그러므로 내 의견에는 이방인 중에서 하나님께로 돌아오는 자들을 괴롭게 하지 말고
>
> 18 So says the Lord, who made this known long ago.'
>
> 19 "It is my opinion," James went on, "that we should not trouble the Gentiles who are turning to God.

15:19 이방인...괴롭게 하지 말고. 이것은 더이상 할례나 정결법 등을 부과하지 말아야 한다는 것이다. 할례나 정결법이 구원과 상관없으며 그들이 더이상 지켜야 하는 것이 아니라는 것을 의미한다. 구약 성경 안에는 할례로 대표되는 의식법과 음식을 먹는 것으로 대표되는 정결법이 중요한 자리를 차지한다. 그런데 그러한 것을 더이상 지켜야 하는 것이 아님을 말하는 것이다. 그러한 것은 그림자요 실체인 예수님이 오셨기 때문이다. 이제 그림자를 통해 예수님께 가는 것이 아니라 바로 예수님께 가는 것이다. 그래서 오늘날 우리가 구약 성경을 읽을 때 의식법과 정결법은 그 의미를 살펴야 한다. 의미를 살핌으로 우리는 그리스도를 더 알 수 있기 때문이다. 그러나 더이상 우리의 행동규범으로 따르지는 않는다. 그리스도께서 완성하셨기 때문이다. 그러한 것은 완결된 법이다.

> 20 다만 우상의 더러운 것과 음행과 목매어 죽인 것과 피를 멀리하라고 편지하는 것이 옳으니
>
> 20 Instead, we should write a letter telling them not to eat any food that is ritually unclean because it has been offered to idols; to keep themselves from sexual immorality; and not to eat any animal that has been strangled, or any blood.

15:20 이방인들은 더 이상 할례와 식사를 비롯한 정결법에 매일 필요가 전혀 없음을 말하였다. 그런데 야고보는 몇 가지 조건을 붙였다. 4가지 금지사항이다. 이 4가지 금지사항은 무엇을 의미하는 것일까? 이것은 아주 다양한 해석이 있다. 첫째는 당시 이방인이 신앙생활을 할 때 여전히 주위에는 유대인들이 있으니 그들과의 관계를 위해 지켜야 하는 것이라는 주장이다. 모든 정결법이 신학적으로는 지킬 필요가 없지만 유대인과의 관계를 위해 최소한의 것을 지켜야 한다는 말이다. 이것을 지키지 않으면 유

대인 출신 기독교인들과 함께 식사할 수 없다. 그것은 애찬을 함께 할 수 없다는 것을 의미한다.

둘째는 이것이 모두 신전제사와 관련된 것이라는 주장이다. 특별히 '음행' 부분 때문에 더욱더 그렇다. 할례와 정결법이 메시야의 오심 이전에는 모든 이들에게 신학적이고 신앙적인 것이었다. 그러나 메시야가 오신 이후에는 유대인만의 관습이 되었다. 그래서 이방인은 지킬 필요가 없다. 그런데 그것처럼 이방인들에게는 지키지 말아야 할 관습이 있는데 그것은 그들이 이방신전에 제사하는 부분이다. 로마 시대에는 황제 숭배와 함께 많은 공식적인 신들이 있었다. 수많은 축제가 신전의 제사와 연결되어 있다. 그것은 사람들과 매우 밀접하게 연결되어 있는 관습이었다. 시장에서 파는 고기는 거의 신전축제와 연결되어 있었다. 신전제사와 축제는 신앙인에게는 유익하지 못하다. 이것은 관습이 아니라 신학적인 문제로까지 연결된다. 그래서 '피를 멀리하는 것'은 음식 정결법이 아니라 이방신전에서 제사를 드리지 않는 신앙적인 면으로 설명하는 것이다.

4가지 금지 사항에는 위 두 가지 이유를 어느정도 다 포함하고 있다고 할 수 있다. 그래서 이방인 기독교인들은 유대인 기독교인들의 관습이 아니라 자신들의 잘못된 관습의 문제로 그것을 바라볼 수 있어야 한다. 그리고 또한 여전히 교회에서 중요한 부분을 차지하고 있는 유대인과의 관계를 생각하는 것도 필요하다.

> 21 이는 예로부터 각 성에서 모세를 전하는 자가 있어 안식일마다 회당에서 그 글을 읽음이라 하더라
>
> 21 For the Law of Moses has been read for a very long time in the synagogues every Sabbath, and his words are preached in every town."

15:21 각 성에서 모세를 전하는 자가...읽음이라. 이 당시에는 아직 유대교와 기독교가 완전히 분리된 시기가 아니다. 바울도 전도하러 가면 늘 회당에 먼저 갔다. 회당에 참석하는 유대인들은 아직도 그러한 정결법을 가장 중요하게 생각한다. 그러니 그들과의 관계를 위해서라도 4가지 금기사항은 필요하다는 것을 말한다.

> 22 이에 사도와 장로와 온 교회가 그 중에서 사람들을 택하여 바울과 바나바와 함께 안디옥으로 보내기를 결정하니 곧 형제 중에 인도자인 바사바라 하는 유다와 실라더라
>
> 22 Then the apostles and the elders, together with the whole church, decided to choose some men from the group and send them to Antioch with Paul and Barnabas. They chose two men who were highly respected by the believers, Judas, called Barsabbas, and Silas,

15:22 사도와 장로와 온 교회가...보내기를 결정하니. 온 교회가 야고보가 말한 것을 그대로 교회가 따를 수 있도록 결정하고 사람을 안디옥에 보내기로 하였다. 사람과 편지를 함께 보내 교회가 결정한 것을 알렸다. 이후로도 지역 교회에서 할례를 받아야 한다고 주장하는 사람들이 있다. 그러나 그것은 개인적인 주장에 불과하다. 이번 결정은 의식법과 정결법에 대해 확고한 지침이 되었다.

> 23 그 편에 편지를 부쳐 이르되 사도와 장로 된 형제들은 안디옥과 수리아와 길리기아에 있는 이방인 형제들에게 문안하노라
>
> 24 들은즉 우리 가운데서 어떤 사람들이 우리의 지시도 없이 나가서 말로 너희를 괴롭게 하고 마음을 혼란하게 한다 하기로
>
> 23 and they sent the following letter by them: "We, the apostles and the elders, your brothers, send greetings to all our brothers of Gentile birth who live in Antioch, Syria, and Cilicia.
>
> 24 We have heard that some who went from our group have troubled and upset you by what they said; they had not, however, received any instruction from us.

15:24 어떤 사람들이...너희를 괴롭게 하고 마음을 혼란하게 한다 하기로. 안디옥에 가 할례를 받아야 한다고 주장한 예루살렘 사람에 대한 이야기다. 그들은 신학적인 면과 관계적인 면 모두 실패하였다. 그들은 나름대로 옳다고 생각하는 것을 열심을 가지고 전하였다. 그러나 잘못하였다. 오늘날 교회에서도 그렇다. 사람들이 열심을 가지고 자신이 옳다고 생각하는 것을 말한다. 다른 사람을 책망하며 말한다. 그런데 자세히 들어보면 옳은 말도 아니고 관계를 깨는 경우가 많다. 우리는 신학적으로 옳으며 사랑의 관계로 만드는 말을 해야 한다. 두 가지 중에 하나를 깨트리는 것이라면 삼가야 한다.

25-26 사람을 택하여 우리 주 예수 그리스도의 이름을 위하여 생명을 아끼지 아니하는 자인 우리가 사랑하는 바나바와 바울과 함께 너희에게 보내기를 만장일치로 결정하였노라

25 And so we have met together and have all agreed to choose some messengers and send them to you. They will go with our dear friends Barnabas and Paul,

26 who have risked their lives in the service of our Lord Jesus Christ.

15:25-26 그리스도의 이름을 위하여 생명을 아끼지 아니하는 자인 우리가 사랑하는 바나바와 바울. 예루살렘 교회는 바울과 바나바가 얼마나 그리스도를 위하여 일하는 일꾼인지를 알았다. 그래서 그들을 사랑하였다. 신앙인은 그리스도를 위하여 생명을 아끼지 않는 사람들이다. 그것을 위하여 많은 수고를 하는 사람들이다. 성도는 서로 위로가 되고 격려가 되어야 한다. 그런데 자기가 아는 짧은 지식과 관습으로 바울과 안디옥 교회를 공격하는 사람들이 있었으니 얼마나 잘못된 것인가를 알 수 있다. 신앙인은 서로 격려해야 한다. 생명을 다해 가는 그 길을 옆에서 격려해야 한다.

27 그리하여 유다와 실라를 보내니 그들도 이 일을 말로 전하리라

28 성령과 우리는 이 요긴한 것들 외에는 아무 짐도 너희에게 지우지 아니하는 것이 옳은 줄 알았노니

29 우상의 제물과 피와 목매어 죽인 것과 음행을 멀리할지니라 이에 스스로 삼가면 잘되리라 평안함을 원하노라 하였더라

30 그들이 작별하고 안디옥에 내려가 무리를 모은 후에 편지를 전하니

27 We send you, then, Judas and Silas, who will tell you in person the same things we are writing.

28 The Holy Spirit and we have agreed not to put any other burden on you besides these necessary rules:

29 eat no food that has been offered to idols; eat no blood; eat no animal that has been strangled; and keep yourselves from sexual immorality. You will do well if you take care not to do these things. With our best wishes."

30 The messengers were sent off and went to Antioch, where they gathered the whole group of believers and gave them the letter.

15:30 무리를 모은 후에 편지를 전하니. 예루살렘에서 온 사람들이 안디옥 교회 성도들이 모인 곳에서 예루살렘 교회에서 전하는 편지를 읽었다.

> 31 읽고 그 위로한 말을 기뻐하더라
>
> 31 When the people read it, they were filled with joy by the message of encouragement.

15:31 위로한 말을 기뻐하더라. 예루살렘 교회는 안디옥 교회를 향한 따스한 말을 잊지 않았다. 안디옥 교회는 예루살렘 교회의 위로하는 내용의 편지를 읽고 기뻐하였다. 그렇게 예루살렘 교회와 안디옥 교회는 서로 함께 하였고 그래서 위로가 되었고 기쁨이 되었다.

> 32 유다와 실라도 선지자라 여러 말로 형제를 권면하여 굳게 하고
>
> 32 Judas and Silas, who were themselves prophets, spoke a long time with them, giving them courage and strength.

15:32 유다와 실라도...형제들을 권면하여. 예루살렘 교회에서 파송된 유다와 실라는 안디옥 교회의 성도를 위해 열심히 권면하고 힘을 주는 말을 하였다.

> 33 얼마 있다가 평안히 가라는 전송을 형제들에게 받고 자기를 보내던 사람들에게로 돌아가되
>
> 33 After spending some time there, they were sent off in peace by the believers and went back to those who had sent them.

15:33 전송을 형제들에게 받고...돌아가되. 유다와 실라는 안디옥 교회를 위해서 열심히 일하고 자신들의 교회로 돌아갔다. 따스한 환송을 받았다. 아름다운 이별을 하였다.

34 (없음)

35 바울과 바나바는 안디옥에서 유하며 수다한 다른 사람들과 함께 주의 말씀을 가르치며 전파하니라

35 Paul and Barnabas spent some time in Antioch, and together with many others they taught and preached the word of the Lord.

2차 전도여행(15:36-18:22)

> 36 며칠 후에 바울이 바나바더러 말하되 우리가 주의 말씀을 전한 각 성으로 다시 가서 형제들이 어떠한가 방문하자 하고
>
> 36 Some time later Paul said to Barnabas, "Let us go back and visit our brothers and sisters in every town where we preached the word of the Lord, and let us find out how they are getting on."

15:36 우리가 주의 말씀을 전한 각 성으로 다시 가서 형제들이 어떠한가 방문하자. 갈라디아 지역의 교회들이 어려운 중에 세워졌으니 교회가 든든히 세워져 가는지 직접 가서 보기를 원하였다. 교회는 모두가 한 몸이기에 갈라디아 지역 교회에 마음을 주는 것은 당연하다.

> 37 바나바는 마가라 하는 요한도 데리고 가고자 하나
>
> 37 Barnabas wanted to take John Mark with them,

15:37 바나바는...요한도 데리고 가고자 하나. 바나바는 당연히 1차 전도여행 때처럼 바나바와 요한(마가)과 바울이 함께 갈 것을 생각하였다. 그러나 바울은 다른 생각을 가지고 있었다.

> 38 바울은 밤빌리아에서 자기들을 떠나 함께 일하러 가지 아니한 자를 데리고 가는 것이 옳지 않다 하여
>
> 38 but Paul did not think it was right to take him, because he had not stayed with them to the end of their mission, but had turned back and left them in Pamphylia.

15:38 떠나 함께 일하러 가지 아니한 자를 데리고 가는 것이 옳지 않다. 바울은 마가가 이전에 함께 가다 중간에 돌아갔기 때문에 '이번에는 함께 갈 수 없다'고 주장하였

다. '옳지 않다'는 것은 헬라어 본문에는 없는 단어로서 의역한 것이다. 바울이 마가와 함께 갈 수 없다는 분명한 의견을 개진한 것에 대한 표현이다. 의견이 서로 다르기에 몇 차례 더 의견을 주고받았을 것이다. 그런데 서로의 의견이 좁혀지지 않았다.

> 39 서로 심히 다투어 피차 갈라서니 바나바는 마가를 데리고 배 타고 구브로로 가고
>
> 39 There was a sharp argument, and they separated: Barnabas took Mark and sailed off for Cyprus,

15:39 서로 심히 다투어 피차 갈라서니. '심히 다투어'라는 것은 과한 번역이다. '완전히 의견이 달라' 정도로 번역하는 것이 나을 것 같다. 의견이 달라 결국 바나바와 바울이 함께 갈 수 없게 되었다. 사람이 의견이 다를 수 있다는 것은 당연하다. 그리고 '의견'이라는 것은 하나님 앞에서 옳은 것이라 생각하는 것이기 때문에 때로는 타협할 수 없는 것이기도 하다. 그러면 서로 하나님의 뜻이라 판단하는 대로 행동하는 것이 맞다. **바나바는 마가를 데리고 배 타고 구브로로 가고.** 바나바는 1차 선교여행 때 첫 선교지이고 자신의 고향이기도 한 구브로로 떠났다.

> 40 바울은 실라를 택한 후에 형제들에게 주의 은혜에 부탁함을 받고 떠나
>
> 40 while Paul chose Silas and left, commended by the believers to the care of the Lord's grace.

15:40 바울은 실라를 택한 후에. 실라가 예루살렘으로 돌아가고 얼마 지나지 않아 바울은 함께 2차 선교여행을 갈 동역자가 필요하였고 그래서 예루살렘의 실라를 다시 부르게 된다. 그 이후 바울의 훌륭한 동역자가 된다. 실라가 바울의 동역자가 될 수 있었던 것은 실라가 함께 할 때 열심히 가르쳤고 헤어질 때 아름다운 이별을 하였기 때문에 가능하였을 것이다. 바울과 실라가 서로에게 좋은 감정을 가지고 있었기 때문에 어려운 길을 요청하기도 하고 수락하기도 하였을 것이다.

> 41 수리아와 길리기아로 다니며 교회들을 견고하게 하니라
> 41 He went through Syria and Cilicia, strengthening the churches.

15:41 수리아와 길리기아로 다니며. 바울은 1차 선교여행지의 시작인 구브로에 바나바가 갔기 때문에 자신은 1차 선교여행의 역순으로 방문하였다. 그래서 배를 타고 가지 않고 육지로 수리아 지역과 길리기아 지역을 지나 갈라디아 지역으로 갔다.

바나바와 바울이 서로 헤어지게 된 것은 관계의 아픔이다. 함께하면서 겪는 아픔이다. 그러나 그러할 때도 잘 다루어야 한다. 서로 의견이 다르면 서로의 의견대로 행하면 된다. 대신 다른 사람을 비난하지 않는 것이 필요하다. 서로의 의견에 따라 가는 아름다운 이별을 해야 한다. 바나바와 바울은 다행히 아름다운 이별이 되었던 것 같다. 그래서 바울은 나중에 마가와 다시 함께 동역하게 된다.

16장

> 1 바울이 더베와 루스드라에도 이르매 거기 디모데라 하는 제자가 있으니 그 어머니는 믿는 유대 여자요 아버지는 헬라인이라
>
> 1 Paul travelled on to Derbe and Lystra, where a Christian named Timothy lived. His mother, who was also a Christian, was Jewish, but his father was a Greek.

16:1 디모데라 하는 제자가 있으니. 바울은 루스드라에서 디모데를 만났다. 디모데를 본 바울은 그의 훌륭한 자질을 보고 그를 전도팀에 합류시켰다.

> 2 디모데는 루스드라와 이고니온에 있는 형제들에게 칭찬 받는 자니
>
> 3 바울이 그를 데리고 떠나고자 할새 그 지역에 있는 유대인으로 말미암아 그를 데려다가 할례를 행하니 이는 그 사람들이 그의 아버지는 헬라인인 줄 다 앎이러라
>
> 2 All the believers in Lystra and Iconium spoke well of Timothy.
>
> 3 Paul wanted to take Timothy along with him, so he circumcised him. He did so because all the Jews who lived in those places knew that Timothy's father was Greek.

16:3 그 지역에 있는 유대인으로 말미암아 그를 데려다가 할례를 행하니. 디모데가 할례를 받지 않았기 때문에 할례를 받도록 하였다고 말한다. 아주 간단히 기록되어 있지만 이 과정이 결코 쉽지 않았을 것이다. **그의 아버지는 헬라인인 줄 다 앎이러라.** 헬라어가 과거형으로 되어 있다. 그래서 지금은 그의 아버지가 죽고 없는 것 같다. 그의 어머니는 집안이 유대인이고 헬라인을 만나 결혼을 하였다. 그러면 아들에게 할례를 시켰어야 하는데 시키지 않았다. 할례가 출세하는데 지장이 있기 때문에 아버지가 반대하였을 수 있다. 게다가 루스드라에는 회당이 없었기 때문에 더욱더 할례를 시키지 않은 것으로 보인다. 이것은 집안 문제다. 그러나 디모데 집안이 그 지역에서 유력한 집안이었던 것으로 보인다. 그래서 온 동네 사람들이 다 알고 있었다. 디모데를 전도팀에 합류시키면서 바울은 중대한 결정을 하였다. 이제라도 디모데에게 할례를 주

는 것이다. 바울은 왜 디모데에게 할례를 주었을까? 게다가 갈라디아 지역에서 바울은 할례 문제로 큰 어려움을 겪었다. 할례가 구원에 필수적인 것이 아니라는 것을 알리고 이방인들에게 할례를 받을 필요가 없음을 가르치느라 많은 에너지를 쏟았다. 그런데 왜 정작 디모데의 경우에는 반대로 할례를 주었을까?

디모데가 할례를 받는 것은 디모데도 결단을 해야 하는 일이었고 바울도 결단을 해야 하는 문제였다. 지금까지와는 다른 행보처럼 보일 수 있고 오해도 받을 수 있었다. 그러나 바울은 복음을 먼저 생각한 것으로 보인다. 바울이 디모데와 함께 전도를 하러 다니게 될 때를 생각하였다. 바울은 여전히 전도여행을 할 때 제일 먼저 회당에 들어갈 것이다. 그러면 그곳에 있는 유대인들을 만나게 되고 식사도 하게 될 것이다. 그러면 할례를 받지 않은 디모데는 함께 할 수 없다. 유대인들은 여전히 이방인들과 함께 식사를 하지 않을 것이기 때문이다. 디모데가 할례를 받는 것은 구원의 문제와는 전혀 상관 없는 일이다. 그런데 유대인의 문화와는 매우 밀접한 관련이 있다. 사실 디모데는 유대인이다. 그래서 유대인의 문화에 대해 존중을 한다면 할례를 받아야 한다. 지금은 기독교인이 되었기에 할례가 중요하지 않게 되었지만 전도여행을 할 때는 다르다. 그때는 할례를 받지 않음으로 그는 이방인이고 유대인과 식사를 할 수 없다. 그래서 그는 할례를 받았다. 오직 복음을 위해서다.

> 4 여러 성으로 다녀 갈 때에 예루살렘에 있는 사도와 장로들이 작정한 규례를 그들에게 주어 지키게 하니
>
> 5 이에 여러 교회가 믿음이 더 굳건해지고 수가 날마다 늘어가니라
>
> 4 As they went through the towns, they delivered to the believers the rules decided upon by the apostles and elders in Jerusalem, and told them to obey those rules.
>
> 5 So the churches were made stronger in the faith and grew in numbers every day.

16:4-5 예루살렘에 있는 사도와 장로들이 작정한 규례를 그들에게 주어...수가 날마다 늘어가니라. 기독교인이 더 많이 늘어났다고 말한다. 그 이유를 말하고 있다. 예루살렘 교회가 할례를 비롯한 의식법과 정결법을 이방인에게 짐을 지우지 않음으로 이방인들이 더 많이 늘어날 수 있었다. 예루살렘 교회가 그들의 기본 입장을 바꾸는 것이 매우 어려웠다. 그러나 베드로가 먼저 깨졌고 그 이후에 예루살렘 교회가 자신들의 생각을 바꾸는 길을 선택하였다. 결국 그것이 복음의 일에 매우 큰 진

보를 이루게 되었다.

> 6 성령이 아시아에서 말씀을 전하지 못하게 하시거늘 그들이 브루기아와 갈라디아 땅으로 다녀가
>
> 6 They travelled through the region of Phrygia and Galatia because the Holy Spirit did not let them preach the message in the province of Asia.

16:6 성령이 아시아에서 말씀을 전하지 못하게 하시거늘. 성령이 그렇게 하신 방법은 나와 있지 않다. 환경, 선지자를 통한 말씀, 환상 등 방법은 다양하다. 그 방법이 중요하지 않으니 구체적으로 말하지 않고 있을 것이다. 본래 바울은 갈라디아의 왼쪽 지역에 있는 아시아에 복음을 전할 계획을 세웠던 것 같다. 그런데 성령이 그것을 막으시는 것을 느낀 것 같다.

> 7 무시아 앞에 이르러 비두니아로 가고자 애쓰되 예수의 영이 허락하지 아니하시는지라
>
> 7 When they reached the border of Mysia, they tried to go into the province of Bithynia, but the Spirit of Jesus did not allow them.

16:7 비두니아로 가고자 애쓰되 예수의 영이 허락하지 아니하는지라. 북쪽으로 가는 것을 성령(예수의 영)이 막았다. 그래서 드로아로 내려왔다. 해안을 타고 다시 아시아 쪽으로 내려오면서 처음 생각대로 아시아 지역에 복음을 전할 생각이었던 것 같다. 그러나 하나님의 뜻은 그것이 아니었다.

> 8 무시아를 지나 드로아로 내려갔는데
>
> 9 밤에 환상이 바울에게 보이니 마게도냐 사람 하나가 서서 그에게 청하여 이르되 마게도냐로 건너와서 우리를 도우라 하거늘
>
> 8 So they travelled right on through Mysia and went to Troas.

사도행전 16장 | 195

> 9 That night Paul had a vision in which he saw a Macedonian standing and begging him, "Come over to Macedonia and help us!"

16:9 드로아 항구도시에 있을 때 '마게도냐로 건너와서 우리를 도우라'는 환상을 보았다. 그래서 마게도냐에 건너가게 되었다.

바울이 2차 선교여행을 떠날 때 분명히 계획이 있었을 것이다. 1차 전도여행 때 세워진 교회를 돌아보고 이어서 더 멀리 서쪽 지역인 아시아 지역에 복음을 전할 계획이었던 것으로 보인다. 마게도냐에 갈 계획은 전혀 없었다. 그러나 그것은 그때까지의 바울의 지식과 생각의 한계 속에서의 계획이다. 하나님은 바울을 통해 마게도냐 지역에 복음을 전하시길 원하셨다. 그래서 유럽에 복음을 전하시기 위해 먼저 마게도냐로 바울을 가게 하셨다. 바울의 계획이 일부는 성취되었고 일부는 어그러졌다. 뜻대로 된 것은 잘 된 것이고 어그러진 것은 잘못된 것이 아니다. 오히려 어그러진 일을 통해 하나님의 위대한 계획이 성취되었다. 바울이 결코 생각도 하지 못했던 더 크고 놀라운 일이 이루어졌다. 본래의 계획을 바꾼다는 것은 매우 힘든 일이다. 생각할 수 없는 일을 생각한다는 것은 아예 불가능하다. 그러나 우리는 우리가 생각할 수 없었던 일도 해야 하는 위대한 소명이 있다. 우리는 우리의 생각과 한계 속이 아니라 하나님의 위대한 생각과 계획에 따라 하나님의 일을 하는 사람들이다. 그래서 우리는 우리를 바꿀 수 있는 사람이 되어야 한다.

> 10 바울이 그 환상을 보았을 때 우리가 곧 마게도냐로 떠나기를 힘쓰니 이는 하나님이 저 사람들에게 복음을 전하라고 우리를 부르신 줄로 인정함이러라
>
> 11 우리가 드로아에서 배로 떠나 사모드라게로 직행하여 이튿날 네압볼리로 가고
>
> 12 거기서 빌립보에 이르니 이는 마게도냐 지방의 첫 성이요 또 로마의 식민지라 이 성에서 수일을 유하다가
>
> 10 As soon as Paul had this vision, we got ready to leave for Macedonia, because we decided that God had called us to preach the Good News to the people there.
>
> 11 We left by ship from Troas and sailed straight across to Samothrace, and the next day to Neapolis.
>
> 12 From there we went inland to Philippi, a city of the first district of Macedonia; it is also a Roman colony. We spent several days there.

16:12 빌립보. 바울은 배를 타고 유럽에 도착하였다. 마게도냐는 그가 도착한 유럽의 첫 지역이다. 마게도냐의 중요한 도시 빌립보에 이르렀다. 전혀 생각하지도 않았던 지역이다. 설레는 마음으로 그곳에서 복음을 전하는 사역을 시작한다.

> 13 안식일에 우리가 기도할 곳이 있을까 하여 문 밖 강가에 나가 거기 앉아서 모인 여자들에게 말하는데
>
> 13 On the Sabbath we went out of the city to the riverside, where we thought there would be a place where Jews gathered for prayer. We sat down and talked to the women who gathered there.

16:13 안식일에 우리가 기도할 곳이 있을까 하여. 빌립보에는 회당이 없었던 것으로 보인다. 회당이 있으려면 최소한 유대 남자 성인 10명이 있어야 하는데 그렇지 못하였던 것이다. 회당이 없으니 소수의 사람이 모이는 곳이 있는지 찾아보았다. '강가'는 정결례를 하기 좋은 곳으로 어쩌면 소수의 유대인들이 모여 기도하는 곳으로 사용하고 있을 가능성이 제일 높은 곳이다. **거기 앉아서 모인 여자들에게 말하는데.** 바울 일행은 그곳에서 기도하기 위해 모인 여인들을 보았다. 그리고 그들에게 복음을 전하였다.

> 14 두아디라 시에 있는 자색 옷감 장사로서 하나님을 섬기는 루디아라 하는 한 여자가 말을 듣고 있을 때 주께서 그 마음을 열어 바울의 말을 따르게 하신지라
>
> 14 One of those who heard us was Lydia from Thyatira, who was a dealer in purple cloth. She was a woman who worshipped God, and the Lord opened her mind to pay attention to what Paul was saying.

16:14 자색 옷감 장사. 루디아는 두아디라 시의 유명한 '자색 옷감'을 가져다 팔았다. '자색 옷감'은 매우 비싼 옷이다. 오늘날로 하면 명품 옷이라 할 수 있다. 비싼 수입 명품 옷 가게를 하고 있었던 것이다. 어느 정도 부자였던 것으로 보인다. 그래서 이후에 유럽의 첫 교회 빌립보 교회가 그의 집에 세워졌다. **루디아라 하는 한 여자.** 이름이 그의 출신 지역과 같은 여인이다. 루디아 지역의 두아디라 시 출신으로 루디아라는 이름을 가진 여인이다. 그의 남편이 나오지 않는 것을 보면 일찍 남편을 여의고 홀

로 살고 있는 것이 분명해 보인다. 그녀는 일찍이 자신의 고향에서 여호와 하나님을 믿는 신앙을 가진 것으로 보인다. 어쩌면 하나님은 그녀를 일찍이 눈여겨 보고 계셨던 것 같다. **주께서 그 마음을 열어 바울의 말을 따르게 하신지라.** 하나님께서 모든 것을 주관하시지만 특별히 인도하실 때 이 표현을 사용한다. 하나님께서 루디아의 마음을 열어 바울이 전하는 복음을 받아들이게 되었다. 그녀의 믿음을 보시고 메시야로 오신 예수님을 가장 먼저 받아들이도록 하나님께서 바울을 그녀에게 인도하신 것이다. 그녀는 유럽에서 처음으로 복음을 받아들인 여인이 되었다.

> 15 그와 그 집이 다 세례를 받고 우리에게 청하여 이르되 만일 나를 주 믿는 자로 알거든 내 집에 들어와 유하라 하고 강권하여 머물게 하니라
>
> 15 After she and the people of her house had been baptized, she invited us, "Come and stay in my house if you have decided that I am a true believer in the Lord." And she persuaded us to go.

16:15 내 집에 들어와 유하라. 루디아는 온 가족이 세례를 받고 바울을 자신의 집으로 청하여 함께 머물게 하였다. 그녀는 장사꾼이다. 그런데 바울을 만났을 때 장사의 이익이 아니라 영적인 이익을 추구하였다. 결정적 순간을 붙잡았다. 이 과정이 그에게는 물질적 손해가 따랐을 것이다. 그러나 그는 영적 이익을 더 추구하여 바울을 초청하였다. 그리고 이후에 그의 집은 교회가 되었다. 교회는 이후에 돈을 버는 곳이 아니라 돈을 쓰는 곳이 되었을 것이다. 그러나 어떤 것보다 큰 진짜 이익을 주었을 것이다.

> 16 우리가 기도하는 곳에 가다가 점치는 귀신 들린 여종 하나를 만나니 점으로 그 주인들에게 큰 이익을 주는 자라
>
> 16 One day as we were going to the place of prayer, we were met by a young servant woman who had an evil spirit that enabled her to predict the future. She earned a lot of money for her owners by telling fortunes.

16:16 점치는 귀신 들린 여종 하나를 만나니. 여종은 악령이 그 안에 있어 미래에 대해 점을 쳤다. 주인은 그것으로 많은 이익을 얻고 있었다. 미래에 대해 점을 쳐 보았는

가? 미래에 대해 점을 치는 것은 셋 중에 하나이다. 악령에 의한 것이든지, 확률이라 말하지만 실제로는 심리적인 것이든지, 사기꾼인 경우이다. 동양은 사주를 중요하게 여기고 서양은 태어날 때의 별의 위치가 중요하다. 그것이 더 맞다고 한다. 그래서 과학이라고 말하기도 하고 확률이라고 말하기도 한다. 그러나 그것은 그것을 믿기 때문에 조금 더 맞는 측면이다. 사실은 전혀 맞지 않다. 미래에 대해 가르쳐 준다는 것은 확률을 말하고 심리를 이용하지만 주로 사기이다. 그렇다면 악령에 의해 점을 치는 경우는 어떨까? 있다. 악령은 조금 더 사람에게 영향을 미친다. 악령은 사람보다 더 많은 것을 알고 있고 힘을 가지고 있기 때문이다. 그러나 악령은 사람을 더 해친다. 악령은 말 그대로 악령이다. 타락한 천사다. 그들은 사람을 위해 존재하는 것이 아니라 어떤 식으로든 사람을 멸망시키기 위해 존재한다.

성경은 미래를 점치는 것을 금한다. 왜 그럴까? 비밀이기 때문일까? 아니다. 미래가 아닌 것을 미래로 옭아매기 때문이다. 미래에 대해 말한다는 것은 거짓이다. 미래는 오늘 만들어가는 것이지 정해진 어떤 것이 아니기 때문이다. 미래를 말한다는 것은 오히려 그것에 옭아매는 역할을 한다. 미래에 대해 점을 치는 것은 오늘날에도 대단한 사업이다. 교회가 많다 하나 점 집은 더 많다. 스포츠 신문을 보면 점보는 집 광고가 수없이 나온다. 과거나 오늘이나 사람들은 미래에 대해 알고 싶어한다. 불안하기 때문이다. 점치는 사람은 그 불안한 심리를 이용하는 악한 장사꾼이다. 그래서 성경은 그것을 금한다. **주인들에게 큰 이익.** 점치는 여인이 어떻게 주인을 여럿 두었는지는 전후 사정을 모른다. 그녀의 점치는 실력이 좋았던 것 같다. 그래서 회사의 지분처럼 그 여인에 대한 지분을 가지고 수익을 나누고 있었던 사람들이 복수로 있었던 것 같다.

> 17 그가 바울과 우리를 따라와 소리 질러 이르되 이 사람들은 지극히 높은 하나님의 종으로서 구원의 길을 너희에게 전하는 자라 하며
>
> 17 She followed Paul and us, shouting, "These men are servants of the Most High God! They announce to you how you can be saved!"

16:17 이 사람들은 지극히 높은 하나님의 종으로서 구원의 길을 너희에게 전하는 자라. 점 치는 여인이 바울 일행을 돕는 것처럼 말한다. 악령이 그 안에 있기에 점치는 여인은 바울 일행의 정체를 알았다. 그렇다면 그가 바울을 돕고 있는 것일까? 아니다. 악령은 선한 일을 하지 않는다. 그가 말하는 '지극히 높은 하나님' '구원' 등은 모두

진짜를 말하는 것이기 보다는 사람을 혼동하게 하는 것이다. 말만 그럴 듯할 뿐이다. 결국 바울은 악령이 그 사람에게서 나가도록 하였다.

> 18 이같이 여러 날을 하는지라 바울이 심히 괴로워하여 돌이켜 그 귀신에게 이르되 예수 그리스도의 이름으로 내가 네게 명하노니 그에게서 나오라 하니 귀신이 즉시 나오니라
>
> 19 여종의 주인들은 자기 수익의 소망이 끊어진 것을 보고 바울과 실라를 붙잡아 장터로 관리들에게 끌어 갔다가
>
> 18 She did this for many days, until Paul became so upset that he turned round and said to the spirit, "In the name of Jesus Christ I order you to come out of her!" The spirit went out of her that very moment.
>
> 19 When her owners realized that their chance of making money was gone, they seized Paul and Silas and dragged them to the authorities in the public square.

16:19 여종의 주인들은 자기 수익의 소망이 끊어진 것을 보고. 여인을 사로잡고 있던 악령이 나간 것은 좋은 일이다. 그러나 그 여인을 통해 이익을 얻던 주인들에게는 나쁜 소식으로 들렸다. 자신들의 이익이 줄어들었기 때문이다. 여종의 주인들은 자기들의 이익이 끊긴 것을 보고 바울을 잡아 관리에게 끌고 갔다. 그들은 바울이 전하는 구원에 대해 관심이 없었다. 오직 자신들의 이익에만 관심이 있었다.

> 20 상관들 앞에 데리고 가서 말하되 이 사람들이 유대인인데 우리 성을 심히 요란하게 하여
>
> 21 로마 사람인 우리가 받지도 못하고 행하지도 못할 풍속을 전한다 하거늘
>
> 22 무리가 일제히 일어나 고발하니 상관들이 옷을 찢어 벗기고 매로 치라 하여
>
> 23 많이 친 후에 옥에 가두고 간수에게 명하여 든든히 지키라 하니
>
> 24 그가 이러한 명령을 받아 그들을 깊은 옥에 가두고 그 발을 차꼬에 든든히 채웠더니
>
> 25 한밤중에 바울과 실라가 기도하고 하나님을 찬송하매 죄수들이 듣더라

26 이에 갑자기 큰 지진이 나서 옥터가 움직이고 문이 곧 다 열리며 모든 사람의 매인 것이 다 벗어진지라

27 간수가 자다가 깨어 옥문들이 열린 것을 보고 죄수들이 도망한 줄 생각하고 칼을 빼어 자결하려 하거늘

20 They brought them before the Roman officials and said, "These men are Jews, and they are causing trouble in our city.

21 They are teaching customs that are against our law; we are Roman citizens, and we cannot accept these customs or practice them."

22 And the crowd joined in the attack against Paul and Silas. Then the officials tore the clothes off Paul and Silas and ordered them to be whipped.

23 After a severe beating, they were thrown into jail, and the jailer was ordered to lock them up tight.

24 Upon receiving this order, the jailer threw them into the inner cell and fastened their feet between heavy blocks of wood.

25 About midnight Paul and Silas were praying and singing hymns to God, and the other prisoners were listening to them.

26 Suddenly there was a violent earthquake, which shook the prison to its foundations. At once all the doors opened, and the chains fell off all the prisoners.

27 The jailer woke up, and when he saw the prison doors open, he thought that the prisoners had escaped; so he pulled out his sword and was about to kill himself.

16:27 간수가…죄수들이 도망한 줄 생각하고 칼을 빼어 자결하려 하거늘. 죄수가 도망가면 간수는 죄수의 형벌을 대신 받게 되어 있다. 그러나 바울은 지금 심각한 죄가 아니다. 그런데도 간수가 자결하려 하고 있다. 아마 명예를 잃어버린 것 때문일 것이다. 그는 지금까지 큰 흠결 없이 살아왔는데 바울 사건으로 인하여 흠결이 생겼다고 생각한 것 같다. 그에게는 명예가 중요했던 것 같다.

28 바울이 크게 소리 질러 이르되 네 몸을 상하지 말라 우리가 다 여기 있노라 하니

28 But Paul shouted at the top of his voice, "Don't harm yourself! We are all here!"

16:28 네 몸을 상하지 말라. 간수는 죄수의 탈출을 알고 자결로 인생의 막을 내리려는 순간 한 음성을 들었다. 떠난 줄 알았던 죄수들이 감옥에 남아 있었다. 대체 무슨 일인가 하여 간수는 감옥 안을 자세히 살펴보았다. 아마 감옥은 어두워서 밝은 곳에 있던 간수에게 잘 보이지 않았던 것 같다.

> 29 간수가 등불을 달라고 하며 뛰어 들어가 무서워 떨며 바울과 실라 앞에 엎드리고
>
> 30 그들을 데리고 나가 이르되 선생들이여 내가 어떻게 하여야 구원을 받으리이까 하거늘
>
> 29 The jailer called for a light, rushed in, and fell trembling at the feet of Paul and Silas.
>
> 30 Then he led them out and asked, "Sirs, what must I do to be saved?"

16:30 내가 어떻게 하여야 구원을 받으리이까. 아마 이 말을 하기 전 바울이 그에게 짧은 복음을 말하였을 것이다. 그것을 듣고 간수가 구원을 더 알기를 원하였다. 그가 말하고 있는 구원은 지금까지 살아온 아등바등하고 출세하는 구원이 아니었다. 완전히 새로운 구원이었다.

> 31 이르되 주 예수를 믿으라 그리하면 너와 네 집이 구원을 받으리라 하고
>
> 31 They answered, "Believe in the Lord Jesus, and you will be saved-you and your family."

16:31 주 예수를 믿으라…구원을 받으리라. 예수님이 주시는 구원에 대해 말하였다. 오직 예수님만 주시는 구원이다. 예수님만 사람의 죄를 대속하실 수 있기 때문이다. 예수님이 주시는 구원은 세상 사람들이 생각하고 있는 구원과 차원이 다르다. 예수님이 주시는 구원은 일시적이지 않고 영원하다. 예수님이 주시는 구원은 부분적이지 않고 종합적이다. 예수님이 주시는 구원은 작지 않고 크다. 세상이 주는 구원은 사실 가짜다. 세상이 주는 구원은 일시적이고 작고 속임수이다. 오직 예수님만 사람이 창조된 본래의 모습을 회복하는 참 구원을 주신다.

> 32 주의 말씀을 그 사람과 그 집에 있는 모든 사람에게 전하더라
>
> 33 그 밤 그 시각에 간수가 그들을 데려다가 그 맞은 자리를 씻어 주고 자기와 그 온 가족이 다 세례를 받은 후
>
> 32 Then they preached the word of the Lord to him and to all the others in his house.
>
> 33 At that very hour of the night the jailer took them and washed their wounds; and he and all his family were baptized at once.

16:33 자기와 그 온 가족이 다 세례를 받은 후. 바울을 집에 데리고 가서 세례를 받았을 수도 있지만 34절을 보면 이후에 집을 데리고 간 것으로 보이기에 여기에서는 가족들을 모두 감옥에 데리고 온 것으로 보인다. 그만큼 간수는 그가 들은 구원에 대해 진심이었고 절실했다는 것을 볼 수 있다. 모든 사람이 그렇다. 모든 사람에게 구원이 절실하다. 진짜 구원을 알아야 한다. 세상의 작은 구원을 위해 평생을 수고하다 끝나지 말고 영원한 진짜 구원의 소식에 귀를 기울여야 한다.

> 34 그들을 데리고 자기 집에 올라가서 음식을 차려 주고 그와 온 집안이 하나님을 믿으므로 크게 기뻐하니라
>
> 35 날이 새매 상관들이 부하를 보내어 이 사람들을 놓으라 하니
>
> 34 Then he took Paul and Silas up into his house and gave them some food to eat. He and his family were filled with joy, because they now believed in God.
>
> 35 The next morning the Roman authorities sent police officers with the order, "Let those men go."

16:35 상관들이...놓으라 하니. 바울을 때리고 감옥에 구금하였던 빌립보 도시의 상관은 그것으로 충분히 경고가 되었다 생각한 것 같다. 바울을 풀어주라 명하였다.

> 36 간수가 그 말대로 바울에게 말하되 상관들이 사람을 보내어 너희를 놓으라 하였으니 이제는 나가서 평안히 가라 하거늘
>
> 37 바울이 이르되 로마 사람인 우리를 죄도 정하지 아니하고 공중 앞에서 때리고 옥에 가두었다가 이제는 가만히 내보내고자 하느냐 아니라 그들이 친히 와서 우리

를 데리고 나가야 하리라 한대

36 So the jailer told Paul, "The officials have sent an order for you and Silas to be released. You may leave, then, and go in peace."

37 But Paul said to the police officers, "We were not found guilty of any crime, yet they whipped us in public-and we are Roman citizens! Then they threw us in prison. And now they want to send us away secretly. Not likely! The Roman officials themselves must come here and let us out."

16:37 로마 사람인 우리를 죄도 정하지 아니하고. 바울은 로마 시민이었기 때문에 정식 재판 없이 때릴 수 없다. 그것을 항의하는 것이다.

그런데 참으로 이상한 것은 바울은 왜 맞기 전에 그것을 말하지 않았을까? 로마시민권을 증명하는 나무로 된 작은 패도 가지고 있었을 것이다. 그런데 왜 바울은 그것을 맞기 전에 말하지 않았을까? 정신 없어서 그랬을 수도 있다. 아니면 의도를 가지고 그랬을 수도 있다. 중요한 것은 바울은 지금 빌립보에 남는 교인들을 생각하고 있는 것 같다. 바울은 자신이 매를 맞는 아주 끔찍한 일보다 사람들이 구원받는 것을 더 크게 생각하고 있음이 분명하다. 그래서 의도적으로 또는 이제라도 바울 자신이 로마 시민권을 가졌음을 말함으로 빌립보 교회의 안전을 도모하고 있는 것으로 보인다.

38 부하들이 이 말을 상관들에게 보고하니 그들이 로마 사람이라 하는 말을 듣고 두려워하여

39 와서 권하여 데리고 나가 그 성에서 떠나기를 청하니

40 두 사람이 옥에서 나와 루디아의 집에 들어가서 형제들을 만나 보고 위로하고 가니라

38 The police officers reported these words to the Roman officials; and when they heard that Paul and Silas were Roman citizens, they were afraid.

39 So they went and apologized to them; then they led them out of the prison and asked them to leave the city.

40 Paul and Silas left the prison and went to Lydia's house. There they met the believers, spoke words of encouragement to them, and left.

17장

> 1 그들이 암비볼리와 아볼로니아로 다녀가 데살로니가에 이르니 거기 유대인의 회당이 있는지라
>
> 1 Paul and Silas travelled on through Amphipolis and Apollonia and came to Thessalonica, where there was a synagogue.

17:1 데살로니가. 빌립보에서 나온 바울은 데살로니가에 갔다. 빌립보에서 150km 떨어진 곳이다.

> 2 바울이 자기의 관례대로 그들에게로 들어가서 세 안식일에 성경을 가지고 강론하며
>
> 2 According to his usual habit Paul went to the synagogue. There during three Sabbaths he held discussions with the people, quoting

17:2 세 안식일에 성경을 가지고 강론하며. 바울은 회당에 들어가 성경을 가르쳤다. 성경에서 말하고 있는 '메시야가 오셨음'을 가르치기 위함이다. 데살로니가에 있는 유대인들은 메시야가 이미 오신 이야기를 듣지 못하였다. 그래서 예수님이 메시야로 오신 것을 가르치기 위해 먼저 성경을 가르친 것이다.

> 3 뜻을 풀어 그리스도가 해를 받고 죽은 자 가운데서 다시 살아나야 할 것을 증언하고 이르되 내가 너희에게 전하는 이 예수가 곧 그리스도라 하니
>
> 3 and explaining the Scriptures and proving from them that the Messiah had to suffer and rise from death. "This Jesus whom I announce to you," Paul said, "is the Messiah."

17:3 뜻을 풀어. 모든 말이나 글은 전하고자 하는 것이 있다. 문맥을 이해하기 위해 도움이 필요하며 처음 전해진 때의 상황이 다시 읽을 때와 다르기에 설명이 필요하다. 또한 데살로니가 사람들이 읽고 있는 성경은 칠십인역 헬라어 성경일 것이다. 그렇다면 처음 기록된 성경 언어는 히브리어이기 때문에 더욱더 설명이 필요하다. 오늘날은 더욱더 설명이 필요하다. 시대적 차이가 더 커서 언어와 문화가 아주 많이 다르기 때문이다. 언어와 문화를 무시하고 자신의 멋대로 성경을 해석하는 것은 성경의 저자이신 하나님을 무시하는 것이다. **그리스도가 해를 받고 죽은 자 가운데서 다시 살아나야 할 것을 증언하고.** 사람들은 보통 그리스도(메시야)가 해를 받는 것을 잘 생각하지 못하고 있었다. 그러나 그것은 성경에 기록된 것이 없어서가 아니라 그것을 보고 싶지 않아서 였다. 그래서 '그리스도의 해 받으심'에 대해 설명하였다. 해 받으신 예수님을 사람들이 메시야가 아니라고 생각하는 경향이 있었기 때문에 해 받으신 예수님이 그리스도이심을 증거하기 위해 성경을 설명하였다.

> 4 그 중의 어떤 사람 곧 경건한 헬라인의 큰 무리와 적지 않은 귀부인도 권함을 받고 바울과 실라를 따르나
>
> 4 Some of them were convinced and joined Paul and Silas; so did many of the leading women and a large group of Greeks who worshipped God.

17:4 경건한 헬라인의 큰 무리와 적지 않은 귀부인도 권함을 받고. 많은 사람들이 말씀의 설명을 듣고 그것이 타당하다고 생각하였다. 말씀의 해석을 듣기 전에는 전혀 생각하지도 못하였지만 말씀의 해석을 듣고 나니 이해가 되었다. 많은 말씀이 그러하다. 사람들이 말씀을 읽으면서 이해하지 못하면 재미가 없다. 그러나 말씀의 의미를 제대로 이해하면 말씀 한 구절 한 구절이 하나님의 살아있는 생생한 음성이 된다. 실제적인 이야기가 된다. 아주 재미있다.

> 5 그러나 유대인들은 시기하여 저자의 어떤 불량한 사람들을 데리고 떼를 지어 성을 소동하게 하여 야손의 집에 침입하여 그들을 백성에게 끌어내려고 찾았으나
>
> 5 But some Jews were jealous and gathered worthless loafers from the streets and formed a mob. They set the whole city in an uproar and attacked the home of a man

called Jason, in an attempt to find Paul and Silas and bring them out to the people.

17:5 유대인들은 시기하여. 말씀이 그렇게 말하는지 그렇게 말하지 않는지를 살피지 않고 사람들이 바울을 따르는 것을 시기하는 마음으로 바울을 공격하는 사람들이 있었다. **성을 소동하게 하여 야손의 집에 침입하여.** 바울 일행은 처음 세 번은 회당에서 말씀을 전하였지만 이후에 반대하는 무리가 있어 야손의 집에 모여 가르쳤던 것 같다. 바울을 반대하는 무리가 야손의 집에 들이닥쳐 바울을 찾았다.

6 발견하지 못하매 야손과 몇 형제들을 끌고 읍장들 앞에 가서 소리 질러 이르되 천하를 어지럽게 하던 이 사람들이 여기도 이르매

7 야손이 그들을 맞아 들였도다 이 사람들이 다 가이사의 명을 거역하여 말하되 다른 임금 곧 예수라 하는 이가 있다 하더이다 하니

6 But when they did not find them, they dragged Jason and some other believers before the city authorities and shouted, "These men have caused trouble everywhere! Now they have come to our city,

7 and Jason has kept them in his house. They are all breaking the laws of the Emperor, saying that there is another king, whose name is Jesus."

17:7 가이사의 명을 거역하여 말하되 다른 임금 곧 예수라 하는 이가 있다 하더이다. 그들은 말씀을 악용하였다. 그들은 유대인이다. 그들은 오실 메시야를 기다리는 사람들이다. 오실 메시야가 '임금'되시는 것은 그들이 잘 알고 있다. 그렇다면 그들은 예수님이 메시야인지 아닌지를 살펴야 하는데 그것을 공격하는 수단으로 사용하였다. 예수님은 이미 이 세상에 있는 분이 아니다. 그러나 그들은 데살로니가 관리들에게 더 효과적으로 말하기 위해 예수님을 마치 세상 임금처럼 말하고 반역을 꾀하고 있는 것처럼 말하였다. 그들이 알고 있는 짧은 성경 지식을 오히려 아주 악하게 사용하고 있다. 성경을 오용하는 것은 아주 악한 것이다.

8 무리와 읍장들이 이 말을 듣고 소동하여

9 야손과 그 나머지 사람들에게 보석금을 받고 놓아 주니라

> 10 밤에 형제들이 곧 바울과 실라를 베뢰아로 보내니 그들이 이르러 유대인의 회당에 들어가니라
>
> 8 With these words they threw the crowd and the city authorities into an uproar.
>
> 9 The authorities made Jason and the others pay the required amount of money to be released, and then let them go.
>
> 10 As soon as night came, the believers sent Paul and Silas to Berea. When they arrived, they went to the synagogue.

17:10 베뢰아. 데살로니가에서 나온 바울은 60km 떨어진 도시 베뢰아로 갔다.

> 11 베뢰아에 있는 사람들은 데살로니가에 있는 사람들보다 더 너그러워서 간절한 마음으로 말씀을 받고 이것이 그러한가 하여 날마다 성경을 상고하므로
>
> 11 The people there were more open-minded than the people in Thessalonica. They listened to the message with great eagerness, and every day they studied the Scriptures to see if what Paul said was really true.

17:11 베뢰아에 있는 사람들은 데살로니가에 있는 사람들보다 더 너그러워서 간절한 마음으로 말씀을 받고. '너그러워서'라는 단어는 본래 귀족 출신의 사람을 말하는 것인데 여기에서는 '마음이 귀족적'이라는 것을 말한다. 여기에서는 '열린 마음' '고상한 마음' '난폭하지 않은 성품' 등의 의미로 해석하면 좋을 것 같다. 그들은 바울이 말하는 것을 열린 마음으로 들었다. 오늘날에도 열린 마음으로 성경을 듣지 않는 사람이 많다. 조금 자신이 모르는 내용이 들리면 그것을 반대하는 사람이 의외로 많다. 사실 성경은 우리가 모르는 것이 훨씬 더 많다. 열린 마음으로 매일 알아가야 한다. **간절한 마음으로 말씀을 받고.** 말씀은 우리에게 생명과 같다. 말씀 한 구절을 더 깨닫는 것은 하나님을 더 아는 것이고 만나는 것이다. 조금 알고 마치 다 아는 사람처럼 교만하지 말아야 한다. 말씀을 매일 더 알아가야 한다. 말씀을 더 알고자 하는 간절한 마음이 있어야 한다. 말씀을 더 알고자 하는 간절한 마음은 곧 하나님을 더 알고자 하는 간절한 마음이며 하나님의 자녀로 더 살고자 하는 간절한 마음이다. **이것이 그러한가 하여 날마다 성경을 상고하므로.** '상고'는 '자세히 살피다'이다. 많이 사용하지 않는 단어이기에 '연구하다'라고 번역해도 좋을 것 같다. 우리의 기준은 성경이다. 성경이라는 기준이 있어 참 좋다. 누군가 말씀을 전하면 그것이 말씀이라는 기준에 합당한지

살펴볼 수 있다. 그래서 말씀을 자세히 연구하여 그가 말하는 것이 성경에서 말하는 것인지 아닌지를 살펴야 한다. 연구 능력은 사람마다 지적 수준에 따라 다르다. 그러나 모든 사람은 그가 할 수 있는 최선을 다해 말씀을 더 알아가야 한다. 누군가 전하는 것을 그냥 무비판적으로 수용할 것이 아니라 말씀에 따라 다시 잘 살펴보아야 한다. 매일 말씀을 살펴보고 연구하는 베뢰아 회당의 사람과 같아야 한다. 그러할 때 우리는 말씀을 제대로 알 수 있고 하나님을 제대로 만날 수 있다.

> 12 그 중에 믿는 사람이 많고 또 헬라의 귀부인과 남자가 적지 아니하나
>
> 12 Many of them believed; and many Greek women of high social standing and many Greek men also believed.

17:12 그 중에 믿는 사람이 많고. 말씀을 매일 연구하면서 바울이 말한 것을 살피니 이런 결과가 생겼다. 말씀은 힘이 있다. 하나님께서 특별하게 주신 것이기 때문이다. 하나님의 뜻과 마음과 힘이 담겨 있기 때문이다.

> 13 데살로니가에 있는 유대인들은 바울이 하나님의 말씀을 베뢰아에서도 전하는 줄을 알고 거기도 가서 무리를 움직여 소동하게 하거늘
>
> 14 형제들이 곧 바울을 내보내어 바다까지 가게 하되 실라와 디모데는 아직 거기 머물더라
>
> 15 바울을 인도하는 사람들이 그를 데리고 아덴까지 이르러 그에게서 실라와 디모데를 자기에게로 속히 오게 하라는 명령을 받고 떠나니라
>
> 16 바울이 아덴에서 그들을 기다리다가 그 성에 우상이 가득한 것을 보고 마음에 격분하여
>
> 13 But when the Jews in Thessalonica heard that Paul had preached the word of God in Berea also, they came there and started exciting and stirring up the mob.
>
> 14 At once the believers sent Paul away to the coast; but both Silas and Timothy stayed in Berea.
>
> 15 The men who were taking Paul went with him as far as Athens and then returned to Berea with instructions from Paul that Silas and Timothy should join him as soon as

> possible.
> 16 While Paul was waiting in Athens for Silas and Timothy, he was greatly upset when he noticed how full of idols the city was.

17:16 아덴에서 그들을 기다리다가 그 성에 우상이 가득한 것을 보고. 바울이 실라와 디모데 없이 홀로 아덴에 도착하였다. 바울은 아덴에서는 처음에 조금 더 살펴본 것 같다. 그리고 아덴의 수많은 우상으로 인하여 마음이 많이 아팠다. 아덴은 문화와 철학과 종교의 중심지였다. 물론 지금은 로마가 중심이었지만 그리스 철학이 여전히 꽃을 피고 있었고 수많은 신전과 화려한 건물이 아덴을 가득 채우고 있었다. 그런데 그러한 건물의 많은 부분이 우상숭배의 모습이었다. 그래서 바울은 격분하였다.

> 17 회당에서는 유대인과 경건한 사람들과 또 장터에서는 날마다 만나는 사람들과 변론하니
> 17 So he held discussions in the synagogue with the Jews and with the Gentiles who worshipped God, and also in the public square every day with the people who happened to pass by.

17:17 회당...장터...날마다 만나는 사람들과 변론하니. 그는 회당에서 만나는 사람들에게 그리고 장터에서 만나는 사람들에게 복음을 전하였다. 그러나 사람들의 마음이 쉽게 열리지 않았다. 보통은 회당에서 복음을 전하면 많은 사람들이 받아들였다. 그리고 그것을 시기하는 사람들이 있었다. 그러나 아덴에서는 그런 것도 없었다. 많은 사람들이 바울이 전하는 복음을 받아들이지 않았다. 아마 그들은 이미 행복하다 생각하였기 때문일 것이다. 그들은 자신들의 지식과 경제와 문화에 이미 충분히 만족하고 있었다. 그래서 더 이상의 '기쁜 소식'을 필요로 하지 않았다. 마치 오늘날 풍요로운 사람들의 모습과 너무 닮았다.

> 18 어떤 에피쿠로스와 스토아 철학자들도 바울과 쟁론할새 어떤 사람은 이르되 이 말쟁이가 무슨 말을 하고자 하느냐 하고 어떤 사람은 이르되 이방 신들을 전하는 사람인가보다 하니 이는 바울이 예수와 부활을 전하기 때문이러라

> 19 그를 붙들어 아레오바고로 가며 말하기를 네가 말하는 이 새로운 가르침이 무엇인지 우리가 알 수 있겠느냐
>
> 18 Certain Epicurean and Stoic teachers also debated with him. Some of them asked, "What is this ignorant show-off trying to say?" Others answered, "He seems to be talking about foreign gods." They said this because Paul was preaching about Jesus and the resurrection.
>
> 19 So they took Paul, brought him before the city council, the Areopagus, and said, "We would like to know what this new teaching is that you are talking about.

17:19 그를 붙들어 아레오바고로 가며. '아레오바고'는 '아레스의 언덕'이라는 뜻으로 언덕을 말하는 것일 수도 있고 아니면 그 언덕에서 모이는 '공회'를 말하는 것일 수도 있다. 이스라엘의 산헤드린과 같은 회의를 아덴에서는 '아레오바고'라 불렀다. 본문은 후자의 경우일 것 같다. 정식 재판이기보다는 새로운 학설을 듣는 자리처럼 사용된 것 같다.

> 20 네가 어떤 이상한 것을 우리 귀에 들려 주니 그 무슨 뜻인지 알고자 하노라 하니
>
> 21 모든 아덴 사람과 거기서 나그네 된 외국인들이 가장 새로운 것을 말하고 듣는 것 이외에는 달리 시간을 쓰지 않음이더라
>
> 22 바울이 아레오바고 가운데 서서 말하되 아덴 사람들아 너희를 보니 범사에 종교심이 많도다
>
> 20 Some of the things we hear you say sound strange to us, and we would like to know what they mean."
>
> 21 (For all the citizens of Athens and the foreigners who lived there liked to spend all their time telling and hearing the latest new thing.)
>
> 22 Paul stood up in front of the city council and said, "I see that in every way you Athenians are very religious.

17:22 너희를 보니 범사에 종교심이 많도다. 아덴 사람들은 수많은 신전을 지었다. '종교심'은 하나님의 형상을 따라 창조된 모든 사람들이 당연히 갖는 고향을 찾는 마음과 같다.

> 23 내가 두루 다니며 너희가 위하는 것들을 보다가 알지 못하는 신에게라고 새긴 단도 보았으니 그런즉 너희가 알지 못하고 위하는 그것을 내가 너희에게 알게 하리라
>
> 23 For as I walked through your city and looked at the places where you worship, I found an altar on which is written, 'To an Unknown God'. That which you worship, then, even though you do not know it, is what I now proclaim to you.

17:23 알지 못하는 신에게라고 새긴 단도 보았으니. 아덴 사람들은 자신들이 수많은 신을 위해 신전을 만들고 섬기고 있지만 혹시나 자신들이 빠뜨린 신이 있을까봐 알지 못하는 신을 위해 신전을 만들었다. 바울은 바로 그 알지 못하는 신을 자신이 전한다고 말한다. 그러면서 그 알지 못하는 신은 단지 또 하나의 신이 아니라 차원이 다른 신이다.

> 24 우주와 그 가운데 있는 만물을 지으신 하나님께서는 천지의 주재시니 손으로 지은 전에 계시지 아니하시고
>
> 24 God, who made the world and everything in it, is Lord of heaven and earth and does not live in temples made by human hands.

17:24 우주와 그 가운데 있는 만물을 지으신 하나님. 믿음을 가질 때 중요한 것은 내가 만든 신이 아니라 '나를 만드신 신'을 믿는 것이다. 그들이 모르고 있던 신은 진정한 신으로 그들을 만드신 분이다. 크고 놀라운 분이셔서 그들은 그 분을 알지 못하고 있을 뿐이다. 자기들의 이기심 때문에 그 분을 모르고 있었다.

> 25 또 무엇이 부족한 것처럼 사람의 손으로 섬김을 받으시는 것이 아니니 이는 만민에게 생명과 호흡과 만물을 친히 주시는 이심이라
>
> 26 인류의 모든 족속을 한 혈통으로 만드사 온 땅에 살게 하시고 그들의 연대를 정하시며 거주의 경계를 한정하셨으니
>
> 27 이는 사람으로 혹 하나님을 더듬어 찾아 발견하게 하려 하심이로되 그는 우리 각 사람에게서 멀리 계시지 아니하도다

28 우리가 그를 힘입어 살며 기동하며 존재하느니라 너희 시인 중 어떤 사람들의 말과 같이 우리가 그의 소생이라 하니

25 Nor does he need anything that we can supply by working for him, since it is he himself who gives life and breath and everything else to everyone.

26 From one human being he created all races on earth and made them live throughout the whole earth. He himself fixed beforehand the exact times and the limits of the places where they would live.

27 He did this so that they would look for him, and perhaps find him as they felt about for him. Yet God is actually not far from any one of us;

28 as someone has said, 'In him we live and move and exist.' It is as some of your poets have said, 'We too are his children.'

17:28 우리가 그를 힘입어 살며 기동하며 존재하느니라. 그리스의 유명한 시인의 글을 인용한 것이다. 사람은 그가 만든 신이 아니라 그를 창조하시고 살아가게 하시고 움직이게 하시며 존재할 모든 것을 주시는 통치하시는 신을 알아야 한다.

29 이와 같이 하나님의 소생이 되었은즉 하나님을 금이나 은이나 돌에다 사람의 기술과 고안으로 새긴 것들과 같이 여길 것이 아니니라

30 알지 못하던 시대에는 하나님이 간과하셨거니와 이제는 어디든지 사람에게 다 명하사 회개하라 하셨으니

31 이는 정하신 사람으로 하여금 천하를 공의로 심판할 날을 작정하시고 이에 그를 죽은 자 가운데서 다시 살리신 것으로 모든 사람에게 믿을 만한 증거를 주셨음이니라 하니라

29 Since we are God's children, we should not suppose that his nature is anything like an image of gold or silver or stone, shaped by human art and skill.

30 God has overlooked the times when people did not know him, but now he commands all of them everywhere to turn away from their evil ways.

31 For he has fixed a day in which he will judge the whole world with justice by means of a man he has chosen. He has given proof of this to everyone by raising that man from death!"

17:31 천하를 공의로 심판할 날을 작정하시고. 창조주 하나님이요 존재하도록 다스리시는 하나님일 뿐만 아니라 심판자이심을 말한다. 그 날이 다가오고 있음을 말한다. **죽은 자 가운데서 다시 살리신 것으로 모든 사람에게 믿을 만한 증거를 주셨음이니라.** 심판의 날이 다가옴의 증거로 '죽은자의 부활'을 주셨다고 말한다. 육체의 부활은 매우 놀라운 이야기다. 누구도 부활한 적이 없기 때문이다. 그런데 너무 놀라운 일이기에 반감을 가진 사람도 있었다.

> 32 그들이 죽은 자의 부활을 듣고 어떤 사람은 조롱도 하고 어떤 사람은 이 일에 대하여 네 말을 다시 듣겠다 하니
>
> 32 When they heard Paul speak about a raising from death, some of them made fun of him, but others said, "We want to hear you speak about this again."

17:32 죽은 자의 부활을 듣고 어떤 사람은 조롱도 하고. 부활은 일어날 수 없는 너무 큰 일이어서 실제이면 아주 큰 증거도 될 수 있지만 실제로 믿기 어렵기 때문에 바로 반대에 부딪힐 수 있는 일이다. 그래서 조롱하는 이들이 많을 수밖에 없다. 사람이 죽으면 영이 사라지는지 존재하는지에 대해서는 그리스 철학에서 많은 논란이 있었다. 당시 양대 산맥이라 할 수 있는 에피쿠로스 학파는 영의 존재는 믿었지만 그것에 대해 잘 모르기 때문에 집중하지 않고 현재의 행복과 만족에 대해 주로 말하였다. 스토아 학파는 육신의 죽음 이후 영의 존재를 믿었지만 육체의 부활은 말도 안 되는 것으로 생각하였다. 육체의 부활을 말하는 철학은 거의 없었다. 그러니 육체의 부활을 말하는 바울의 말은 황당한 것이었다.

> 33 이에 바울이 그들 가운데서 떠나매
>
> 34 몇 사람이 그를 가까이하여 믿으니 그 중에는 아레오바고 관리 디오누시오와 다마리라 하는 여자와 또 다른 사람들도 있었더라
>
> 33 And so Paul left the meeting.
>
> 34 Some men joined him and believed, among whom was Dionysius, a member of the council; there was also a woman named Damaris, and some other people.

17:34 아레오바고 관리 디오누시오. 사람들이 교만하여 믿지 않으려 하였지만 아레오바고 회원인 '디오누시오'가 믿음을 받아들였다. 그는 아레오바고 회원이기 때문에 많은 것을 가진 사람이다. 그러나 그럼에도 불구하고 복음에 마음을 열고 받아들였다. 아덴에서의 바울의 복음 전파는 많은 열매를 맺지 못했다. 그래서 아덴에 교회가 바로 세워지지는 않았던 것으로 보인다. 그러나 후에 디오누시오를 중심으로 교회가 세워진 것으로 보인다. 많은 열매는 없었지만 복음의 씨앗이 뿌려진 것이다.

18장

> 1 그 후에 바울이 아덴을 떠나 고린도에 이르러
> 1 After this, Paul left Athens and went on to Corinth.

18:1 고린도. 고린도는 지금 그리스 남부 지역인 아가야 지역의 수도였다. 인구가 70만이 넘었으며 당시 로마 제국의 4대 도시 안에 들었다. 이 도시는 상업의 중심지였다. 고린도의 양쪽에 두 개의 항구가 있다. 지금은 고린도 운하가 만들어져 있지만 당시에는 작은 배들을 거대한 수레에 실어서 육지를 통과했다. 그것이 바다를 돌아가는 것보다 더 효과적이었다.

> 2 아굴라라 하는 본도에서 난 유대인 한 사람을 만나니 글라우디오가 모든 유대인을 명하여 로마에서 떠나라 한 고로 그가 그 아내 브리스길라와 함께 이달리야로부터 새로 온지라 바울이 그들에게 가매
> 2 There he met a Jew named Aquila, born in Pontus, who had recently come from Italy with his wife Priscilla, for the Emperor Claudius had ordered all the Jews to leave Rome. Paul went to see them,

18:2 글라우디오가 모든 유대인을 명하여 로마에서 떠나라 한 고로. 아마 로마에서 유대인들이 기독교인들을 대적하여 한바탕 소란이 있었던 것 같다. 그래서 황제는 모든 유대인들을 로마시에서 쫓아버리는 칙령을 내렸다. 그래서 아굴라 부부는 고린도로 이주하여 살고 있었다. 그것이 아주 최근의 일이었다. **바울이 그들에게 가매.** 아굴라 부부는 로마에서 이미 기독교인이 된 사람들로 보인다. 바울은 그들의 소식을 듣고 그를 찾아 갔다.

> 3 생업이 같으므로 함께 살며 일을 하니 그 생업은 천막을 만드는 것이더라
> 3 and stayed and worked with them, because he earned his living by making tents, just as they did.

18:3 생업이 같으므로. 바울은 랍비 교육을 받을 때 텐트 만드는 기술을 익힌 것으로 보인다. 고린도는 텐트 수요가 많은 곳이었다. 장사하러 오는 사람들이 텐트를 사용하였고 배를 타고 온 사람들도 배가 정박하고 있을 때 배 위에 텐트를 치고 생활하였다. 아굴라 부부가 텐트를 만들고 수리하는 일을 하고 있었기 때문에 바울은 자연스럽게 그들과 함께 하게 되었다. **함께 살며 일을 하니.** 바울은 이 당시에 경제적으로 여유가 없었던 것 같다. 그래서 아굴라 부부의 일을 도왔다. 일종의 아르바이트 같이 일하였을 것이다. 랍비 가말리엘은 '세속의 직업과 연결된 율법을 공부하는 것은 아주 훌륭한 일이다. 일을 할 때 그들은 마음 안에 있는 죄를 몰아낼 수 있다. 일과 연결되지 않은 율법을 공부한다는 것은 궁극적으로 헛되고 죄에 가까이 이끌게 될 것이다'라고 말하였다. 당시에 율법을 공부하고 가르치는 랍비들이 다른 전문적인 기술을 배우고 자급자족하고자 하였던 것은 율법연구가 추상적인 것이 되지 않도록 하기 위해서였다. 수고하면서 죄와 싸우는 것에 대한 생각이 강하였기 때문이다. 또한 율법을 공부하고 가르치는 것이 먹고 살기 위한 수단이 되는 것에 대한 경계였다. 율법은 먹고 사는 것보다 훨씬 더 고귀한 것이기 때문이다.

> 4 안식일마다 바울이 회당에서 강론하고 유대인과 헬라인을 권면하니라
> 4 He held discussions in the synagogue every Sabbath, trying to convince both Jews and Greeks.

18:4 안식일마다 바울이 회당에서 강론하고. 바울은 주중에는 주로 일하고 안식일에 회당에서 가르쳤던 것으로 보인다. 이때 많은 이들이 그가 전하는 복음을 받아들였다는 이야기가 없다. 그는 여러가지로 어렵게 사역을 하고 있었다. 그러나 그 모든 어려움은 복음을 전하기 위한 과정이었다. 그래서 어려워도 그는 꿋꿋하게 상황에 맞추어 복음을 전하고 있었다.

> 5 실라와 디모데가 마게도냐로부터 내려오매 바울이 하나님의 말씀에 붙잡혀 유대인들에게 예수는 그리스도라 밝히 증언하니
>
> 5 When Silas and Timothy arrived from Macedonia, Paul gave his whole time to preaching the message, testifying to the Jews that Jesus is the Messiah.

18:5 실라와 디모데가 마게도냐로부터 내려오매. 마게도냐 지역의 빌립보와 데살로니가에 남아 사역을 하던 실라와 디모데가 왔다. 이때 그들은 교회가 후원하는 돈을 가지고 왔다. 그래서 바울의 사역은 새로운 전기를 맞이하게 되었다. **바울이 하나님의 말씀에 붙잡혀.** 교회의 도움으로 경제적인 필요가 채워지자 바울은 복음을 전하는 일에 집중할 수 있게 되었다. 그래서 고린도에 복음을 더 전할 수 있게 되었다. 사역은 혼자 하는 것이 아니다. 교회와 동역자들이 함께 할 때 사역은 더욱더 힘을 발휘하게 된다. 빌립보 교인들이 전한 돈은 바울을 통해 그대로 복음이 되었다.

> 6 그들이 대적하여 비방하거늘 바울이 옷을 털면서 이르되 너희 피가 너희 머리로 돌아갈 것이요 나는 깨끗하니라 이 후에는 이방인에게로 가리라 하고
>
> 6 When they opposed him and said evil things about him, he protested by shaking the dust from his clothes and saying to them, "If you are lost, you yourselves must take the blame for it! I am not responsible. From now on I will go to the Gentiles."

18:6 그들이 대적하여 비방하거늘 바울이 옷을 털면서. '옷을 턴다'는 것은 먼지가 떨어지는 것을 상징적으로 보여주며 서로 관계가 끊어진다는 것을 의미한다. 서로 관련이 없어지는 것이다. **이 후에는 이방인에게로 가리라.** 바울은 옷을 털면서 그가 이제 더 이상 회당에 모이는 유대인들이 아니라 회당 밖의 이방인에게 복음을 전할 것이라고 말한다. 지금까지 한 것으로 그는 유대인들이 들어야 하는 메시야의 오심에 대해 전해야 하는 의무를 다하였다고 선언하고 있는 것이다.

> 7 거기서 옮겨 하나님을 경외하는 디도 유스도라 하는 사람의 집에 들어가니 그 집은 회당 옆이라
>
> 7 So he left them and went to live in the house of a Gentile named Titius Justus, who

> worshipped God; his house was next to the synagogue.

18:7 디도 유스도라 하는 사람의 집에 들어가니. 회당에서 복음을 전하던 바울은 이제 가정 집에서 모임을 갖게 되었다. 디도 유스도는 바울이 세례를 준 사람 중에 한 명이다. 그는 자신의 집을 예배당으로 사용할 수 있도록 섬겼다.

> 8 또 회당장 그리스보가 온 집안과 더불어 주를 믿으며 수많은 고린도 사람도 듣고 믿어 세례를 받더라
>
> 8 Crispus, who was the leader of the synagogue, believed in the Lord, together with all his family; and many other people in Corinth heard the message, believed, and were baptized.

18:8 수많은 고린도 사람도 듣고 믿어 세례를 받더라. 이때 세례는 주로 실라와 디모데가 했던 것 같다. 그렇게 합력하여 복음을 전하는 일을 하였다. 함께 복음에 전념함으로 고린도 교회가 세워졌다. 바울은 그렇게 18개월 동안 고린도에서 복음을 전하는 일에 집중하였다.

> 9 밤에 주께서 환상 가운데 바울에게 말씀하시되 두려워하지 말며 침묵하지 말고 말하라
>
> 9 One night Paul had a vision in which the Lord said to him, "Do not be afraid, but keep on speaking and do not give up,

18:9 주께서 환상 가운데 바울에게 말씀하시되. '주'는 '예수님'을 언급하는 것으로 보인다. 환상중이지만 그가 직접 볼 수 있고 그에게 말씀하시는 것을 통해 볼 때 그러하다. 부활하신 예수님이 바울에게 나타나셨다. 그가 다메섹에 가던 도중에 만났던 예수님이다. 그러니 바울이 얼마나 감격하였을까? 예수님은 바울을 위로하시기 위해 친히 그에게 나타나셨다. **두려워하지 말며 침묵하지 말고 말하라.** 배척하는 이들이 생길지라도 두려워하지 말고, 효과가 없는 것 같을지라도 침묵하지 말며 바울은 복음을 전해야 한다. 바울의 눈에는 배척하는 이들과 효과 없는 것이 더 두드러져 보일 것이

다. 그러면 힘이 빠진다. 그러나 그것만 있는 것이 아니다.

> 10 내가 너와 함께 있으매 어떤 사람도 너를 대적하여 해롭게 할 자가 없을 것이니 이는 이 성중에 내 백성이 많음이라 하시더라
> 10 for I am with you. No one will be able to harm you, for many in this city are my people."

18:10 내가 너와 함께 있으매. '두려워하지 말라 내가 너와 함께 있으매'라는 부르심은 구약 성경에서 모세, 여호수아, 예레미야 등을 부르실 때 말씀하시던 것과 같은 말씀이다. 세상이 그를 두렵게 하고, 그가 해야 하는 일이 커서 두려울 수 있다. 그러나 하나님이 함께하시니 두려워할 필요가 없다. 오히려 하나님이 함께 하시니 기뻐할 수 있다. **이 성중에 내 백성이 많음이라.** 바울이 전하는 것이 효과 없는 것처럼 보일지 모르지만 하나님께서 하나님의 방식으로 효과 있게 하실 것이다. 고린도에 구원받아야 할 백성이 많이 있으니 바울은 여기에서 큰 일을 당하여 멈추게 되거나 효과가 전혀 없는 것으로 끝나지 않을 것이다. 그러니 바울은 지금 하고 있는 대로 계속 담대히 전하기만 하면 된다. 지금 우리가 하고 있는 일이 효과가 없어 보일 수 있다. 효과가 없는 것 같으면 많이 힘들다. 그러나 하나님께서 그 일을 통해 어떤 일을 하실지를 생각해 보아야 한다. 지금 당장은 눈에 보이지 않아도 하나님께서 나중에 그 일을 크게 사용하실 수도 있다. 그러니 당장의 효과만 생각하지 말아야 한다. 하나님께서 지금 함께 하시며 위로하시는 음성을 들어야 한다. 그 음성을 듣고 힘을 내어 그 길을 가야 한다.

> 11 일 년 육 개월을 머물며 그들 가운데서 하나님의 말씀을 가르치니라
> 11 So Paul stayed there for a year and a half, teaching the people the word of God.

18:11 일 년 육 개월을 머물며. 그 어떤 도시보다 더 오랜 시간 머물며 복음을 전하였다. 무엇인가를 길게 하기 위해서는 힘이 있어야 한다. 우리가 있는 자리에서 인내하기 위해서는 하나님의 힘을 덧입어야 한다. 하나님의 임재의 힘으로 오늘 우리에게

주어진 자리에서 더 오랫동안 사역할 수 있어야 한다.

> 12 갈리오가 아가야 총독 되었을 때에 유대인이 일제히 일어나 바울을 대적하여 법정으로 데리고 가서
>
> 12 When Gallio was made the Roman governor of Achaia, Jews there got together, seized Paul, and took him into court.

18:12 갈리오가 아가야 총독 되었을 때. 갈리오가 아가야의 총독으로 부임하였을 때를 말한다. 역사적으로 가장 정확히 연도를 알 수 있다. 51년 7월이다. 총독이 새로 부임하였을 때 유대인들은 안전을 추구하는 총독의 마음을 이용하여 일제히 일어났다. **일제히 일어나 바울을 대적하여 법정으로 데리고 가서.** 그들은 바울을 대적하여 고소하였다.

> 13 말하되 이 사람이 율법을 어기면서 하나님을 경외하라고 사람들을 권한다 하거늘
>
> 14 바울이 입을 열고자 할 때에 갈리오가 유대인들에게 이르되 너희 유대인들아 만일 이것이 무슨 부정한 일이나 불량한 행동이었으면 내가 너희 말을 들어 주는 것이 옳거니와
>
> 13 "This man," they said, "is trying to persuade people to worship God in a way that is against the law!"
>
> 14 Paul was about to speak when Gallio said to the Jews, "If this were a matter of some evil crime or wrong that has been committed, it would be reasonable for me to be patient with you Jews.

18:14 유대인들아 만일 이것이 무슨 부정한 일이나 불량한 행동이었으면 내가 너희 말을 들어 주는 것이 옳거니와. 총독은 바울이 불법의 행동을 한 것이 아님을 지적하였다.

> 15 만일 문제가 언어와 명칭과 너희 법에 관한 것이면 너희가 스스로 처리하라 나

사도행전 18장 | 221

> 는 이러한 일에 재판장 되기를 원하지 아니하노라 하고
>
> 15 But since it is an argument about words and names and your own law, you yourselves must settle it. I will not be the judge of such things!"

18:15 문제가 언어와 명칭과 너희 법에 관한 것이면 너희가 스스로 처리하라. 총독은 유대인들의 의견을 받아들이지 않았다. 오히려 그들이 소요를 일으킨 것을 더 못마땅히 여겼다.

> 16 그들을 법정에서 쫓아내니
>
> 17 모든 사람이 회당장 소스데네를 잡아 법정 앞에서 때리되 갈리오가 이 일을 상관하지 아니하니라
>
> 16 And he drove them out of the court.
>
> 17 They all seized Sosthenes, the leader of the synagogue, and beat him in front of the court. But that did not bother Gallio a bit.

18:17 모든 사람이 회당장 소스데네를 잡아 법정 앞에서 때리되. 군중이 갑자기 유대인 회당장을 때렸다. 바울이 아니라 유대인 회당장을 때렸다. 완전히 반전이 일어난 것이다. 법정에서 나올 때 무슨 일이 벌어진 것일까? '모든 사람'이 누군지가 애매하다. 소요를 일으킨 유대인일 수 있다. 아니면 그들의 소요를 지켜보던 이방인 군중일 수도 있다. 회당장이 맞은 것도 의아하다. 앞에서는 유대인들이 바울을 잡아 갔다. 그런데 왜 회당장이 맞는 것일까? 군중이 치는 대상이 바뀐 것을 보면 군중도 바뀐 것 같다. 처음에는 유대인들이 바울을 공격하였으나 총독이 유대인의 편을 들어주지 않자 그것을 지켜본 이방인들이 유대인 무리의 우두머리인 회당장을 친 것으로 보인다. 고린도에 오히려 이방인 기독교인들이 많이 있었기 때문이다. 반유대 정서가 당시에 곳곳에 있었기 때문이기도 할 것이다. 유대인들이 기득권으로 바울을 공격하려 하였으나 상황이 역전된 것이다. 예수님께서 약속하신대로 하나님께서 총독과 군중의 마음을 다스리셔서 바울을 보호하신 것이다. 하나님의 보호는 전혀 예기치 못한 방식으로 일어나기도 한다. 하나님께서 세상을 통치하시기에 하나님의 뜻이 이루어진다. 매우 이상하면서도 또한 자연스럽게 일어난다. 기적 같기도 하고 아주 당연한 일 같기도 하다. 중요한 것은 하나님의 보호가 있다는 사실이다. 하나님의 사람을 하나님

께서 보호하신다.

> 18 바울은 더 여러 날 머물다가 형제들과 작별하고 배 타고 수리아로 떠나갈새 브리스길라와 아굴라도 함께 하더라 바울이 일찍이 서원이 있었으므로 겐그레아에서 머리를 깎았더라
>
> 18 Paul stayed on with the believers in Corinth for many days, then left them and sailed off with Priscilla and Aquila for Syria. Before sailing from Cenchreae he had his head shaved because of a vow he had taken.

18:18 여러 날 머물다가 형제들과 작별하고. 바울의 2차 선교여행은 갈라디아를 거쳐 본래 에베소로 가고자 하였던 것 같으나 마게도냐와 아가야 지역이 되었다. 그리스 북부인 마게도냐 지역에서 빌립보 교회와 데살로니가 교회를 세웠고 그리스 남부 지역인 아가야에서 아덴을 거쳐 고린도에서 교회를 세웠다. **수리아로 떠나갈새.** 2차 전도여행을 다 마친 바울은 자신을 보낸 수리아의 안디옥 교회로 다시 돌아가고자 하였다. 안디옥 교회로 가기 전 그가 해야 할 일이 있었다. **일찍이 서원이 있었으므로 겐그레아에서 머리를 깎았더라.** 고린도를 떠나오면서 항구(겐그레아)에 이르렀을 때 그는 머리를 깎았다. 이것은 아마 그가 2차 전도여행을 하기 전 나실인과 같은 서원을 하였던 것으로 보인다. 그래서 모든 선교여행을 마치고 그 기간을 마침과 감사의 의미로 머리를 깎은 것으로 보인다. 그러한 서원은 예루살렘에 가서 제사를 드림으로 마치게 되어 있다. 그런데 그는 이곳에서 미리 머리를 깎고 준비하였다. 그의 전도여행의 주인공은 오직 하나님이셨다.

> 19 에베소에 와서 그들을 거기 머물게 하고 자기는 회당에 들어가서 유대인들과 변론하니
>
> 20 여러 사람이 더 오래 있기를 청하되 허락하지 아니하고
>
> 21 작별하여 이르되 만일 하나님의 뜻이면 너희에게 돌아오리라 하고 배를 타고 에베소를 떠나
>
> 19 They arrived in Ephesus, where Paul left Priscilla and Aquila. He went into the synagogue and held discussions with the Jews.

> 20 The people asked him to stay longer, but he would not consent.
>
> 21 Instead, he told them as he left, "If it is the will of God, I will come back to you." And so he sailed from Ephesus.

18:21 에베소. 에베소는 로마의 아시아 주에서 중요한 도시였다. 무엇보다 유대인들이 많이 살았다. 그래서 바울은 2차 전도여행 때 에베소로 가고자 하였었다. 그런데 그곳으로 가지 못하고 결국은 돌아가면서 잠시 들렸다. **만일 하나님의 뜻이면 너희에게 돌아오리라.** 2차 전도여행 때 가려고 했었으나 가지 못하였었기 때문에 하는 말로 보인다. 그런데 3차 때 하나님께서 허락하셔서 에베소에서 많은 시간을 함께 하며 복음을 전할 수 있게 된다.

> 22 가이사랴에 상륙하여 올라가 교회의 안부를 물은 후에 안디옥으로 내려가서
>
> 22 When he arrived at Caesarea, he went to Jerusalem and greeted the church, and then went to Antioch.

18:22 가이사랴에 상륙하여 올라가 교회의 안부를 물은 후. 가이사랴에 상륙하였을 때 가이사랴 지역 교회의 안부를 물은 것일 수 있고 아니면 예루살렘 교회를 방문한 것을 의미할 수도 있다. 아마 예루살렘 교회를 방문하고자 하였을 것이다. 그는 서원을 하였던 것의 종결로서 예루살렘을 방문한 것으로 보인다. 그리고 예루살렘 교회에서 선교 보고를 하였을 것이다.

그는 선교여행을 시작하며 나실인 서원을 하였다. 그리고 마치면서 하나님께 제사하며 예배하였다. 교회에 보고하였다. 그는 2차 선교여행이 자신이 계획한대로 되지 않았다. 본래 에베소 지역으로 가려고 했던 것 같다. 그러나 하나님의 인도하심으로 유럽(그리스 지역)에 복음을 전하게 되었다. 전혀 예기치 못하였으나 오히려 더욱더 놀라운 결과를 낳았다. 그 모든 일에 있어 바울은 하나님을 의지하였고 뜻을 좇아갔다. 계획대로 되지 않았으나 모든 것이 온전히 이루어졌다. 그가 하나님의 뜻을 따라 갔기 때문에 가능했던 일이다.

오늘날 우리가 살아갈 때 미래를 계획할 수는 있으나 계획대로 되지는 않는다. 그러나 하나님의 뜻에 순종하고자 한다면 우리가 계획한 것보다 더 위대한 일을 이루게 될 것이다. 바울의 2차 전도여행처럼 말이다.

3차 전도여행(18:23-21:26)

> 23 얼마 있다가 떠나 갈라디아와 브루기아 땅을 차례로 다니며 모든 제자를 굳건하게 하니라
>
> 23 After spending some time there, he left and went through the region of Galatia and Phrygia, strengthening all the believers.

18:23 얼마 있다가 떠나. 2차 전도여행을 마치고 얼마 지나지 않았음을 말한다. 2차 전도여행 기간은 49년-52년이다. 3차 전도여행은 53년-57년이다. 그는 오랜 시간 전도여행을 하느라 육신이 많이 힘들었는데도 불구하고 바로 다시 전도여행을 떠났다. **갈라디아와 부르기아 땅을 차례로 다니며.** 갈라디아 지역은 1차 전도여행을 한 곳이다. 2차에서도 그리고 3차에서도 그곳을 돌아보았다.

> 24 알렉산드리아에서 난 아볼로라 하는 유대인이 에베소에 이르니 이 사람은 언변이 좋고 성경에 능통한 자라
>
> 24 At that time a Jew named Apollos, who had been born in Alexandria, came to Ephesus. He was an eloquent speaker and had a thorough knowledge of the Scriptures.

18:24 언변이 좋고 성경에 능통한 자. 하나님께서 에베소에서의 복음 사역을 위해 미리 아볼로를 보내주셨다.

> 25 그가 일찍이 주의 도를 배워 열심으로 예수에 관한 것을 자세히 말하며 가르치나 요한의 세례만 알 따름이라
>
> 25 He had been instructed in the Way of the Lord, and with great enthusiasm he proclaimed and taught correctly the facts about Jesus. However, he knew only the baptism of John.

18:25 예수에 관한 것을 자세히 말하며 가르치나 요한의 세례만 알 따름이라. 아볼로는 아프리카 지역의 알렉산드리아 출신으로 철학과 성경에 능하였다. 게다가 복음도 이미 듣고 받아들인 것으로 보인다. 그러나 예수님을 아는 지식이 조금 부족하였다. '요한의 세례만 알 따름이라'는 부족한 부분이 있음을 나타내는 말이다.

> 26 그가 회당에서 담대히 말하기 시작하거늘 브리스길라와 아굴라가 듣고 데려다가 하나님의 도를 더 정확하게 풀어 이르더라
>
> 26 He began to speak boldly in the synagogue. When Priscilla and Aquila heard him, they took him home with them and explained to him more correctly the Way of God.

18:26 브리스길라와 아굴라가 듣고 데려다가 하나님의 도를 더 정확하게 풀어 이르더라. 바울이 이것을 알고 브리스길라 부부를 에베소에 남긴 것은 아닐 것이다. 그러나 하나님께서 이 모든 것을 이끌고 계신다. 그래서 모든 것이 정확히 맞아떨어졌다.

> 27 아볼로가 아가야로 건너가고자 함으로 형제들이 그를 격려하며 제자들에게 편지를 써 영접하라 하였더니 그가 가매 은혜로 말미암아 믿은 자들에게 많은 유익을 주니
>
> 28 이는 성경으로써 예수는 그리스도라고 증언하여 공중 앞에서 힘있게 유대인의 말을 이김이러라
>
> 27 Apollos then decided to go to Achaia, so the believers in Ephesus helped him by writing to the believers in Achaia, urging them to welcome him. When he arrived, he was a great help to those who through God's grace had become believers.
>
> 28 For with his strong arguments he defeated the Jews in public debates by proving from the Scriptures that Jesus is the Messiah.

18:28 힘있게 유대인의 말을 이김이러라. 아볼로는 성경 지식이 많았기 때문에 복음에 대해 말할 때 성경 말씀으로 유대인들을 설득할 수 있었다. 바울이 에베소에 도착하기도 전에 에베소는 더욱 많은 사람이 복음을 믿게 되었다. 그래서 바울은 에베소를 중심으로 복음을 자세히 가르칠 수 있게 된다. 3차 전도여행의 중심이 된다. 에베소는 바울이 복음을 체계적으로 가르치는 학교와 같은 역할을 하게 된다. 하나님의 세밀한 인도하심이다.

19장

> 1 아볼로가 고린도에 있을 때에 바울이 윗지방으로 다녀 에베소에 와서 어떤 제자들을 만나
>
> 1 While Apollos was in Corinth, Paul travelled through the interior of the province and arrived in Ephesus. There he found some disciples

19:1 에베소. 에베소는 3차 전도여행의 중심지다. 1차부터 3차까지 모든 지역 중에 가장 오랫동안 사역한 곳이다. 바울 서신에 나오는 많은 이야기가 에베소를 배경으로 한다. 요한계시록에 나오는 소아시아 7개 교회도 이 시기에 에베소를 중심으로 세워진 교회다.

> 2 이르되 너희가 믿을 때에 성령을 받았느냐 이르되 아니라 우리는 성령이 계심도 듣지 못하였노라
>
> 2 and asked them, "Did you receive the Holy Spirit when you became believers?" "We have not even heard that there is a Holy Spirit," they answered.

19:2 너희가 믿을 때에 성령을 받았느냐. '질문'은 바른 신앙을 위해 매우 중요하다. 자주 질문해야 한다. **우리는 성령이 계심도 듣지 못하였노라.** 아주 놀라운 대답이다. 그들이 '믿는다' 대답한 것 같다. 그런데 성령이 계심을 '듣지도' 못했다 말한다. 믿는 사람에게 성령이 그 사람 안에 내주하심을 배우지 못한 것이다. 이들이 진짜 '믿는 사람인지 아닌지'에 대해서는 의견이 많다. 바울은 '믿을 때'라고 물었으니 믿음이 있는 것 같기도 하다. 그렇다면 그들은 아직 모르는 것이 많은 상태의 믿음이라고 할 수 있다. 아니면 몰라도 너무 몰라서 성령의 내주도 모르니 믿음이 없는 상태라고도 할 수 있다. 여하튼 불분명한 상태다. 잘 배우지 못하였기 때문이다.

> 3 바울이 이르되 그러면 너희가 무슨 세례를 받았느냐 대답하되 요한의 세례니라
>
> 3 "Well, then, what kind of baptism did you receive?" Paul asked. "The baptism of John," they answered.

19:3 요한의 세례니라. 그들은 '회개하라'는 요한의 외침에 따라 회개의 세례를 받았다. 그러나 그것은 예수님의 세례와는 많이 다르다. 그것은 예수님의 세례를 준비하는 것이다. 준비하는 것만 하고 정작 새로운 사람으로 거듭나는 세례를 받지 않았다. 바울이 에베소에서 만난 사람들처럼 '믿음이 있다' 말하지만 무지한 상태인 사람들이 늘 많다. 객관적으로 진짜 믿음이 있는지 없는지 잘 구분되지 않는다. 믿음을 그렇게 믿고 있으면 안 된다. 믿음은 어떤 것보다 중요하다. 누군가를 믿기 위해서는 '잘 알아야' 가능하다. 모르고 믿는 것을 맹신이라고 말한다. '덮어두고 믿으라'고 말하는데 그것은 맹신이다. 내가 누구를 믿고, 무엇을 믿는지 모른 채 믿는 것은 맹신이다. 그것은 가짜 믿음이다.

> 4 바울이 이르되 요한이 회개의 세례를 베풀며 백성에게 말하되 내 뒤에 오시는 이를 믿으라 하였으니 이는 곧 예수라 하거늘
>
> 5 그들이 듣고 주 예수의 이름으로 세례를 받으니
>
> 4 Paul said, "The baptism of John was for those who turned from their sins; and he told the people of Israel to believe in the one who was coming after him-that is, in Jesus."
>
> 5 When they heard this, they were baptized in the name of the Lord Jesus.

19:5 예수님의 이름으로 세례를 받음으로 성령의 임재를 통한 예수님의 임재와 동행이 시작되었다. 이제야 정상이 되었다. 이제 그들은 신앙인의 길을 걸어가게 될 것이다. 알지 못하면 아무리 열심히 가도 길을 제대로 갈 수 없다. 알아야 바르게 갈 수 있다. 아는만큼만 바르게 갈 수 있다. 그래서 바르게 아는 것이 매우 중요하다.

> 6 바울이 그들에게 안수하매 성령이 그들에게 임하시므로 방언도 하고 예언도 하니

> 7 모두 열두 사람쯤 되니라
>
> 8 바울이 회당에 들어가 석 달 동안 담대히 하나님 나라에 관하여 강론하며 권면하되
>
> 6 Paul placed his hands on them, and the Holy Spirit came upon them; they spoke in strange tongues and also proclaimed God's message.
>
> 7 They were about twelve men in all.
>
> 8 Paul went into the synagogue and during three months spoke boldly with the people, holding discussions with them and trying to convince them about the Kingdom of God.

19:8 하나님 나라에 관하여 강론하며. 하나님 나라를 알기 위해서는 가르쳐야 하고 배워야 한다. 하나님 나라를 살아가기 위해서는 하나님 나라의 정체성에 대해 알아야 하고, 법을 알아야 한다. 실제로 그 길을 걸어가기 위해서는 걸어가는 법을 알아야 하기 때문에 배워야 한다. 그래서 바울은 열심히 가르쳤다.

> 9 어떤 사람들은 마음이 굳어 순종하지 않고 무리 앞에서 이 도를 비방하거늘 바울이 그들을 떠나 제자들을 따로 세우고 두란노 서원에서 날마다 강론하니라
>
> 9 But some of them were stubborn and would not believe, and before the whole group they said evil things about the Way of the Lord. So Paul left them and took the believers with him, and every day he held discussions in the lecture hall of Tyrannus.

19:9 어떤 사람들은 마음이 굳어 순종하지 않고. 믿음은 인격적인 관계다. 하나님과의 만남이고 관계를 맺는 것이다. 인격적이라는 것은 참으로 특이하다. 자신의 의견으로 선택하는 것이다. 그래서 하나님을 향해서도 받아들이는 사람이 있는가 하면 거부하는 사람도 있다. 인격적인 것이기에 누가 바꿀 수 없다. **그들을 떠나 제자들을 따로 세우고.** 회당에서 세 달 동안 강론한 이후 바울은 다른 곳에서 모임을 가져야 했다. 에베소에서는 배우는 사람이 많았던 것 같다. 그래서 개인 집에서 모이지 못하고 조금 더 넓은 홀이 필요했다. **두란노 서원에서 날마다 강론하니라.** '두란노(티라노스)의 홀'에서 가르쳤다는 말이다. '두란노'가 '절대군주, 폭군' 등의 의미를 가지고 있는 단어인데 대문자이기 때문에 이름이다. 어쩌면 성질을 반영한 별명일 수도 있다. '두란노'는 홀의 주인일 수도 있고 홀에서 가르치는 유명한 사람일 수도 있다. 둘 다일 수도 있다. 아마 바울은 그 홀에서 빈 시간에 성경을 가르쳤을 것이다. 어떤 성경 사본에는 바울

이 오전 11시부터 오후 4시까지 가르쳤다고 기록되어 있다. 그 지역에서는 낮잠 시간이다. 그렇다면 그 홀에서 두란노는 좋은 시간인 11시 이전에 가르쳤고 바울은 낮잠 자는 빈 시간을 사용하여 가르친 것으로 보인다. 그 시간을 이용한 것은 이용료가 싸고 바울이나 배우는 사람이 일을 하면서 배워야 했기 때문일 것이다. 바울은 11시 이전에는 텐트를 만들고 수리하는 일을 하였을 것이고 낮잠을 자는 쉬는 시간에 성경을 가르친 것으로 보인다. 성경을 배우러 온 사람도 마찬가지다. 그들은 그렇게 쉼을 포기하고 말씀을 배웠다.

> 10 두 해 동안 이같이 하니 아시아에 사는 자는 유대인이나 헬라인이나 다 주의 말씀을 듣더라
>
> 10 This went on for two years, so that all the people who lived in the province of Asia, both Jews and Gentiles, heard the word of the Lord.

19:10 두 해 동안 이같이 하니. 두란노 홀에서 날마다 가르치기를 이 년 동안 했다. 큰 홀이어서 많은 사람들이 들어갈 수 있었고 홀의 이름에 걸맞게 조금은 폭군처럼 아주 스파르타식으로 열심히 한 것 같다. 그렇게 하여도 이 년 동안이나 할 수 있었던 것은 가르치는 사람이나 배우는 사람이 말씀에 열정이 있었기 때문일 것이다. 또한 배워야 하는 것이 많았기 때문일 것이다. 배울 것이 많은 것은 싫은 일이 아니다. 배울 것이 많은 것은 복이다. 그만큼 하나님을 더 알 수 있기 때문이다. 직접적으로 만날 수 있는 길이다. **주의 말씀을 듣더라.** 두란노 홀에서 배운 사람들은 다수가 글을 읽을 수 없었을 것이다. 그래서 주로 들었다. 그러나 그들은 열심히 배웠다. 유대인들은 대부분 일을 마치면 회당에 가서 성경을 공부하고 집에 간다. 지금도 그렇게 한다. 그만큼 말씀을 배워야 한다는 것을 알았다. 그래서 그들은 글을 읽지 못하여도 성경은 잘 알았다. 우리 기독교인들도 그래야 하지 않을까? 말씀은 '주의 말씀'이다. '주의 말씀을 듣는다'는 것은 만나는 것이다. 말씀을 들음으로 안다는 것은 단순히 어떤 지식을 아는 것이 아니다. '안다는 것'은 종합적이고 총체적인 것이다. 말씀을 아는 지식은 그릇과 같다. 삶을 담아내는 그릇이다. 말씀을 알지 못하면 산다는 것이 그냥 사는 것이다. 그러나 말씀을 통해 무엇을 위해 살고, 무엇을 하며 살아야 하며, 누구를 힘입어 사는 것인지를 알게 되면 완전히 달라진다. 말씀을 따라가는 삶은 '영원한 존귀함'이라는 그릇에 담긴다. 빛을 따라 하나님과 동행하는 삶이 되어 위대한 삶이 된다.

> 11 하나님이 바울의 손으로 놀라운 능력을 행하게 하시니
>
> 11 God was performing unusual miracles through Paul.

19:11 하나님이 바울의 손으로 놀라운 능력을 행하게 하시니. 이러한 놀라운 치유는 하나님께서 행하신 일이었다. 바울이 치유하는 것이 아니라 하나님께서 바울을 통해 치유하시는 것이다.

> 12 심지어 사람들이 바울의 몸에서 손수건이나 앞치마를 가져다가 병든 사람에게 얹으면 그 병이 떠나고 악귀도 나가더라
>
> 13 이에 돌아다니며 마술하는 어떤 유대인들이 시험삼아 악귀 들린 자들에게 주 예수의 이름을 불러 말하되 내가 바울이 전파하는 예수를 의지하여 너희에게 명하노라 하더라
>
> 12 Even handkerchiefs and aprons he had used were taken to those who were ill, and their diseases were driven away, and the evil spirits would go out of them.
>
> 13 Some Jews who travelled round and drove out evil spirits also tried to use the name of the Lord Jesus to do this. They said to the evil spirits, "I command you in the name of Jesus, whom Paul preaches."

19:13 어떤 유대인들이 시험삼아 악귀 들린 자들에게 주 예수의 이름을 불러 말하되. 예수님의 이름을 사용하여 악령을 쫓아내고자 하였다. 그들은 예수님을 믿지 않았지만 예수님의 이름을 마술의 주문처럼 사용하였다. 그 주문이 효용이 있는지 시험한 것이다.

> 14 유대의 한 제사장 스게와의 일곱 아들도 이 일을 행하더니
>
> 14 Seven brothers, who were the sons of a Jewish High Priest named Sceva, were doing this.

19:14 제사장 스게와의 일곱 아들도 이 일을 행하더니. 제사장의 아들이 어찌 마술을 행할까 생각할 수 있다. 그러나 당시 이런 일이 흔하였다. 제사장도 매우 흔하였고 미신적인 신앙인 마술에 빠진 유대인들도 많았다. 오늘날에도 목회자들 중에 이

런 미신적인 치유 사역을 하는 사람들이 있다. 종교가 타락하면 늘 치유 사역에 치중한다. 하나님이 전하시고자 하시는 말씀이 아니라 사람이 얻고자 하는 치유에 초점을 맞춘다.

> 15 악귀가 대답하여 이르되 내가 예수도 알고 바울도 알거니와 너희는 누구냐 하며
>
> 15 But the evil spirit said to them, "I know Jesus, and I know about Paul; but you-who are you?"

19:15 악귀가 대답하여 이르되 내가 예수도 알고 바울도 알거니와 너희는 누구냐. 바울의 치유는 인격적인 치유였다. 하나님을 인격적으로 믿음으로 일어났다. 하나님께서 치유하고자 하셔서 치유하셨다. 그것은 앎이라는 것을 근거로 한다. 그런데 거짓 마술사들이 예수님의 이름만 사용하여 치유를 하려고 하니 악령이 비웃는 것이다.

육신의 병을 치유하는 것은 예수님의 복음 전파 사역에서 두드러지게 나타났다. 그러나 육신의 병을 치유한다고 해서 복음인 것은 아니다. 악령도 육신의 병을 치유할 수 있다. 말씀이 우선이고 치유는 다음이다. 복음이 전파되는 곳에 늘 치유 사역이 있는 것도 아니다. 오히려 그 반대다. 치유는 한시적으로 나타나는 경우가 많다. 성경의 역사에서 치유 사건들이 두드러지는 것은 지극히 제한적이다. 바울의 사역에서도 치유가 늘 일어났던 것은 아니다. 하나님께서 제한적으로 필요한 때만 주셨다. 사람이 원하여 치유 집회를 통해 늘 치유되는 것은 잘못된 방식이다.

> 16 악귀 들린 사람이 그들에게 뛰어올라 눌러 이기니 그들이 상하여 벗은 몸으로 그 집에서 도망하는지라
>
> 17 에베소에 사는 유대인과 헬라인들이 다 이 일을 알고 두려워하며 주 예수의 이름을 높이고
>
> 16 The man who had the evil spirit in him attacked them with such violence that he overpowered them all. They ran away from his house, wounded and with their clothes torn off.
>
> 17 All the Jews and Gentiles who lived in Ephesus heard about this; they were all filled

with fear, and the name of the Lord Jesus was given greater honour.

19:17 주 예수의 이름을 높이고. 사람들은 이전에 예수님의 이름을 알지 못하였으나 이제 그 이름을 높이게 되었다. 우리는 우리의 삶을 통해 그리스도의 이름이 높아지도록 해야 한다. 그리스도의 이름에 관심을 가지지 않던 이들이 우리를 통해 관심을 가지게 되고 존경하게 되고 그들의 구주로 받아들이게 되기까지 해야 한다.

18 믿은 사람들이 많이 와서 자복하여 행한 일을 알리며
18 Many of the believers came, publicly admitting and revealing what they had done.

19:18 자복하여 행한 일을 알리며. 공적으로 자신의 죄를 말하였다는 것이다. 마술과 관련된 죄에 대한 것으로 보인다.

19 또 마술을 행하던 많은 사람이 그 책을 모아 가지고 와서 모든 사람 앞에서 불사르니 그 책 값을 계산한즉 은 오만이나 되더라
19 Many of those who had practiced magic brought their books together and burnt them in public. They added up the price of the books, and the total came to 50,000 silver coins.

19:19 책을 모아 가지고 와서. 마술을 행하던 사람들이 그것이 필요 없는 것이라는 것을 알게 되고 회개하였다. 주문 방법과 비법이 기록된 마술 책을 가지고 왔다. **은 오만.** 아마 오만 드라크마를 뜻할 것이다. 그렇다면 현재 가치로는 50억이다. 에베소는 마술과 우상 숭배의 산업이 매우 발전되어 있었다. 모든 마술 책을 다 가져 온 것이 아닐 것인데 상당한 책이 모인 것을 보면 바울이 지금 많은 영향을 미치고 있다고 볼 수 있다.

20 이와 같이 주의 말씀이 힘이 있어 흥왕하여 세력을 얻으니라

> 20 In this powerful way the word of the Lord kept spreading and growing stronger.

19:20 주의 말씀이 힘이 있어. 비인격적인 마술이 아니라 하나님의 말씀을 통해 인격적인 교통을 하는 것이 더 흥왕한 것을 말한다.

> 21 이 일이 있은 후에 바울이 마게도냐와 아가야를 거쳐 예루살렘에 가기로 작정하여 이르되 내가 거기 갔다가 후에 로마도 보아야 하리라 하고
> 21 After these things had happened, Paul made up his mind to travel through Macedonia and Achaia and go on to Jerusalem. "After I go there," he said, "I must also see Rome."

19:21 후에 로마도 보아야 하리라. 바울은 에베소에서의 사역을 마치고 2차 전도여행 때 세워진 마게도냐와 아가야 지역을 순방하고 예루살렘으로 가서 마친 후에 다시 4차 전도여행으로 로마에 가고자 한 것으로 보인다. 그러나 그것은 그의 생각일 뿐이다. 그는 예루살렘으로 가서 붙잡혀 죄수가 되어 로마에 가게 될 것이다. 우리는 예수 그리스도를 믿음으로 변화가 시작된다. 그런데 그 변화는 그리스도가 주인이 되어 주도적으로 이루어 가신다. 우리가 할 일은 순종이다. 바울은 복음전파를 위해서도 열심히 계획하였다. 그러나 그 계획의 주인은 하나님이심을 잘 알고 있었다. 그래서 이후에 계획이 변화되어도 전혀 당황하지 않았다. 하나님께서 이끄신다는 것을 알았기 때문이다.

> 22 자기를 돕는 사람 중에서 디모데와 에라스도 두 사람을 마게도냐로 보내고 자기는 아시아에 얼마 동안 더 있으니라
> 23 그 때쯤 되어 이 도로 말미암아 적지 않은 소동이 있었으니
> 22 So he sent Timothy and Erastus, two of his helpers, to Macedonia, while he spent more time in the province of Asia.
> 23 It was at this time that there was serious trouble in Ephesus because of the Way of the Lord.

19:23 이 도로 말미암아 적지 않은 소동이 있었으니. 복음을 받아들이면 그들의 삶(길)이 바뀌었다. 오늘날 교회를 다니는 사람들도 그래야 한다. 그들이 주일에 교회 가는 것만이 아니라 그들의 모든 삶이 바뀌어야 한다. 목적이 다르다. 그래서 하는 일이 바뀐다. 같은 일도 힘이 다르다. 이것이 우리 안에 소동을 일으켜야 한다. 좋은 소동이 있어야 한다.

> 24 즉 데메드리오라 하는 어떤 은장색이 은으로 아데미의 신상 모형을 만들어 직공들에게 적지 않은 벌이를 하게 하더니
>
> 24 A certain silversmith named Demetrius made silver models of the temple of the goddess Artemis, and his business brought a great deal of profit to the workers.

19:24 은으로 아데미의 신상 모형을 만들어...많은 벌이를 하게 하더니. 에베소에는 7대 불가사의라 할 만큼 큰 아데미 신전이 있었다. 아데미 축제 때는 많은 외부인들이 방문하였다. 은으로 작은 아데미 신전과 신상 모양을 만들어 팔아 돈을 버는 사람들이 있었다. 은으로 만들었기 때문에 장난감 수준의 기념품이 아니라 고가의 기념품이다. 바울 때문에 자신의 수입이 줄어들 기미가 보이자 데메드리오라는 사람이 불만을 표시했던 것이다.

> 25 그가 그 직공들과 그러한 영업하는 자들을 모아 이르되 여러분도 알거니와 우리의 풍족한 생활이 이 생업에 있는데
>
> 25 So he called them all together with others whose work was like theirs and said to them, "Men, you know that our prosperity comes from this work.

19:25 그 직공들과 그러한 영업하는 자들을 모아. 데메드리오는 아데미 신전 모형 만드는 것과 관련된 사람들을 모아 선동하였다. **우리의 풍족한 생활이 이 생업에 있는데.** 그들은 아데미 신전 모형을 만들어 풍족한 생활을 누리고 있었다. 그런데 만약 바울이 전하는 기독교가 더욱 세를 얻으면 자신들의 수입에 지장이 생겨 풍족한 생활을 할 수 없다고 주장하였다.

> 26 이 바울이 에베소뿐 아니라 거의 전 아시아를 통하여 수많은 사람을 권유하여 말하되 사람의 손으로 만든 것들은 신이 아니라 하니 이는 그대들도 보고 들은 것이라
>
> 27 우리의 이 영업이 천하여질 위험이 있을 뿐 아니라 큰 여신 아데미의 신전도 무시 당하게 되고 온 아시아와 천하가 위하는 그의 위엄도 떨어질까 하노라 하더라
>
> 26 Now, you can see and hear for yourselves what this fellow Paul is doing. He says that gods made by human hands are not gods at all, and he has succeeded in convincing many people, both here in Ephesus and in nearly the whole province of Asia.
>
> 27 There is the danger, then, that this business of ours will get a bad name. Not only that, but there is also the danger that the temple of the great goddess Artemis will come to mean nothing and that her greatness will be destroyed-the goddess worshipped by everyone in Asia and in all the world!"

19:27 우리의 이 영업이 천하여질 위험이 있을 뿐 아니라. 자신들의 직업을 사람들이 무시하게 되면 수입이 줄어들고 부끄럽게 될 것이다. 큰 일 난 것이라 생각하였다. **큰 여신 아데미의 신전도 무시 당하고.** 아데미는 당시 '위대한 어머니'로 불려지며 가장 숭상되던 여신이다. 그들은 아데미 여신이 무시되는 일은 결코 있어서는 안 되는 일이라고 생각하였을 것이다. 그것은 아주 좋은 명분이 되었다. 실제로는 자신들의 이익이 우선이지만 그것을 움직이는 것은 명분이다. 그들은 드디어 명분을 잡았다.

> 28 그들이 이 말을 듣고 분노가 가득하여 외쳐 이르되 크다 에베소 사람의 아데미여 하니
>
> 29 온 시내가 요란하여 바울과 같이 다니는 마게도냐 사람 가이오와 아리스다고를 붙들어 일제히 연극장으로 달려 들어가는지라
>
> 28 As the crowd heard these words, they became furious and started shouting, "Great is Artemis of Ephesus!"
>
> 29 The uproar spread throughout the whole city. The mob seized Gaius and Aristarchus, two Macedonians who were travelling with Paul, and rushed with them to the theatre.

19:29 온 시내가 요란하여...연극장으로 달려 들어가는지라. 에베소에 큰 소요가 일어났다. 그들은 25,000명을 수용할 수 있는 연극장으로 몰려갔다.

> 30 바울이 백성 가운데로 들어가고자 하나 제자들이 말리고
>
> 31 또 아시아 관리 중에 바울의 친구된 어떤 이들이 그에게 통지하여 연극장에 들어가지 말라 권하더라
>
> 32 사람들이 외쳐 어떤 이는 이런 말을, 어떤 이는 저런 말을 하니 모인 무리가 분란하여 태반이나 어찌하여 모였는지 알지 못하더라
>
> 30 Paul himself wanted to go before the crowd, but the believers would not let him.
>
> 31 Some of the provincial authorities, who were his friends, also sent him a message begging him not to show himself in the theatre.
>
> 32 Meanwhile the whole meeting was in an uproar: some people were shouting one thing, others were shouting something else, because most of them did not even know why they had come together.

19:32 모인 무리가 분란하여 태반이나 어찌하여 모였는지 알지 못하더라. 수많은 사람이 모였다. 그러나 그들이 왜 모였는지를 몰랐다. 단지 '크다 에베소 사람의 아데미여'라고 연호하며 모였을 뿐이다.

> 33 유대인들이 무리 가운데서 알렉산더를 권하여 앞으로 밀어내니 알렉산더가 손짓하며 백성에게 변명하려 하나
>
> 34 그들은 그가 유대인인 줄 알고 다 한 소리로 외쳐 이르되 크다 에베소 사람의 아데미여 하기를 두 시간이나 하더니
>
> 35 서기장이 무리를 진정시키고 이르되 에베소 사람들아 에베소 시가 큰 아데미와 제우스에게서 내려온 우상의 신전지기가 된 줄을 누가 알지 못하겠느냐
>
> 36 이 일이 그렇지 않다 할 수 없으니 너희가 가만히 있어서 무엇이든지 경솔히 아니하여야 하리라
>
> 37 신전의 물건을 도둑질하지도 아니하였고 우리 여신을 비방하지도 아니한 이 사람들을 너희가 붙잡아 왔으니
>
> 38 만일 데메드리오와 그와 함께 있는 직공들이 누구에게 고발할 것이 있으면 재판 날도 있고 총독들도 있으니 피차 고소할 것이요
>
> 39 만일 그 외에 무엇을 원하면 정식으로 민회에서 결정할지라
>
> 40 오늘 아무 까닭도 없는 이 일에 우리가 소요 사건으로 책망 받을 위험이 있고

우리는 이 불법 집회에 관하여 보고할 자료가 없다 하고

33 Some of the people concluded that Alexander was responsible, since the Jews made him go up to the front. Then Alexander motioned with his hand for the people to be silent, and he tried to make a speech of defence.

34 But when they recognized that he was a Jew, they all shouted together the same thing for two hours: "Great is Artemis of Ephesus!"

35 At last the town clerk was able to calm the crowd. "Fellow-Ephesians!" he said. "Everyone knows that the city of Ephesus is the keeper of the temple of the great Artemis and of the sacred stone that fell down from heaven.

36 Nobody can deny these things. So then, you must calm down and not do anything reckless.

37 You have brought these men here even though they have not robbed temples or said evil things about our goddess.

38 If Demetrius and his workers have an accusation against anyone, we have the authorities and the regular days for court; charges can be made there.

39 But if there is something more that you want, it will have to be settled in a legal meeting of citizens.

40 For after what has happened today, there is the danger that we will be accused of a riot. There is no excuse for all this uproar, and we would not be able to give a good reason for it."

19:40 까닭도 없는 이 일에 우리가 소요 사건으로 책망 받을 위험이 있고. 서기관은 통제되지 않는 불법적 민회로 인하여 로마 총독이 문제 삼으면 그것이 문제라고 말하였다. 예수를 전하는 이들이 죄가 있으면 고발하고 재판하는 과정을 거치라고 말하였다.

41 이에 그 모임을 흩어지게 하니라

41 After saying this, he dismissed the meeting.

20장

> 1 소요가 그치매 바울은 제자들을 불러 권한 후에 작별하고 떠나 마게도냐로 가니라
>
> 1 After the uproar died down, Paul called together the believers and with words of encouragement said goodbye to them. Then he left and went on to Macedonia.

20:1 마게도냐. 에베소에서 마게도냐까지는 500km가 넘는다

> 2 그 지방으로 다녀가며 여러 말로 제자들에게 권하고 헬라에 이르러
>
> 2 He went through those regions and encouraged the people with many messages. Then he came to Achaia,

20:2 헬라에 이르러. 빌립보에서 헬라 지역인 아덴과 고린도까지 가려면 또 500km가 넘는다. 배를 탈 때 빼고는 주로 걸어서 다녔을 것이다. 그 먼 거리를 옆집 다니듯이 갔다. 오직 복음에 대한 열정 때문이다.

> 3 거기 석 달 동안 있다가 배 타고 수리아로 가고자 할 그 때에 유대인들이 자기를 해하려고 공모하므로 마게도냐를 거쳐 돌아가기로 작정하니
>
> 3 where he stayed three months. He was getting ready to go to Syria when he discovered that there were Jews plotting against him; so he decided to go back through Macedonia.

20:3 배 타고 수리아로 가고자 할 그 때에 유대인들이 자기를 해하려고 공모하므로. 고린도에서 배를 타고 수리아 지역으로 가려고 했으나 자신을 해하려는 사람들의 계획을 들었다. 그러면 이제 어떻게 해야 할까? 잠시 숨을 죽이고 있어야 할 것 같다. 그러나

바울은 위험 앞에 멈추지 않았다. **마게도냐를 거쳐 돌아가기로 작정하니.** 바울을 쉽게 잡으려는 사람들은 항구에서 기회를 엿볼 것이다. 그래서 바울은 고린도에서 마게도냐 지역으로 500km이상을 걸어서 올라갔다. 적들은 그 먼 거리를 바울이 걸어서 올라갈 것이라고 생각하지 못했을 것이다. 그러나 바울은 열정을 가지고 있었기 때문에 걸어서 올라갔다. 결국 바울 일행은 걸어서 마게도냐 지역으로 올라간 이후 배를 타고 드로아에 이르렀다.

바울의 복음의 열정이 그를 죽이려는 악한 사람들의 열정을 이겼다. 악한 사람들의 열정이 때로는 매우 크다. 그러나 복음의 진가를 아는 사람은 악한 사람의 열정보다 더 크다. 복음을 단지 착한 일 정도로 생각하여 먹고 사는 일보다 더 작은 것으로 여기는 사람은 복음에 큰 열정을 가지지 않을 것이다. 그러나 복음을 세상의 유일한 진리로 아는 사람에게는 어떤 것보다 복음을 향한 열정이 더 크다. 그래서 세상의 악한 열정을 이길 수 있다. 진리라 할지라도 거짓을 가진 사람의 열정보다 더 작으면 소멸될 것이다. 그러기에 신앙인은 자신이 가진 복음이 진리라는 것을 안다면 그것을 가지고 열정적으로 살아야 한다. 어떤 다른 열정보다 더 커야 한다.

4 아시아까지 함께 가는 자는 베뢰아 사람 부로의 아들 소바더와 데살로니가 사람 아리스다고와 세군도와 더베 사람 가이오와 및 디모데와 아시아 사람 두기고와 드로비모라

5 그들은 먼저 가서 드로아에서 우리를 기다리더라

6 우리는 무교절 후에 빌립보에서 배로 떠나 닷새 만에 드로아에 있는 그들에게 가서 이레를 머무니라

7 그 주간의 첫날에 우리가 떡을 떼려 하여 모였더니 바울이 이튿날 떠나고자 하여 그들에게 강론할새 말을 밤중까지 계속하매

4 Sopater son of Pyrrhus, from Berea, went with him; so did Aristarchus and Secundus, from Thessalonica; Gaius, from Derbe; Tychicus and Trophimus, from the province of Asia; and Timothy.

5 They went ahead and waited for us in Troas.

6 We sailed from Philippi after the Festival of Unleavened Bread, and five days later we joined them in Troas, where we spent a week.

7 On Saturday evening we gathered together for the fellowship meal. Paul spoke to the

people and kept on speaking until midnight, since he was going to leave the next day.

20:7 그 주간의 첫날. 주일을 말한다. 이 당시에는 주일에 쉬는 것이 없었기 때문에 밤에 모였을 것이다. **이튿날 떠나고자 하여 그들에게 강론할새 말을 밤중까지 계속하매.** 다음날 떠나야 하기 때문에 바울은 더욱 열정적으로 강론하였다. 마치 그 날이 마지막 날인 것처럼 강론하였다. 그래서 밥 먹을 시간이 한참 지나고 한밤중이 되었는데도 강론이 이어진 것으로 보인다. 일하고 저녁에 와서 한밤중까지 예배하며 그것을 듣고 있는 사람도 대단하고 전하고 있는 바울도 대단하다.

8 우리가 모인 윗다락에 등불을 많이 켰는데

9 유두고라 하는 청년이 창에 걸터 앉아 있다가 깊이 졸더니 바울이 강론하기를 더 오래 하매 졸음을 이기지 못하여 삼 층에서 떨어지거늘 일으켜보니 죽었는지라

8 Many lamps were burning in the upstairs room where we were meeting.

9 A young man named Eutychus was sitting in the window, and as Paul kept on talking, Eutychus got sleepier and sleepier, until he finally went sound asleep and fell from the third storey to the ground. When they picked him up, he was dead.

20:9 유두고라 하는 청년이 창에 걸터 앉아 있다가...삼 층에서 떨어지거늘. 당시 큰 도시의 집들은 주로 다가구 주택이었다. 1층은 상가였으며 3층은 가난한 사람들이 살았다. 3층에서 예배가 있었다. 창가에 걸터앉아 있던 청년이 졸다가 창 너머 아래로 떨어졌다. 열정이 사고를 쳤다. 열정이 때로는 일반적이지 않은 사고를 내곤 한다. 저녁에 예배를 시작했으면 그래도 자정 전에는 마쳐야 할 것 같은데 바울은 자정을 넘겼다. 유두고도 길어지는 예배에 계속 참여하지 않고 집에 가도 좋을 것 같다. 그러나 그도 바울이 전하는 복음 이야기를 더 듣고 싶어했다. 그렇게 열정으로 가득한 사람들로 인해 큰 문제가 생겼다. **일으켜보니 죽었는지라.** 예배드리다 사람이 죽었다. 얼마나 끔찍한 일인가? 왜 설교를 그리 길게 하여 앞 길 창창한 청년이 죽게 만들었는지 원망이 가득할 수 있다. 관련된 사람들의 아픔이 눈에 보듯 뻔하고 복음의 문이 닫힐 것도 뻔해 보이는 상황이다. 그러나 그 사건은 그렇게 끝나지 않았다.

> 10 바울이 내려가서 그 위에 엎드려 그 몸을 안고 말하되 떠들지 말라 생명이 그에게 있다 하고
>
> 11 올라가 떡을 떼어 먹고 오랫동안 곧 날이 새기까지 이야기하고 떠나니라
>
> 10 But Paul went down and threw himself on him and hugged him. "Don't worry," he said, "he is still alive!"
>
> 11 Then he went back upstairs, broke bread, and ate. After talking with them for a long time, even until sunrise, Paul left.

20:11 올라가 떡을 떼어 먹고 오랫동안 곧 날이 새기까지 이야기하고 떠나니라. 유두고 사건은 오히려 더 많은 이야기 꽃을 피우는 사건이 되었다. 올라가 야밤에 빵을 먹었다. 유두고의 죽음에 소란했던 사람들은 예수님이 빵을 떼던 날 밤 예수님의 죽으심이 얼마나 크고 아팠는지를 더 많이 생각하게 되었을 것이다. 아주 특별한 성만찬이 되었을 것이다. 그래서 날이 새기까지 이야기가 이어졌다. 밤을 새면서 수많은 이야기 꽃이 피었다. 그들의 얼굴에는 은혜의 꽃이 피었을 것이다.

> 12 사람들이 살아난 청년을 데리고 가서 적지 않게 위로를 받았더라
>
> 12 They took the young man home alive and were greatly comforted.

20:12 위로를 받았더라. 사람들은 유두고 때문에 위로를 받았다. 그가 살아 난 것이 얼마나 감사한 일인가? 열정 때문에 큰 어려움을 겪었지만 하나님께서 그것을 선하게 사용하셔서 큰 위로가 되었다. 하나님의 일에 대한 열정이 없었으면 결코 경험하지 못했을 것이다. 열정 때문에 더욱더 놀라운 일을 경험하게 되었다.

> 13 우리는 앞서 배를 타고 앗소에서 바울을 태우려고 그리로 가니 이는 바울이 걸어서 가고자 하여 그렇게 정하여 준 것이라
>
> 13 We went on ahead to the ship and sailed off to Assos, where we were going to take Paul aboard. He had told us to do this, because he was going there by land.

20:13 우리는 앞서 배를 타고...바울이 걸어서 가고자 하여. 드로아에서 앗소까지 바울과 함께 하던 사람들은 배를 타고 갔다. 그런데 어찌 된 이유인지 바울은 걸어서 갔다. 이유가 나와 있지 않으니 추측만 가능하다. 그가 홀로 이 거리를 간 것은 더 힘든 일이다. 어려움을 감수하였다는 뜻이다. 그가 걸어서 앗소에 간 것은 시간을 아끼고자 하여 그럴 수 있다. 드로아에서 사람들과 조금이라도 더 함께 있기 위해 바울이 늦게 떠나면서 일행을 먼저 배로 떠나게 한 것일 수 있다. 그렇다면 바울은 걸어서보다는 다른 이동 수단을 사용하여 다소로 갔을 것이다. 50km떨어진 곳이기에 걸어가면 이틀이 소요되겠지만 다른 이동 수단을 사용한다면 배로 70km를 돌아오는 것보다 더 빠를 수 있다. 아니면 그가 다소로 오면서 복음을 전하고자 하는 곳이 있었을 수도 있다. 이곳이 생소한 지역이기는 하지만 충분히 가능하다. 그렇다면 그는 복음에 대한 열정 때문에 그렇게 힘든 길을 갔다고 볼 수 있다. 큰 차이도 아닌데 조금이라도 복음의 진보를 위해 더 수고하였던 것이다. 그는 다른 일행과 함께 예루살렘에 가는 일정에서도 더 힘든 길을 가고 있다. 복음에 대한 열정 때문이다.

> 14 바울이 앗소에서 우리를 만나니 우리가 배에 태우고 미둘레네로 가서
>
> 15 거기서 떠나 이튿날 기오 앞에 오고 그 이튿날 사모에 들르고 또 그 다음 날 밀레도에 이르니라
>
> 16 바울이 아시아에서 지체하지 않기 위하여 에베소를 지나 배 타고 가기로 작정하였으니 이는 될 수 있는 대로 오순절 안에 예루살렘에 이르려고 급히 감이러라
>
> 14 When he met us in Assos, we took him aboard and went on to Mitylene.
>
> 15 We sailed from there and arrived off Chios the next day. A day later we came to Samos, and the following day we reached Miletus.
>
> 16 Paul had decided to sail on past Ephesus, so as not to lose any time in the province of Asia. He was in a hurry to arrive in Jerusalem by the day of Pentecost, if at all possible.

20:16 에베소를 지나 배 타고 가기로 작정하였으니. 그는 에베소를 들리지 않고 곧바로 예루살렘에 가고자 하였다. 1차 전도여행 때는 더 힘들어도 그가 복음을 전한 갈라디아 지역의 교회를 모두 다시 돌아보면서 돌아왔었다. 그런데 3차 전도여행 때의 중심 도시인 에베소를 들리지 않고 오려고 하고 있다. 이것은 에베소에서 오랜 시간 있었기

때문에 다시 돌아볼 필요를 느끼지 못했기 때문일 것이다. 또한 에베소에 들리면 그가 오래 있었던 만큼 만나게 되고 보고 싶은 사람도 많을 것이기 때문에 시간을 지체할 수 없어 에베소를 들리지 않았을 수도 있다. 그가 지금 그렇게 가고자 하는 예루살렘은 무슨 부귀영화를 위해 가는 것이 아니다. 에베소에 들리면 많은 사람이 그를 환영할 것이다. 그러나 그가 예루살렘에 도착하면 '결박과 환난'이 기다리고 있음을 알고 있었다. 그런데 그럼에도 불구하고 그는 에베소에서 사람을 만나는 것을 생략하고 예루살렘으로 가고 있다. 그가 하고 싶은 일이 아니라 하나님께서 이끄시는 삶을 걸어가고 있기 때문에 그렇게 하고 있는 것이다.

> 17 바울이 밀레도에서 사람을 에베소로 보내어 교회 장로들을 청하니
> 17 From Miletus Paul sent a message to Ephesus, asking the elders of the church to meet him.

20:17 사람을 에베소로 보내어 교회 장로들을 청하니. 바울은 시간을 지체할 수 없어 에베소를 들리지 못했지만 대신 에베소 교회의 장로들을 배가 정박한 밀레도에 불렀다. 교회를 위해 그들에게 당부할 것이 있기 때문이다. 그는 사람을 보고 싶은 마음이 아니라 교회의 유익을 위해 에베소 장로들을 만났다.

> 18 오매 그들에게 말하되 아시아에 들어온 첫날부터 지금까지 내가 항상 여러분 가운데서 어떻게 행하였는지를 여러분도 아는 바니
> 19 곧 모든 겸손과 눈물이며 유대인의 간계로 말미암아 당한 시험을 참고 주를 섬긴 것과
> 18 When they arrived, he said to them, "You know how I spent the whole time I was with you, from the first day I arrived in the province of Asia.
> 19 With all humility and many tears I did my work as the Lord's servant during the hard times that came to me because of the plots of some Jews.

20:19 겸손과 눈물. 그는 에베소에서 가르칠 때 가르치는 자의 높음이 아니라 겸손하게 스스로 낮은 자가 되어 섬겼다. 또한 많은 눈물로 섬겼다. 이 눈물은 에베소 교인

들에 대한 긍휼의 마음에서 흘리는 눈물일 수도 있고 고난 가운데 흘리는 눈물일 수도 있다. 바울은 에베소에서 자신의 안위를 위해 살지 않았다. 그는 섬김을 받고 편안하게 사는 것과는 거리가 멀었다.

> 20 유익한 것은 무엇이든지 공중 앞에서나 각 집에서나 거리낌이 없이 여러분에게 전하여 가르치고
>
> 21 유대인과 헬라인들에게 하나님께 대한 회개와 우리 주 예수 그리스도께 대한 믿음을 증언한 것이라
>
> 22 보라 이제 나는 성령에 매여 예루살렘으로 가는데 거기서 무슨 일을 당할는지 알지 못하노라
>
> 20 You know that I did not hold back anything that would be of help to you as I preached and taught in public and in your homes.
>
> 21 To Jews and Gentiles alike I gave solemn warning that they should turn from their sins to God and believe in our Lord Jesus.
>
> 22 And now, in obedience to the Holy Spirit I am going to Jerusalem, not knowing what will happen to me there.

20:22 성령에 매여 예루살렘으로 가는데. 그는 예루살렘에 자랑하기 위해 가거나 편안을 추구하기 위해 가는 것이 아니다. 성령께서 그를 그곳으로 이끄시는 것을 알고 순종함으로 가고 있었다.

> 23 오직 성령이 각 성에서 내게 증언하여 결박과 환난이 나를 기다린다 하시나
>
> 23 I only know that in every city the Holy Spirit has warned me that prison and troubles wait for me.

20:23 결박과 환난이 나를 기다린다 하시나. 바울은 자신이 예루살렘에 가면 결박을 당하고 환난을 당한다는 것을 알았다. 그러나 성령이 그를 예루살렘으로 이끄시기 때문에 그곳으로 가고 있다.

> **24** 내가 달려갈 길과 주 예수께 받은 사명 곧 하나님의 은혜의 복음을 증언하는 일을 마치려 함에는 나의 생명조차 조금도 귀한 것으로 여기지 아니하노라
>
> 24 But I reckon my own life to be worth nothing to me; I only want to complete my mission and finish the work that the Lord Jesus gave me to do, which is to declare the Good News about the grace of God.

20:24 사명...복음을 증언하는 일을 마치려 함에는 나의 생명조차 조금도 귀한 것으로 여기지 아니하노라. 바울은 예루살렘에 가면 자신의 생명이 위협받는다는 것을 알았다. 그러나 그에게는 생명 유지가 중요하지 않았다. 바울은 하나님께서 그에게 주신 사명을 완수하는 것이 더 중요하다고 생각하였다. 그래서 예루살렘으로 가고 있다. 사람들은 생명을 가장 귀히 여기는 경향이 있다. 그러나 아무리 오래 살아도 자신이 창조된 목적을 이루지 못하고 산다면 그것은 진정한 생명이 아니다. 많은 사람이 사명 없는 삶을 살고 있다. 왜 살아야 하는지 답을 가지지 못하고 살고 있다. 그렇다면 그것은 살아도 사는 것이 아니다. 사명이 있을 때 생명이 존귀한 것이다. 생명이 사명을 이루는 도구가 되기 때문이다. 사람은 사명이 중요하다. 생명은 이 땅에서 죽음을 당하여도 다시 살아나게 될 것이다. 그러나 사명은 이 땅에서 이루지 못하면 다시 기회가 없다. 그래서 이 땅에서 생명이 있을 때 열심히 사명을 이루어 가야 한다.

> **25** 보라 내가 여러분 중에 왕래하며 하나님의 나라를 전파하였으나 이제는 여러분이 다 내 얼굴을 다시 보지 못할 줄 아노라
>
> 25 "I have gone about among all of you, preaching the Kingdom of God. And now I know that none of you will ever see me again.

20:25 이제는 여러분이 다 내 얼굴을 다시 보지 못할 줄 아노라. 바울이 에베소 장로들을 다시 못 보게 되는 이유는 두 가지를 생각해 볼 수 있다. 첫째, 그가 예루살렘에서 순교할 것을 예측하는 것일 수 있다. 둘째, 그의 전도 계획에 있어 에베소는 이제 충분히 복음이 전해졌기 때문에 4차 전도여행 때는 에베소를 들리지 않고 로마와 스페인 쪽을 생각하기 때문일 수 있다. 여하튼 바울은 다시는 에베소 장로들을 보지 못할 것이라 생각하면서(실제로는 이후에 다시 한 번 만난다) 마지막 부탁처럼 말하였다. 마지막 부탁의 말이기에 그의 말에서 신앙인의 길이 무엇인지를 엿볼 수 있다.

> 26 그러므로 오늘 여러분에게 증언하거니와 모든 사람의 피에 대하여 내가 깨끗하니
>
> 26 So I solemnly declare to you this very day: if any of you should be lost, I am not responsible.

20:26 모든 사람의 피에 대하여 내가 깨끗하니. 이것은 파수꾼을 상징적으로 사용하여 말하는 것이다. 성에는 파수꾼이 있는데 적이 공격하여 올 때 그가 파수꾼으로서 의무를 다하였고 경고를 하였으면 성 사람들의 죽음에 대해 책임이 없다. 그것처럼 바울이 에베소에서 충분히 복음을 전하였기 때문에 그것을 듣고도 받아들이지 않은 사람들의 피(영적인 죽음)에 대해 그가 책임이 없다는 것을 말하는 것이다.

> 27 이는 내가 꺼리지 않고 하나님의 뜻을 다 여러분에게 전하였음이라
>
> 27 For I have not held back from announcing to you the whole purpose of God.

20:27 하나님의 뜻을 다 여러분에게 전하였음이라. 바울은 청중의 인기나 자신의 안위를 생각하지 않고 정직하고 신실하게 오직 하나님의 뜻을 전하였다. 그래서 이렇게 당당하게 말할 수 있었다. 목회자로 또는 성도로 우리는 주변의 피에 대해 책임이 없을까? 그렇게 말할 수 있기를 바란다. 인생의 길을 가면서 가장 중요한 것은 생명이지 않을까? 세상 사람들은 육신의 생명을 중요하게 생각하지만 우리는 영원한 생명을 가장 중요하게 생각해야 하지 않을까?

> 28 여러분은 자기를 위하여 또는 온 양 떼를 위하여 삼가라 성령이 그들 가운데 여러분을 감독자로 삼고 하나님이 자기 피로 사신 교회를 보살피게 하셨느니라
>
> 28 So keep watch over yourselves and over all the flock which the Holy Spirit has placed in your care. Be shepherds of the church of God, which he made his own through the blood of his Son.

20:28 이 구절의 새 번역은 다음과 같다. "여러분은 자기 자신을 잘 살피고 양 떼를 잘 보살피십시오. 성령이 여러분을 양 떼 가운데에 감독으로 세우셔서, 하나님께서

자기 아들의 피로 사신 교회를 돌보게 하셨습니다." (행 20:28) 자기 자신과 양 떼를 잘 살피는 것이 매우 중요하다. 늘 돌보아야 한다. 육신의 양식을 먹지 않으면 금세 기운이 없는 것처럼 영적인 양식을 먹임으로 돌보아야 한다. 영원한 생명을 알고 그 생명을 유지하도록 돌보아야 한다. **감독자.** 에베소 장로들을 부르는 호칭으로 장로, 감독, 목자 등이 있다. 이 세 가지 호칭은 각각 다른 직분을 의미하기 보다는 교회의 리더를 부르는 다양한 이름으로 보인다. 장로가 유대인 사회에서부터 부르는 일반적 호칭이었다면 목자는 조금 의아한 호칭이다. 목자는 신약 시대 때에 낮은 계층의 사람들을 의미하기 때문이다. 심지어는 사기꾼의 이미지가 강하여 법정 증인으로 설 수도 없을 지경이었다. 어떤 면에서는 이 호칭이 교회의 리더에게 가장 잘 어울린다. 양 떼를 위해 가장 낮은 자리에 위치하는 것이다. **하나님이 자기 피로 사신 교회를 보살피게 하셨느니라.** 특히 목회자는 교회의 많은 생명을 돌보는 책임이 있어 더욱 중요하다. '하나님이 자기 피'는 '하나님의 아들의 피'로 번역할 수도 있다. 후자가 더 자연스럽다. 교회는 예수 그리스도의 피로 사신 것이다. 어떤 성도가 그리스도의 피와 상관 없는 사람이 있을까? 성도라 하면 그리스도의 피로 대속함을 입은 사람이다. 그렇다면 모두 그리스도의 피로 산 사람들이다. 얼마나 큰 대가인가. 한 사람 한 사람이 매우 소중하다. 그렇게 소중한 사람을 양육하고 있는 것이다. 그러니 목회자는 더욱 두렵고 떨림으로 목회해야 한다. 자신의 안위가 아니라 오직 하나님의 뜻을 위해 목회해야 한다.

> 29 내가 떠난 후에 사나운 이리가 여러분에게 들어와서 그 양 떼를 아끼지 아니하며
>
> 29 I know that after I leave, fierce wolves will come among you, and they will not spare the flock.

20:29 이리가 여러분에게 들어와서 그 양 떼를 아끼지 아니하며. 이리는 양 떼를 잡아먹는다. 목회자는 양 떼를 돌보아야 하는데 잡아 먹는 사람도 있다. 자신들의 배를 채우려는 사람들이 늘 있다. 그들은 양 떼를 위하지 않는다. 오직 자기를 위한다. 그러니 그러한 이리 떼로부터 양 떼를 보호해야 한다. 목회자는 자신의 안위가 아니라 양 떼의 생명을 위해야 한다. 개인의 이익과 명예를 위해 생명을 팔아먹으면 안 된다.

> 30 또한 여러분 중에서도 제자들을 끌어 자기를 따르게 하려고 어그러진 말을 하는 사람들이 일어날 줄을 내가 아노라
>
> 31 그러므로 여러분이 일깨어 내가 삼 년이나 밤낮 쉬지 않고 눈물로 각 사람을 훈계하던 것을 기억하라
>
> 30 The time will come when some men from your own group will tell lies to lead the believers away after them.
>
> 31 Watch, then, and remember that with many tears, day and night, I taught every one of you for three years.

20:31 눈물로서 훈계. 리더는 말씀에 있어는 정확해야 하고 타협하면 안 되지만 사람을 향해서는 항상 온유해야 한다. 그것을 잘 드러내는 문구가 '눈물로서 훈계'이다. 성도를 향해 끝까지 사랑하는 마음을 잃지말아야 한다. 사랑해야 목사다.

> 32 지금 내가 여러분을 주와 및 그 은혜의 말씀에 부탁하노니 그 말씀이 여러분을 능히 든든히 세우사 거룩하게 하심을 입은 모든 자 가운데 기업이 있게 하시리라
>
> 32 "And now I commend you to the care of God and to the message of his grace, which is able to build you up and give you the blessings God has for all his people.

20:32 내가 여러분을 주와 및 그 은혜의 말씀에 부탁하노니. 바울은 에베소 교인들을 하나님 앞에 둔다고 말한다. '하나님 앞에 둔다'는 것은 또한 '하나님의 말씀 앞에 둔다'는 것이기도 하다. **그 말씀이 여러분을 능히 든든히 세우사.** 말씀은 우리를 세운다. 생명을 가졌어도 자라지 않으면 긴가민가 할 수 있다. 그러나 말씀을 따라가면 건물이 우뚝 세워지는 것처럼 믿음이 세워져서 의심할 수 없는 크기가 된다. **거룩하게 하심을 입은 모든 자 가운데 기업이 있게 하시리라.** 말씀을 알고 따라가면 기업이 있다. 말씀을 따라 가는 삶은 하나하나가 다 열매가 된다. 그래서 하나님 나라에서 얻을 상급이 된다. 기업이 된다. 하나님 나라의 상급을 바라는 것은 결코 탐욕이라 말하지 않는다. 하나님 나라의 상속은 제한이 없다. 세상의 것은 조금만 과하면 탐욕인 경우가 많다. 사실 필요 이상이기 때문이다. 그래서 세상의 것은 자족해야 하지만 하늘의 것은 늘 더 갈망해야 한다. 더 받을 수 있다. 하늘의 것은 아무리 원해도 탐욕이라 말하지 않는다. 믿음이라 말한다. 하늘의 것에 대해서는 더 많이 욕심을 가져야 한다.

> 33 내가 아무의 은이나 금이나 의복을 탐하지 아니하였고
>
> 33 I have not wanted anyone's silver or gold or clothing.

20:33 탐하지 아니하였고. 바울은 부와 지위를 탐하지 않았다. 그것이 필요 없어서가 아니다. 그것을 자신의 것이 아니며 작은 것으로 여겼기 때문이다. 그러한 것이 없으면 불편하지만 그것보다 더 중요한 것을 위하여 과감히 포기할 수 있기 때문이다. 살아가면서 돈 싫어하는 사람을 본 적이 없다. 모두가 돈이 필요하다. 그래서 돈에 대한 욕심을 가질 수 있다. 그러나 신앙인은 돈보다 더 중요한 것이 있음을 안다. 말씀의 열매다. 그래서 돈을 탐하지 않는다. 말씀의 열매를 욕심 낸다. 둘 다 가질 수는 없다.

> 34 여러분이 아는 바와 같이 이 손으로 나와 내 동행들이 쓰는 것을 충당하여
>
> 34 You yourselves know that I have worked with these hands of mine to provide everything that my companions and I have needed.

20:34 이 손으로 나와 내 동행들이 쓰는 것을 충당하여. 바울은 복음의 일꾼으로서 다른 사람들이 지원하는 것으로 살 수도 있었다. 그러나 그는 돈이 부족하여 일을 할 때도 전혀 개의치 않았다. 그러면 그럴수록 하늘의 기업이 더 커지기 때문이다.

> 35 범사에 여러분에게 모본을 보여준 바와 같이 수고하여 약한 사람들을 돕고 또 주 예수께서 친히 말씀하신 바 주는 것이 받는 것보다 복이 있다 하심을 기억하여야 할지니라
>
> 35 I have shown you in all things that by working hard in this way we must help the weak, remembering the words that the Lord Jesus himself said, 'There is more happiness in giving than in receiving.' "

20:35 주는 것이 받는 것보다 복이 있다 하심을 기억하여야 할지니라. 주는 것이 이 땅에서는 적어지는 것이지만 하늘에서 쌓이는 것이기 때문에 더욱 복된 것이다. 세상 사람들은 세상에 쌓이는 것을 더 좋아하지만 믿음의 사람은 하늘에 쌓이는 것을 더 좋아한다. 그래서 바울은 그렇게 살았다.

36 이 말을 한 후 무릎을 꿇고 그 모든 사람들과 함께 기도하니

37 다 크게 울며 바울의 목을 안고 입을 맞추고

38 다시 그 얼굴을 보지 못하리라 한 말로 말미암아 더욱 근심하고 배에까지 그를 전송하니라

36 When Paul finished, he knelt down with them and prayed.

37 They were all crying as they hugged him and kissed him goodbye.

38 They were especially sad because he had said that they would never see him again. And so they went with him to the ship.

21장

> 1 우리가 그들을 작별하고 배를 타고 바로 고스로 가서 이튿날 로도에 이르러 거기서부터 바다라로 가서
>
> 2 베니게로 건너가는 배를 만나서 타고 가다가
>
> 3 구브로를 바라보고 이를 왼편에 두고 수리아로 항해하여 두로에서 상륙하니 거기서 배의 짐을 풀려 함이러라
>
> 4 제자들을 찾아 거기서 이레를 머물더니 그 제자들이 성령의 감동으로 바울더러 예루살렘에 들어가지 말라 하더라
>
> 1 We said goodbye to them and left. After sailing straight across, we came to Cos; the next day we reached Rhodes, and from there we went on to Patara.
>
> 2 There we found a ship that was going to Phoenicia, so we went aboard and sailed away.
>
> 3 We came to where we could see Cyprus, and then sailed south of it on to Syria. We went ashore at Tyre, where the ship was going to unload its cargo.
>
> 4 There we found some believers and stayed with them a week. By the power of the Spirit they told Paul not to go to Jerusalem.

21:4 이레를 머물더니. 바울은 작은 배를 타고 해안을 따라 내려가서 바다라에서 큰 배로 옮겨타고 두로로 내려왔다. 두로에서 칠 일을 지체하게 되었다. 에베소도 들리지 않고 급하게 예루살렘에 가던 길이다. 그런데 두로에서 갑자기 7일을 머물게 되었다. 배가 없어서 그럴 수도 있고 바다 사정이 좋지 못해서 그랬을 수도 있다. **제자들이 성령의 감동으로 바울더러 예루살렘에 들어가지 말라 하더라.** '성령의 감동'의 내용이 무엇이었을까? 아마 바울이 예루살렘에서 고난을 겪게 된다는 것이었을 것이다. 고난을 받는다는 것을 알게 된 그들은 그렇다면 당연히 바울이 예루살렘에 가지 말아야 한다고 생각하였다. 그러나 그것은 그들의 생각이었다. 그들이 성령의 뜻을 오해하였던 것이다. 보통은 그렇게 해석하는 것이 맞다. 그러나 우리는 육체적인 것만 생각하지 말고 성령의 뜻이 무엇인지 조금 더 자세히 살펴야 한다. 바울은 7일간의 환경적 막힘과 성도들이 예루살렘에 가지 말라고 권면하였을 때 마음이 흔들릴 수도 있었다. 정

말 예루살렘에 가지 말아야 하는지 혼란스러울 수 있다. 그러나 결코 그렇지 않았던 것 같다. 바울은 이미 그가 가고 있는 길에 대해 확신을 가지고 있었기 때문이다. 바울이 예루살렘에 가는 것을 막아서는 것은 고난을 피하기 위한 변명거리는 될 수 있지만 예루살렘에 가지 말아야 할 이유는 아니었던 것이다. 육체적 생명을 더 중요하게 생각하고 있었다면 바울도 흔들렸을 것이다. 그러나 바울에게 육체적 생명은 영원한 생명을 위한 도구였다. 그래서 육체적 생명을 위협하는 것이 영원한 생명을 위해 가는 그의 길을 막아 설 수 없었다.

> 5 이 여러 날을 지낸 후 우리가 떠나갈새 그들이 다 그 처자와 함께 성문 밖까지 전송하거늘 우리가 바닷가에서 무릎을 꿇어 기도하고
>
> 6 서로 작별한 후 우리는 배에 오르고 그들은 집으로 돌아가니라
>
> 7 두로를 떠나 항해를 다 마치고 돌레마이에 이르러 형제들에게 안부를 묻고 그들과 함께 하루를 있다가
>
> 8 이튿날 떠나 가이사랴에 이르러 일곱 집사 중 하나인 전도자 빌립의 집에 들어가서 머무르니라
>
> 9 그에게 딸 넷이 있으니 처녀로 예언하는 자라
>
> 10 여러 날 머물러 있더니 아가보라 하는 한 선지자가 유대로부터 내려와
>
> 5 But when our time with them was over, we left and went on our way. All of them, together with their wives and children, went with us out of the city to the beach, where we all knelt and prayed.
>
> 6 Then we said goodbye to one another, and we went on board the ship while they went back home.
>
> 7 We continued our voyage, sailing from Tyre to Ptolemais, where we greeted the believers and stayed with them for a day.
>
> 8 On the following day we left and arrived in Caesarea. There we stayed at the house of Philip the evangelist, one of the seven men who had been chosen as helpers in Jerusalem.
>
> 9 He had four unmarried daughters who proclaimed God's message.
>
> 10 We had been there for several days when a prophet named Agabus arrived from Judea.

21:10 아가보. 이전에 흉년을 예언하였던 유명한 선지자다.

> 11 우리에게 와서 바울의 띠를 가져다가 자기 수족을 잡아매고 말하기를 성령이 말씀하시되 예루살렘에서 유대인들이 이같이 이 띠 임자를 결박하여 이방인의 손에 넘겨 주리라 하거늘
>
> 11 He came to us, took Paul's belt, tied up his own feet and hands with it, and said, "This is what the Holy Spirit says: The owner of this belt will be tied up in this way by the Jews in Jerusalem, and they will hand him over to the Gentiles."

21:11 성령이 말씀하시되 예루살렘에서 유대인들이 이같이 이 띠 임자를 결박하여 이방인의 손에 넘겨 주리라. 아주 유명한 선지자가 아주 명확한 상징과 언어로 구체적으로 예언하였다.

> 12 우리가 그 말을 듣고 그 곳 사람들과 더불어 바울에게 예루살렘으로 올라가지 말라 권하니
>
> 13 바울이 대답하되 여러분이 어찌하여 울어 내 마음을 상하게 하느냐 나는 주 예수의 이름을 위하여 결박 당할 뿐 아니라 예루살렘에서 죽을 것도 각오하였노라 하니
>
> 12 When we heard this, we and the others there begged Paul not to go to Jerusalem.
>
> 13 But he answered, "What are you doing, crying like this and breaking my heart? I am ready not only to be tied up in Jerusalem but even to die there for the sake of the Lord Jesus."

21:13 어찌하여 울어 내 마음을 상하게 하느냐. 바울 일행이 눈물을 흘리면서 아주 강하게 말렸던 것 같다. 바울은 그들의 눈물 흘리는 마음을 느끼며 그것 때문에 마음이 많이 아팠다. 그러나 자신이 예루살렘에 가는 것에 대해서는 단호하게 말하였다. **주 예수의 이름을 위하여 결박 당할 뿐 아니라 예루살렘에서 죽을 것도 각오하였노라.** 바울은 결박만이 아니라 죽음까지 각오하였음을 알렸다. '결박당한다'는 것이 그가 예루살렘을 가지 말아야 하는 이유가 되지 못하였다. 바울이 예루살렘에 올라가면 결박을 당하고 환난을 당한다는 것을 성령을 통해 계속 알려주시는 것에 대해 사람들은

바울이 예루살렘에 올라가지 말아야 한다는 것으로 해석하였다. 그러나 바울은 달랐다. 그것을 통해 그는 예루살렘에 올라가는 마음을 단단히 먹어야 한다는 메시지로 들었다. 바울이 옳았다. 성령이 그렇게 말씀하신 것은 '바울이 준비되도록 하기 위함'이지 그 길을 '가지 말라'는 것이 아니다.

> 14 그가 권함을 받지 아니하므로 우리가 주의 뜻대로 이루어지이다 하고 그쳤노라
>
> 14 We could not convince him, so we gave up and said, "May the Lord's will be done."

21:14 주의 뜻대로 이루어지이다. 이 구절은 예수님께서 겟세마네에서 기도하신 내용이기도 하다. 어려운 길이라도 주의 뜻이면 받아들여야 한다. 주의 뜻이면 그것이 생명이고 복이다. 우리는 육체적 생명을 먼저 생각하는 경향이 있어 어려운 일을 당하면 피하려고 하지만 영원한 생명을 생각한다면 어려운 길이 진실로 복인 경우가 많다. 그렇다면 우리는 그 길을 가야 한다.

> 15 이 여러 날 후에 여장을 꾸려 예루살렘으로 올라갈새
>
> 16 가이사랴의 몇 제자가 함께 가며 한 오랜 제자 구브로 사람 나손을 데리고 가니 이는 우리가 그의 집에 머물려 함이라
>
> 17 예루살렘에 이르니 형제들이 우리를 기꺼이 영접하거늘
>
> 15 After spending some time there, we got our things ready and left for Jerusalem.
>
> 16 Some of the disciples from Caesarea also went with us and took us to the house of the man we were going to stay with—Mnason, from Cyprus, who had been a believer since the early days.
>
> 17 When we arrived in Jerusalem, the believers welcomed us warmly.

21:17 형제들이 우리를 기꺼이 영접하거늘. '기꺼이'는 '기쁨으로'라는 뜻이다. 기쁨으로 따뜻하게 맞이했다. 바울은 힘들게 3차 전도여행을 마쳤다. 예루살렘은 그에게 육적으로나 영적으로나 고향과 같은 곳이다. 고향이라는 곳이 그렇지 않은가? 건물만 보아도 푸근하다. 그런데 예루살렘은 바울을 푸근함으로만 대하지는 않았다. 바울은

예루살렘에 두 가지를 위해 왔다. 보고와 구제 헌금 전달이다. 구제 헌금 전달조차도 쉽지는 않은 일이었다. 받는 사람들이 마음 상하지 않고 기쁨으로 전달되기를 기도하며 전달하였다. 기부금 전달은 오늘 본문에서는 나오지 않는다. 단지 다른 성경과 본문을 통해 알 수 있을 뿐이다. 그것보다 더 중요한 것이 그를 기다리고 있기 때문이다. 선교 보고와 반응이다.

> 18 그 이튿날 바울이 우리와 함께 야고보에게로 들어가니 장로들도 다 있더라
>
> 18 The next day Paul went with us to see James; and all the church elders were present.

21:18 야고보에게로 들어가니 장로들도 다 있더라. 바울이 예루살렘에 도착하였을 때 베드로가 보이지 않았다. 다른 사도들이 보이지 않았다. 장로들만 있었다. 아마 이전에 제자 야고보가 순교하였을 때 제자들이 몸을 피신하였던 것처럼 이번에도 피신한 것으로 보인다. 예루살렘 교회의 상황이 결코 좋지 못하였다고 추측할 수 있다.

> 19 바울이 문안하고 하나님이 자기의 사역으로 말미암아 이방 가운데서 하신 일을 낱낱이 말하니
>
> 20 그들이 듣고 하나님께 영광을 돌리고 바울더러 이르되 형제여 그대도 보는 바에 유대인 중에 믿는 자 수만 명이 있으니 다 율법에 열성을 가진 자라
>
> 19 Paul greeted them and gave a complete report of everything that God had done among the Gentiles through his work.
>
> 20 After hearing him, they all praised God. Then they said, "Brother Paul, you can see how many thousands of Jews have become believers, and how devoted they all are to the Law.

21:20 유대인 중에 믿는 자 수만 명이 있으니 다 율법에 열성을 가진 자라. 바울의 보고를 받으면서 하나님께 영광을 돌렸다. 그런데 심각한 문제를 꺼냈다. 기독교 유대인으로서 여전히 율법준수에 열성을 가진 사람들에 대해 말한다.

> 21 네가 이방에 있는 모든 유대인을 가르치되 모세를 배반하고 아들들에게 할례를 행하지 말고 또 관습을 지키지 말라 한다 함을 그들이 들었도다
>
> 21 They have been told that you have been teaching all the Jews who live in Gentile countries to abandon the Law of Moses, telling them not to circumcise their children or follow the Jewish customs.

21:21 네가...유대인을 가르치되 모세를 배반하고 아들들에게 할례를 행하지 말고 관습을 지키지 말라 한다 함을 그들이 들었도다. 바울은 그렇게 말한 적이 없다. 바울은 율법의 의식법을 그림자라 말하며 본체이신 예수님이 오셨으니 이제 예수님을 믿음으로 구원함에 이른다고 말하였다. 그는 구원에 집중하였다. 유대의 이전 관습은 유대인들에게 여전히 남아 있었다. 바울은 그것을 존중하였다. 그러나 그것을 마치 구원과 관련된 것처럼 말하며 이방인들에게 잘못 가르치는 것에 대해 강하게 반대하였을 뿐이다. 예루살렘 장로들이 바울에게 이렇게 말하는 것은 이미 그들 사이에 토론을 했었다는 것을 의미할 것이다. 그렇다면 그들도 바울을 그렇게 생각하고 있는 것일까? 아닐 것이다. 그러나 그들은 거짓 뉴스를 접하고 거짓 뉴스에 대한 조치보다는 바울에게 행동을 요구하였다.

거짓 뉴스로 바울을 괴롭히는 것은 먼 거리를 목숨의 위협을 당하면서 아주 힘들게 복음을 전하고 온 바울을 향한 예의가 아닌 것 같다. 그러나 그것만 생각하면 안 된다. 여전히 많은 수를 형성하고 있는 유대인 기독교인의 입장을 생각해 보아야 한다. 지금은 57년이다. 5년 후에는 예수님의 형제 야고보가 순교한다. 9년 후인 66년에 이스라엘은 로마를 대항하여 엄청난 폭동을 일으키고 전쟁이 시작된다. 결국 70년에 수많은 사람이 죽임을 당하고 예루살렘은 완전히 무너진다. 민족주의가 팽배해지는 시기였다. 이쪽저쪽에서 군사적 메시야가 왔다고 하던 때이다. 그러할 때 유대인의 민족성의 뿌리요 중심역할을 하는 율법에 대한 무시는 거짓 뉴스라 하여도 엄청난 반향을 일으킬 것이다. 예루살렘에 있는 유대인 기독교인들은 그것이 매우 큰 문제였을 것이다. 생사가 달린 일이다.

> 22 그러면 어찌할꼬 그들이 필연 그대가 온 것을 들으리니
>
> 22 그러면 어찌할꼬 그들이 필연 그대가 온 것을 들으리니

21:22 어찌할꼬. 고민하던 예루살렘 장로들은 악수를 두었다.

> 23 우리가 말하는 이대로 하라 서원한 네 사람이 우리에게 있으니
> 23 This is what we want you to do. There are four men here who have taken a vow.

21:23 우리가 말하는 이대로 하라 서원한 네 사람이 우리에게 있으니. 그들은 바울에게 한 가지 제안을 하였다.

> 24 그들을 데리고 함께 결례를 행하고 그들을 위하여 비용을 내어 머리를 깎게 하라 그러면 모든 사람이 그대에 대하여 들은 것이 사실이 아니고 그대도 율법을 지켜 행하는 줄로 알 것이라
> 24 Go along with them and join them in the ceremony of purification and pay their expenses; then they will be able to shave their heads. In this way everyone will know that there is no truth in any of the things that they have been told about you, but that you yourself live in accordance with the Law of Moses.

21:24 그들을 데리고 함께 결례를 행하고 그들을 위하여 비용을 내어. 아마 나실인 서원을 했던 기독교 유대인이 있었던 것 같다. 그들이 서원을 마칠 때 제사를 위해 비용이 들었다. 경건한 사람들은 어려운 사람들의 서원을 위해 비용을 대주었다. 그러면 주변 사람들은 그 비용을 대주는 사람을 칭찬하였다. 바울에게 그 비용을 대라는 말이다. 또한 바울에게 '결례(潔 깨끗할 결)를 행하라'고 말하였다. 유대인들은 이방인 지역을 여행하면 그들의 집을 방문하고 식사를 하면서 율법을 어겼을 가능성이 높다. 그래서 그것에 대해 다시 깨끗하게 하는 예식을 치르라는 말이다.

바울에게 이런 것을 요구한다는 것은 예루살렘 장로들이 마치 거짓 뉴스를 믿고 있다는 인상을 준다. 바울 입장에서는 참으로 말도 안 되는 일이다. 교회 밖의 사람들이 아니라 교회 안의 기독교인들에게 잘 보이기 위해 그렇게 행동한다는 것은 더욱더 배신감을 느낄 수 있다. 바울은 떳떳하니 정공법으로 가는 것이 좋을 것 같다. 그는 복음을 전하면서 일사각오의 정신으로 살아왔다. 수많은 죽음의 위협 속에서 살아왔다. 그러니 지금 거짓 뉴스에 대한 해결책으로 진리가 아닌 것을 요구받는 상황에서

바울이 거부하는 것이 더 멋있어 보일 것 같다. 바울의 입장을 생각하면 그렇다. 어차피 그는 죽음도 두려워하지 않고 있다. 죽음을 각오하고 온 것이다. 그런데 바울은 자신의 입장이 아니라 하나님 나라를 생각하고 있었음에 분명하다. 바울의 입장에서 야고보에게 제일 서운할 수 있다. 다른 사람은 몰라도 야고보는 잘 알고 있을텐데 과한 것을 자신에게 요구하는 것에 마음이 많이 상하였을 수 있다. 그러나 바울은 전혀 그런 마음을 내비치지 않고 묵묵히 그대로 수용하였다. 그대로 따라 행하였다. 사실 나중에 보면 장로들이 제안한 것이 전혀 효과가 없었다. 그러나 바울이 수용한 것은 효과가 있었다. 교회는 유대인 기독교인과 이방인 기독교인으로 나뉠 뻔 하였는데 나뉘지 않았다. 바울의 수용이 큰 역할을 하였을 것이다.

> 25 주를 믿는 이방인에게는 우리가 우상의 제물과 피와 목매어 죽인 것과 음행을 피할 것을 결의하고 편지하였느니라 하니
>
> 26 바울이 이 사람들을 데리고 이튿날 그들과 함께 결례를 행하고 성전에 들어가서 각 사람을 위하여 제사 드릴 때까지의 결례 기간이 만기된 것을 신고하니라
>
> 25 But as for the Gentiles who have become believers, we have sent them a letter telling them we decided that they must not eat any food that has been offered to idols, or any blood, or any animal that has been strangled, and that they must keep themselves from sexual immorality."
>
> 26 So Paul took the men and the next day performed the ceremony of purification with them. Then he went into the Temple and gave notice of how many days it would be until the end of the period of purification, when a sacrifice would be offered for each one of them.

21:26 바울이 이 사람들을 데리고 이튿날 그들과 함께 결례를 행하고. 바울은 아무 말도 하지 않고 그대로 행하였다. 장로들의 요구가 마음에 들지 않았을 것이다. 그러나 그는 장로들의 연약함도 포용하고 있는 것 같다. 특별히 상황의 어려움이 있어 그렇게 할 수밖에 없는 마음을 헤아리고 있는 것 같다. 그래서 아무 다른 말 없이 그대로 수용하였다.

4차 전도여행(21:27-28:31)

바울은 3차 전도여행을 한 후 예루살렘에 와서 보고함으로 모든 것을 마쳤다. 그의 4차 전도여행은 로마로 갈 계획이었을 것이다. 안디옥으로 가서 4차 전도여행을 준비해야 한다. 그런데 4차 전도여행이 생각하지 못한 이유로 매우 빠르게 시작되었다. 3차 전도여행이 끝난 바로 그 때 그 장소에서 4차 전도여행이 바로 시작되었다. 많은 물품을 준비함으로 4차 전도여행이 준비되는 것이 아니라 전혀 예상하지 못했던 방식으로 시작되었다.

> 27 그 이레가 거의 차매 아시아로부터 온 유대인들이 성전에서 바울을 보고 모든 무리를 충동하여 그를 붙들고
>
> 27 But just when the seven days were about to come to an end, some Jews from the province of Asia saw Paul in the Temple. They stirred up the whole crowd and seized Paul.

21:27 아시아로부터 온 유대인들…충동. 아시아는 지금의 튀르키예 서쪽지역으로 바울의 3차 전도여행 중심 사역지를 말한다. 에베소가 중심도시였다. 오늘날은 아시아 전체 지역과 구분하기 위해 소아시아라고 부르기도 한다. 바울이 에베소에서 3년 동안 있었기 때문에 많은 영향을 미쳤다. 그래서 그곳에서 바울이 가르치는 것에 대해 많은 소문이 있었을 것이다. 바울의 얼굴을 알아보는 것은 당연하였을 것이다. 바울이 전하는 것을 싫어했던 사람이 예루살렘 성전에서 바울을 보았을 때 무리를 충동질한 것이다.

> 28 외치되 이스라엘 사람들아 도우라 이 사람은 각처에서 우리 백성과 율법과 이 곳을 비방하여 모든 사람을 가르치는 그 자인데 또 헬라인을 데리고 성전에 들어가서 이 거룩한 곳을 더럽혔다 하니

28 "Men of Israel!" they shouted. "Help! This is the man who goes everywhere teaching everyone against the people of Israel, the Law of Moses, and this Temple. And now he has even brought some Gentiles into the Temple and defiled this holy place!"

21:28 우리 백성과 율법과 이 곳을 비방하여 모든 사람을 가르치는 자. 유대인, 율법, 성전을 비방하는 것은 유대인들이 보기에 나쁜 행동을 다 하는 아주 악한 사람이다. **헬라인을 데리고 성전에 들어가서 이 거룩한 곳을 더럽혔다.** '성전에 들어가서'는 이방인의 뜰을 말하는 것이 아니라 여인의 뜰이나 남자의 뜰에 들어갔다는 것을 의미한다. 이방인이 이방인의 뜰의 경계선을 넘어 여인의 뜰로 들어가는 것은 매우 큰 문제였다. 이방인의 뜰 경계선에는 여러 비석을 세워서 그 안으로 들어가지 못하도록 엄하게 경고하였다. 그 경계선을 범하면 사형에 처해도 로마군이 인정했다. 아주 심각한 죄에 해당하는 것이다.

29 이는 그들이 전에 에베소 사람 드로비모가 바울과 함께 시내에 있음을 보고 바울이 그를 성전에 데리고 들어간 줄로 생각함이러라

29 (They said this because they had seen Trophimus from Ephesus with Paul in the city, and they thought that Paul had taken him into the Temple.)

21:29 바울이 그를 성전에 데리고 들어간 줄로 생각함이러라. 아시아에서 온 사람들은 바울이 자신들이 알고 있는 이방인과 함께 시내에 있는 것을 보고 지레 짐작하기를 바울이 그를 유대인의 뜰에도 데리고 갔다고 생각한 것이다. 증거 없이 생각만으로 사람을 죽이려 드는 참으로 악한 일을 서슴없이 행하고 있다.

30 온 성이 소동하여 백성이 달려와 모여 바울을 잡아 성전 밖으로 끌고 나가니 문들이 곧 닫히더라

30 Confusion spread through the whole city, and the people all ran together, seized Paul, and dragged him out of the Temple. At once the Temple doors were closed.

21:30 백성이 달려와 모여 바울을 잡아 성전 밖으로 끌고 나가니. 이러한 고소는 유대인의 뜰에서 있었던 것 같다. 그들은 성전 안에서 소동할 수 없었기에 그를 끌고 이방인의 뜰로 나왔다.

> 31 그들이 그를 죽이려 할 때에 온 예루살렘이 요란하다는 소문이 군대의 천부장에게 들리매
>
> 31 The mob was trying to kill Paul, when a report was sent up to the commander of the Roman troops that all Jerusalem was rioting.

21:31 온 예루살렘이 요란하다는 소문이 군대의 천부장에게 들리매. 천부장은 예루살렘의 치안을 담당하고 있었다. 그런데 예루살렘에 큰 소동이 있다는 소식을 듣고 즉시 군대를 동원하였다.

> 32 그가 급히 군인들과 백부장들을 거느리고 달려 내려가니 그들이 천부장과 군인들을 보고 바울 치기를 그치는지라
>
> 32 At once the commander took some officers and soldiers and rushed down to the crowd. When the people saw him with the soldiers, they stopped beating Paul.

21:32 천부장과 군인들을 보고 바울 치기를 그치는지라. 군중들이 바울을 치고 있었다. 거의 죽을 지경에 이르렀을 것이다. 그런데 바로 그때 로마 군대가 왔다. 로마 군대가 바울을 구하였다. 바울은 아직 할 일이 있었기 때문에 하나님께서 로마 군대를 동원하여 구원하신 것이다.

> 33 이에 천부장이 가까이 가서 바울을 잡아 두 쇠사슬로 결박하라 명하고 그가 누구이며 그가 무슨 일을 하였느냐 물으니
>
> 33 The commander went over to Paul, arrested him, and ordered him to be bound with two chains. Then he asked, "Who is this man, and what has he done?"

21:33 천부장이 가까이 가서 바울을 잡아 두 쇠사슬로 결박하라 명하고. 천부장은 지금 자신이 무슨 일을 하는지를 잘 몰랐을 것이다. 그러나 소동의 원인이 되는 사람을 일단 '붙잡으라' 하였다. '두 쇠사슬로 결박하고'는 바울 양쪽에 군사 두 명이 죄인과 군사를 쇠사슬로 서로 결박하는 것을 두고 하는 말일 것이다. 그만큼 단단히 결박한 것이다.

> 34 무리 가운데서 어떤 이는 이런 말로, 어떤 이는 저런 말로 소리 치거늘 천부장이 소동으로 말미암아 진상을 알 수 없어 그를 영내로 데려가라 명하니라
>
> 35 바울이 층대에 이를 때에 무리의 폭행으로 말미암아 군사들에게 들려가니
>
> 36 이는 백성의 무리가 그를 없이하자고 외치며 따라 감이러라
>
> 34 Some in the crowd shouted one thing, others something else. There was such confusion that the commander could not find out exactly what had happened, so he ordered his men to take Paul up into the fort.
>
> 35 They got as far as the steps with him, and then the soldiers had to carry him because the mob was so wild.
>
> 36 They were all coming after him and screaming, "Kill him!"

21:36 그를 없이하자고 외치며. 군중들은 예수님을 향하여 외쳤던 것처럼 바울을 향하여 '죽이라'고 외치며 따라갔다.

> 37 바울을 데리고 영내로 들어가려 할 그 때에 바울이 천부장에게 이르되 내가 당신에게 말할 수 있느냐 이르되 네가 헬라 말을 아느냐
>
> 37 As the soldiers were about to take Paul into the fort, he spoke to the commander: "May I say something to you?" "You speak Greek, do you?" the commander asked.

21:37 네가 헬라 말을 아느냐. 바울이 천부장에게 헬라말로 물었을 때 천부장이 놀라서 하는 말이다. 당시 일반 사람들도 헬라어를 어느 정도는 할 수 있었다. 그러나 바울이 헬라어를 아주 능숙하게 하니 그것에 놀란 것 같다. 천부장은 바울을 유대의 지방에서 올라온 사람으로 생각했는데 헬라어를 능숙하게 하니 다시 보게 된 것이다.

> 38 그러면 네가 이전에 소요를 일으켜 자객 사천 명을 거느리고 광야로 가던 애굽인이 아니냐
>
> 38 "Then you are not that Egyptian fellow who some time ago started a revolution and led four thousand armed terrorists out into the desert?"

21:38 자객 사천 명을 거느리고 광야로 가던 애굽인이 아니냐. 헬라어를 능숙하게 하는 것을 보는 순간 천부장은 몇 년 전 반란을 일으켰던 거짓 선지자 애굽인을 생각한 것으로 보인다. 애굽인은 헬라어를 사용했기 때문에 그렇게 생각한 것 같다.

> 39 바울이 이르되 나는 유대인이라 소읍이 아닌 길리기아 다소 시의 시민이니 청컨대 백성에게 말하기를 허락하라 하니
>
> 39 Paul answered, "I am a Jew, born in Tarsus in Cilicia, a citizen of an important city. Please let me speak to the people."

21:39 나는 유대인이라 소읍이 아닌 길리기아 다소 시의 시민이니. 바울은 자신이 반란을 일으켰던 애굽인과는 전혀 상관이 없는 유대인인 것을 말하였다. 그리고 교육의 도시 다소시민이기 때문에 헬라어에 능숙하다는 것을 말하였다. 그래서 그는 천부장에게서 호의를 얻을 수 있었다.

> 40 천부장이 허락하거늘 바울이 층대 위에 서서 백성에게 손짓하여 매우 조용히 한 후에 히브리 말로 말하니라
>
> 40 The commander gave him permission, so Paul stood on the steps and motioned with his hand for the people to be silent. When they were quiet, Paul spoke to them in Hebrew:

21:40 백성에게 손짓하여 매우 조용히 한 후에...히브리 말로 말하니라. 바울은 천부장의 호의를 얻어 군중에게 말을 할 수 있는 기회를 얻었다. 오직 천부장의 힘 때문에 가능했던 것이다. 바울은 로마군의 힘을 자신이 사역하는데 지혜롭게 사용하였다. 로마군의 힘은 이후 바울이 로마까지 가는데도 계속 사용된다. 이전에는 많은 돈을 사용하였고 많은 위험과 위협 속에 전도여행을 하였지만 이제 로마군의 호위 속에 로마

까지 전도여행을 하게 될 것이다.

바울은 로마군대에 잡힌 모양이 되었지만 오히려 보호 대상이 된 것이었다. 그는 이제 로마군의 보호 속에 그가 그토록 가고 싶었던 로마에 가서 복음을 전하게 된다. 하나님께서 아주 특이한 방식으로 4차 전도여행을 준비하신 것이다. 가장 효과적으로 로마에 복음이 전해지도록 이끄시는 것이다.

22장

> 1 부형들아 내가 지금 여러분 앞에서 변명하는 말을 들으라
>
> 1 "My fellow-Jews, listen to me as I make my defence before you!"

22:1 부형들아. '동료, 선배 여러분' 이라는 표현으로 매우 공순한 표현이다. 그가 이미 상당히 나이 들었지만 낮은 자의 위치에서의 표현이다. 존중하는 표현이다. 성난 대중은 자신을 죽이려 하였고 지금 방금까지 '죽이라'고 연호하고 있었는데 바울은 완전히 다른 눈으로 그들을 바라보고 있었다. **변명하는 말을 들으라.** 그는 천부장의 호의로 사람들에게 말할 수 있는 기회를 어렵게 잡았다. 그렇다면 이제 그가 해야 하는 말이 무엇일까? 그는 사람들이 오해하고 있었던 거짓 선동에 대해 해명해야 할 것 같다. 사람들은 '바울이 이방인을 성전에 데리고 갔다'는 오해를 하여 선동되었다. 그렇다면 그것이 거짓 정보인 것을 말하는 것이 가장 우선순위일 것 같다. 사람들이 그것 때문에 그를 죽이려 하고 있었기 때문이다. 그러나 바울은 사람들이 자기를 바라보는 시각이 아니라 자신이 사람들을 바라보는 시각으로 말을 하였다. 그래서 '변명' 이라 말하는데 성전에 들어간 사건에 대해서가 아니라 자신이 복음을 전하는 사람이 된 것에 대해 말하였다. 자신에 대한 변명이 아니라 복음에 대한 변명을 하였다.

> 2 그들이 그가 히브리 말로 말함을 듣고 더욱 조용한지라 이어 이르되
>
> 2 When they heard him speaking to them in Hebrew, they became even quieter; and Paul went on:

22:2 그가 히브리 말로 말함을 듣고. 아마 아람어였을 것이다. 이 당시 히브리어와 아람어에 대해 신약성경 헬라어는 같은 단어를 사용하였다. 그런데 히브리어는 회당안에서 성경을 읽을 때나 사용되었고 대부분 일반 사람들은 바벨론 포로 귀환 이후 아람어를 사용하였다. 팔레스틴 지역이 아닌 다른 곳에 있던 유대인들은 아람어를 잘

몰랐다. 알렉산드리아에 있던 유명한 학자도 아람어를 읽을 수 없을 정도였다. 그러니 다소 사람인 바울이 아람어를 유창하게 사용하였을 때 사람들은 더 주의를 기울이게 되었다. 마치 방금 전에 헬라어를 유창하게 사용하였을 때 천부장이 귀를 기울이게 된 것과 비슷하다.

> 3 나는 유대인으로 길리기아 다소에서 났고 이 성에서 자라 가말리엘의 문하에서 우리 조상들의 율법의 엄한 교훈을 받았고 오늘 너희 모든 사람처럼 하나님께 대하여 열심이 있는 자라
>
> 3 "I am a Jew, born in Tarsus in Cilicia, but brought up here in Jerusalem as a student of Gamaliel. I received strict instruction in the Law of our ancestors and was just as dedicated to God as are all of you who are here today.

22:3 바울은 자신이 어떤 사람이었는지를 설명하였다. 다소에서 태어난 유대인인데 부모가 하나님께 열심이어서 일찍이 예루살렘에 와서 자랐고 당대에 가장 유명한 가말리엘의 문하에서 배웠다고 소개하였다. 완전 금수저였다. 사람들이 가장 부러워할 사회적 경제적 위치였다.

> 4 내가 이 도를 박해하여 사람을 죽이기까지 하고 남녀를 결박하여 옥에 넘겼노니
>
> 5 이에 대제사장과 모든 장로들이 내 증인이라 또 내가 그들에게서 다메섹 형제들에게 가는 공문을 받아 가지고 거기 있는 자들도 결박하여 예루살렘으로 끌어다가 형벌 받게 하려고 가더니
>
> 4 I persecuted to the death the people who followed this Way. I arrested men and women and threw them into prison.
>
> 5 The High Priest and the whole Council can prove that I am telling the truth. I received from them letters written to fellow-Jews in Damascus, so I went there to arrest these people and bring them back in chains to Jerusalem to be punished.

22:5 대제사장과 모든 장로들이 내 증인이라. 바울은 기독교를 박해하였고 그들을 잡으려고 다메섹에 갔다. 대제사장과 장로들에게 공문을 받았으니 그것보다 더 확실한 증거도 없을 것이다. 이 사건은 바울이 말하고 있는 이 시점에서 23년 전 사건 이야기

다. 비록 지금은 대제사장이 바뀐 상태이지만 여전히 살아 있는 사람이 많을 것이다.

> 6 가는 중 다메섹에 가까이 갔을 때에 오정쯤 되어 홀연히 하늘로부터 큰 빛이 나를 둘러 비치매
> 7 내가 땅에 엎드러져 들으니 소리 있어 이르되 사울아 사울아 네가 왜 나를 박해하느냐 하시거늘
>
> 6 "As I was travelling and coming near Damascus, about midday a bright light from the sky flashed suddenly round me.
> 7 I fell to the ground and heard a voice saying to me, 'Saul, Saul! Why do you persecute me?'

22:7 네가 왜 나를 박해하느냐. 다메섹에 가던 사울이 갑자기 밝은 빛 가운데 한 사람을 만나고 음성을 들었다. 바울은 자신이 영광 중에 나타난 그 분을 박해하고 있다는 말에 아주 깜짝 놀랐다.

> 8 내가 대답하되 주님 누구시니이까 하니 이르시되 나는 네가 박해하는 나사렛 예수라 하시더라
>
> 8 'Who are you, Lord?' I asked. 'I am Jesus of Nazareth, whom you persecute,' he said to me.

22:8 주님 누구시니이까...나는 네가 박해하는 나사렛 예수라. 바울은 예수님을 만났다. 이전에 자신이 박해하였던 예수님이 온 세상의 주님인 것을 그때 알았다. 메시야로 오신 분이라는 것을 알았다. 너무나 놀라운 일이었다. 자신이 율법에 얼마나 열심이었는데 율법의 주인이신 예수님을 박해하고 있었다. 성난 청중들은 그들이 이전의 바울처럼 그렇게 박해하고 있다. 그래서 바울은 더욱더 긍휼의 마음을 가졌을 것이다.

> 9 나와 함께 있는 사람들이 빛은 보면서도 나에게 말씀하시는 이의 소리는 듣지 못

> 하더라
> 9 The men with me saw the light, but did not hear the voice of the one who was speaking to me.

22:9 함께 있는 사람들이...소리는 듣지 못하더라. 함께 가던 사람들은 우뢰와 같은 소리만 들었을 것이다. 정확한 소리는 듣지 못했다. 오직 바울만 정확히 들었다. 함께 가던 사람들은 예수님을 보지 못했다. 빛만 보았다. 오직 바울만 예수님을 보았다. 예수님을 만난 바울은 이제 바뀌어야 했다. 완전히 바뀌어야 했다.

> 10 내가 이르되 주님 무엇을 하리이까 주께서 이르시되 일어나 다메섹으로 들어가라 네가 해야 할 모든 것을 거기서 누가 이르리라 하시거늘
> 10 I asked, 'What shall I do, Lord?' and the Lord said to me, 'Get up and go into Damascus, and there you will be told everything that God has determined for you to do.'

22:10 주님 무엇을 하리이까. 이 말을 하면서 바울은 얼마나 눈이 글썽거렸을까? 자신이 지금까지 주님을 박해하였다니 너무 놀라운 사실이었다. 너무 슬픈 일이었다. 그래서 이제 무엇을 해야 하는지 물었다. 이제 주님이 말씀하시는 것을 위해 살겠다는 다짐이 그 안에 가득하였을 것이다.

바울이 다메섹에 가는 도중에 예수님을 만난 사건을 사도행전에서는 3번이나 이야기한다. 이렇게 같은 사건을 반복하여 말하는 것은 이것이 참으로 중요하다는 것을 의미한다. 처음 이야기할 때는 누가가 객관적 입장에서 기술하였다. 오늘 본문에서는 바울이 자신의 이야기를 주관적 입장에서 유대인들을 향해 하는 이야기다. 26장에서는 바울이 이방인 청중을 대상으로 다시 말한다.

> 11 나는 그 빛의 광채로 말미암아 볼 수 없게 되었으므로 나와 함께 있는 사람들의 손에 끌려 다메섹에 들어갔노라
> 12 율법에 따라 경건한 사람으로 거기 사는 모든 유대인들에게 칭찬을 듣는 아나니아라 하는 이가

> 13 내게 와 곁에 서서 말하되 형제 사울아 다시 보라 하거늘 즉시 그를 쳐다보았노라
>
> 14 그가 또 이르되 우리 조상들의 하나님이 너를 택하여 너로 하여금 자기 뜻을 알게 하시며 그 의인을 보게 하시고 그 입에서 나오는 음성을 듣게 하셨으니
>
> 15 네가 그를 위하여 모든 사람 앞에서 네가 보고 들은 것에 증인이 되리라
>
> 11 I was blind because of the bright light, and so my companions took me by the hand and led me into Damascus.
>
> 12 "In that city was a man named Ananias, a religious man who obeyed our Law and was highly respected by all the Jews living there.
>
> 13 He came to me, stood by me, and said, 'Brother Saul, see again!' At that very moment I saw again and looked at him.
>
> 14 He said, 'The God of our ancestors has chosen you to know his will, to see his righteous Servant, and to hear him speaking with his own voice.
>
> 15 For you will be a witness for him to tell everyone what you have seen and heard.

22:15 네가 그를 위하여...네가 보고 들은 것에 증인이 되리라. 하나님께서 그렇게 말씀해 주셔서 바울은 지금까지(23년 동안) 증인으로 사역을 해왔다. 그래서 지금 이렇게 반대하는 사람들에게 때림을 당하였다. 그런데도 불구하고 그들을 사랑하여 복음을 전하는 증인으로서 말을 하고 있다.

> 16 이제는 왜 주저하느냐 일어나 주의 이름을 불러 세례를 받고 너의 죄를 씻으라 하더라
>
> 17 후에 내가 예루살렘으로 돌아와서 성전에서 기도할 때에 황홀한 중에
>
> 16 And now, why wait any longer? Get up and be baptized and have your sins washed away by praying to him.'
>
> 17 "I went back to Jerusalem, and while I was praying in the Temple, I had a vision,

22:17 예루살렘으로 돌아와서 성전에서 기도할 때. 바울은 메시야가 오셨는데 사람들이 모르고 있다는 사실에 매우 놀라워했다. 자신이 빨리 이 기쁘고 놀라운 사실을 전해야 한다고 마음을 굳게 먹으며 기도했을 것이다.

> 18 보매 주께서 내게 말씀하시되 속히 예루살렘에서 나가라 그들은 네가 내게 대하여 증언하는 말을 듣지 아니하리라 하시거늘
>
> 18 in which I saw the Lord, as he said to me, 'Hurry and leave Jerusalem quickly, because the people here will not accept your witness about me.'

22:18 속히 예루살렘에서 나가라. 예수님께서 그에게 나타나셔서 다시 말씀하신 것으로 보인다. 바울은 예루살렘에서 소리 높여 예수님의 메시야되심을 전하고 싶었다. 메시야가 오셔서 사람들에게 구원이 시작되었음을 말하고 싶었다. 그런데 예수님의 생각은 달랐다. 바울에게 '예루살렘을 바로 떠나라'고 말씀하셨다. **네가 내게 대하여 증언하는 말을 듣지 아니하리라.** 사람들이 바울의 말을 믿지 않을 것이라 말씀하셨다.

> 19 내가 말하기를 주님 내가 주를 믿는 사람들을 가두고 또 각 회당에서 때리고
>
> 20 또 주의 증인 스데반이 피를 흘릴 때에 내가 곁에 서서 찬성하고 그 죽이는 사람들의 옷을 지킨 줄 그들도 아나이다
>
> 19 'Lord,' I answered, 'they know very well that I went to the synagogues and arrested and beat those who believe in you.
>
> 20 And when your witness Stephen was put to death, I myself was there, approving of his murder and taking care of the cloaks of his murderers.'

22:20 그들도 아나이다. 바울은 자신이 예수님을 믿는 사람들을 어떻게 핍박하고 반대하였는지를 이스라엘 사람들이 안다고 말하였다. 그런 사람이 이렇게 변하였으니 이유가 있을 것이라고 사람들이 생각하고 조금 더 귀를 기울일 것이라 생각하였다. 그러나 그것은 그의 생각이었다. 사람들은 그가 변하였다고 그의 말을 듣지는 않을 것이다.

> 21 나더러 또 이르시되 떠나가라 내가 너를 멀리 이방인에게로 보내리라 하셨느니라
>
> 21 'Go,' the Lord said to me, 'for I will send you far away to the Gentiles.' "

22:21 내가 너를 멀리 이방인에게로 보내리라. 이스라엘 사람들 중에도 복음을 듣고 바뀌는 사람이 있기는 할 것이다. 그러나 그가 생각하는 것처럼 그렇게 많지는 않을 것이다. 오히려 대적하는 이들이 훨씬 더 많을 것이다. 또한 바울은 예루살렘이 아닌 다른 곳에서 복음을 전해야 했다. 바울은 이방인에게 복음을 전해야 하는 사명이 있었다. 그래서 이방인에게 가야 했다. '이방인' 이야기가 나왔을 때 모인 유대인 대중들은 다시 흥분하기 시작하였다. 그들은 민족주의로 인해 이성적인 판단을 할 수 없는 상태였다. 그래서 바울의 연설은 이어지지 못하고 멈추게 되었다. 바울 자신이 유대인이었으나 이방인을 위해 복음을 전한다는 것 때문에 분노의 대상이 되었다.

22 이 말하는 것까지 그들이 듣다가 소리 질러 이르되 이러한 자는 세상에서 없애 버리자 살려 둘 자가 아니라 하여

23 떠들며 옷을 벗어 던지고 티끌을 공중에 날리니

22 The people listened to Paul until he said this; but then they started shouting at the top of their voices, "Away with him! Kill him! He's not fit to live!"

23 They were screaming, waving their clothes, and throwing dust up in the air.

22:23 옷을 벗어 던지고. 어쩌면 돌을 던지지 못하는 상황에서 그를 향한 분노의 표현일 것이다. 비싼 옷을 던지는 것은 그만큼 대단히 분노하고 있다는 것을 의미한다. **티끌을 공중에 날리니.** 슬픔에 대한 표현이거나 바울을 자신들과 전혀 상관 없는 이방인 취급하는 표현일 수 있다. 더이상 유대인이 아니라고 선언하는 것이다.

24 천부장이 바울을 영내로 데려가라 명하고 그들이 무슨 일로 그에 대하여 떠드는지 알고자 하여 채찍질하며 심문하라 한대

24 The Roman commander ordered his men to take Paul into the fort, and he told them to whip him in order to find out why the Jews were screaming like this against him.

22:24 채찍질하며 심문하라. 무슨 일인지 알기 위해 먼저 채찍질하여 기를 꺾고 심문하고자 하였다.

> 25 가죽 줄로 바울을 매니 바울이 곁에 서 있는 백부장더러 이르되 너희가 로마 시민 된 자를 죄도 정하지 아니하고 채찍질할 수 있느냐 하니
>
> 25 But when they had tied him up to be whipped, Paul said to the officer standing there, "Is it lawful for you to whip a Roman citizen who hasn't even been tried for any crime?"

22:25 로마 시민 된 자를 죄도 정하지 아니하고 채찍질할 수 있느냐. 바울은 로마 시민이었다. 로마제국의 권력은 '원로원과 시민'에게서 나왔다. 그래서 로마 황제는 로마 시민에 대해 아주 특별한 권리를 주었다. 형벌의 경우 정식 재판을 통해 죄가 확정되지 않은 경우 묶을 수 없고 채찍질은 더욱더 안 되었다. 법으로 정하였다.

> 26 백부장이 듣고 가서 천부장에게 전하여 이르되 어찌하려 하느냐 이는 로마 시민이라 하니
>
> 27 천부장이 와서 바울에게 말하되 네가 로마 시민이냐 내게 말하라 이르되 그러하다
>
> 28 천부장이 대답하되 나는 돈을 많이 들여 이 시민권을 얻었노라 바울이 이르되 나는 나면서부터라 하니
>
> 26 When the officer heard this, he went to the commander and asked him, "What are you doing? That man is a Roman citizen!"
>
> 27 So the commander went to Paul and asked him, "Tell me, are you a Roman citizen?" "Yes," answered Paul.
>
> 28 The commander said, "I became one by paying a large amount of money." "But I am one by birth," Paul answered.

22:28 천부장은 바울이 로마 시민권자인 것이 놀라워 어떻게 시민이 되었는지 물었다. **나는 돈을 많이 들여 이 시민권을 얻었노라.** 이 당시 돈으로 시민권을 살 수는 없었다. 그러나 뇌물로 보통 1년치 연봉을 주면 통과되는 경우가 있었다. **나는 나면서부터라.** 본래는 태어날 때부터 시민이어야 하거나 로마 제국에 큰 공로를 세웠을 때 상으로 시민권을 받았다. 바울의 경우는 조상 중에 누군가가 로마 제국에 큰 공로가 있어 시민권을 받은 것으로 보인다. 어쩌면 전쟁중인 로마 군대에 수많은 텐트를 제공하였을 수도 있다.

> 29 심문하려던 사람들이 곧 그에게서 물러가고 천부장도 그가 로마 시민인 줄 알고 또 그 결박한 것 때문에 두려워하니라
>
> 29 At once the men who were going to question Paul drew back from him; and the commander was frightened when he realized that Paul was a Roman citizen and that he had put him in chains.

22:29 결박한 것 때문에 두려워하니라. 천부장은 바울이 로마 시민권자인 것을 모르고 결박하였다. 바울이 자신이 로마시민임을 나중에 말하였다. 그러니 문제가 되지 않을 것 같다. 그러나 그래도 결과적으로는 로마 시민을 정식 재판 없이 결박하였으니 그것도 문제가 될 수 있다. 그러니 만약 채찍질하였다면 아주 심각한 문제가 되는 것이다.

> 30 이튿날 천부장은 유대인들이 무슨 일로 그를 고발하는지 진상을 알고자 하여 그 결박을 풀고 명하여 제사장들과 온 공회를 모으고 바울을 데리고 내려가서 그들 앞에 세우니라
>
> 30 The commander wanted to find out for certain what the Jews were accusing Paul of; so the next day he had Paul's chains taken off and ordered the chief priests and the whole Council to meet. Then he took Paul and made him stand before them.

22:30 유대인들이 무슨 일로 그를 고발하는지 진상을 알고자 하여. 바울로 인하여 소동이 일어났는데 그 내용을 잘 파악하지 못한 천부장은 예루살렘 공회(산헤드린)의 소집을 요청하였다. **결박을 풀고.** 바울은 쇠사슬에 매인 자가 아니라 자유로운 상태로 공회가 모여 있는 곳으로 갔다.

23장

> 1 바울이 공회를 주목하여 이르되 여러분 형제들아 오늘까지 나는 범사에 양심을 따라 하나님을 섬겼노라 하거늘
>
> 1 Paul looked straight at the Council and said, "My fellow-Israelites! My conscience is perfectly clear about the way in which I have lived before God to this very day."

23:1 나는 범사에 양심을 따라 하나님을 섬겼노라. 바울은 자신이 하나님 앞에서 양심의 거리낌이 없이 하나님의 백성으로 살아왔다고 주장하였다. 그는 하나님의 뜻을 거스른 것이 아니라 온전히 그 뜻에 따라 살고자 하였다. 바울은 하나님 앞에서, 공회 사람들 앞에서 떳떳하였다.

> 2 대제사장 아나니아가 바울 곁에 서 있는 사람들에게 그 입을 치라 명하니
>
> 2 The High Priest Ananias ordered those who were standing close to Paul to strike him on the mouth.

23:2 아나니아가…그 입을 치라 명하니. 대제사장은 아마 죄인인 바울이 하나님을 거명하는 것 자체가 신성모독이라고 생각하였고 또한 그가 양심에 거리낌 없이 살았다고 주장하는 것도 못마땅하였을 것이다.

> 3 바울이 이르되 회칠한 담이여 하나님이 너를 치시리로다 네가 나를 율법대로 심판한다고 앉아서 율법을 어기고 나를 치라 하느냐 하니
>
> 3 Paul said to him, "God will certainly strike you—you whitewashed wall! You sit there to judge me according to the Law, yet you break the Law by ordering them to strike me!"

23:3 회칠한 담. 위선과 관련된 것으로 아마 무너져가는 담을 수리하지 않고 겉만 깨

끗하게 보이게 만든 것을 의미할 것이다. 제사장 아나니아는 진정 회칠한 담이었다. 그는 지금 당장은 화려한 대제사장의 위치에 있지만 1년 후 대제사장에서 내려오게 된다. 그리고 9년 후에는 유대인의 반란군에 의해 죽임을 당한다. 그를 로마의 편에 선 배신자로 여겼기 때문이다. **율법대로 심판한다고 앉아서 율법을 어기고 나를 치라 하느냐.** 바울의 진술이 지금 잘못된 것이 없다. 그런데 바울의 진술을 들으며 율법을 어기고 죄 없이 바울을 치라 하니 그것은 율법을 어기는 것이다.

> 4 곁에 선 사람들이 말하되 하나님의 대제사장을 네가 욕하느냐
>
> 4 The men close to Paul said to him, "You are insulting God's High Priest!"

23:4 하나님의 대제사장을 네가 욕하느냐. 대제사장은 존중되어야 한다. 그러나 그가 하나님의 뜻을 어기고 있다면 어기는 행동이 존중되어야 하는 것은 아니다.

> 5 바울이 이르되 형제들아 나는 그가 대제사장인 줄 알지 못하였노라 기록하였으되 너의 백성의 관리를 비방하지 말라 하였느니라 하더라
>
> 5 Paul answered, "My fellow-Israelites, I did not know that he was the High Priest. The scripture says, 'You must not speak evil of the ruler of your people.'"

23:5 나는 그가 대제사장인 줄 알지 못하였노라. 이것은 사실적 표현이기 보다는 풍자적 표현일 것이다. 공회가 모인 곳에서 대제사장은 자리가 달랐고 그가 입은 옷은 누가 보아도 대제사장임을 바로 알 수 있다. 이것은 아마 '나는 그가 대제사장처럼 행동하지 않아서 그가 대제사장임을 알아차리지 못했다'라는 말일 것이다. 풍자적으로 대제사장이 대제사장답지 않게 행동하고 있다는 것을 지적한 것이다.

바울은 공회 앞에서 복음을 전하였다. 이것은 그가 이방인 지역에서 복음을 전할 때의 패턴과 같았다. 이방인 지역에서 복음을 전할 때 늘 먼저 회당에 가서 전하였다. 지금도 4차 전도여행을 하면서 예루살렘 공회에서 복음을 전하고 있다. 그리고 로마 최고의 사람들이 모인 로마에서 이방인들에게 복음을 전하게 될 것이다.

> 6 바울이 그 중 일부는 사두개인이요 다른 일부는 바리새인인 줄 알고 공회에서 외쳐 이르되 여러분 형제들아 나는 바리새인이요 또 바리새인의 아들이라 죽은 자의 소망 곧 부활로 말미암아 내가 심문을 받노라
>
> 6 When Paul saw that some of the group were Sadducees and the others were Pharisees, he called out in the Council, "Fellow-Israelites! I am a Pharisee, the son of Pharisees. I am on trial here because of the hope I have that the dead will rise to life!"

23:6 죽은 자의 소망 곧 부활로 말미암아 내가 심문을 받노라. 예루살렘 공회는 사두개파가 주를 이루었고 소수파로 바리새파 사람들이 있었다. 사두개파 사람들은 부활을 믿지 않기 때문에 예수님의 부활은 말도 안 되는 것이다. 그러나 바리새파 사람들은 달랐다. 그들은 부활과 천사의 존재를 믿었기 때문에 바울의 진술에 열린 마음을 가진 사람들이 있었다.

> 7 그 말을 한즉 바리새인과 사두개인 사이에 다툼이 생겨 무리가 나누어지니
>
> 7 As soon as he said this, the Pharisees and Sadducees started to quarrel, and the group was divided.

23:7 다툼이 생겨 무리가 나누어지니. 공회는 바울의 진술에 대해 배척만 한 것이 아니었다. 그 안에 바울의 진술에 긍정적인 사람도 생겼다. 복음전파가 일정 부분 효과가 있었던 것이다.

> 8 이는 사두개인은 부활도 없고 천사도 없고 영도 없다 하고 바리새인은 다 있다 함이라
>
> 9 크게 떠들새 바리새인 편에서 몇 서기관이 일어나 다투어 이르되 우리가 이 사람을 보니 악한 것이 없도다 혹 영이나 혹 천사가 그에게 말하였으면 어찌 하겠느냐 하여
>
> 10 큰 분쟁이 생기니 천부장은 바울이 그들에게 찢겨질까 하여 군인을 명하여 내려가 무리 가운데서 빼앗아 가지고 영내로 들어가라 하니라
>
> 8 (For the Sadducees say that people will not rise from death and that there are no angels or spirits; but the Pharisees believe in all three.)

9 The shouting became louder, and some of the teachers of the Law who belonged to the party of the Pharisees stood up and protested strongly: "We cannot find anything wrong with this man! Perhaps a spirit or an angel really did speak to him!"

10 The argument became so violent that the commander was afraid that Paul would be torn to pieces. So he ordered his soldiers to go down into the group, get Paul away from them, and take him into the fort.

23:10 큰 분쟁이 생기니 천부장은 바울이 그들에게 찢겨질까 하여 군인을 명하여...영내로 들어가라. 바울은 부활 논쟁을 불러 일으켜 공회가 나누어지게 하였다. 그러나 그것은 자신의 이익을 위한 것이 아니었다. 바울은 지금 공회에서 재판을 받는 것이 아니라 단지 진술을 하고 있는 것이다. 부활에 대한 이야기는 그가 공회에서 가장 빠르고 정확하게 복음을 전할 수 있는 방법이었을 것이다.

11 그 날 밤에 주께서 바울 곁에 서서 이르시되 담대하라 네가 예루살렘에서 나의 일을 증언한 것 같이 로마에서도 증언하여야 하리라 하시니라

11 That night the Lord stood by Paul and said, "Don't be afraid! You have given your witness for me here in Jerusalem, and you must also do the same in Rome."

23:11 네가 예루살렘에서 나의 일을 증언한 것 같이 로마에서도 증언하여야 하리라. 사람들은 바울이 로마 성채에 잡혀 있으니 불쌍하다 생각했을 것이다. 그러나 그것은 이제 더이상 감옥에 있는 것이 아니었다. 그는 지금 로마군의 보호 아래 있었다. 그는 공회에서도 예수님의 일을 증언하였다. 그리고 로마에서도 예수님을 증언하게 될 것이다. 바울은 죄수가 아니라 증인으로서 복음을 전하고 있었다.

12 날이 새매 유대인들이 당을 지어 맹세하되 바울을 죽이기 전에는 먹지도 아니하고 마시지도 아니하겠다 하고

12 The next morning some Jews met together and made a plan. They took a vow that they would not eat or drink anything until they had killed Paul.

23:12 바울을 죽이기 전에는 먹지도 아니하고 마시지도 아니하겠다 하고. 바울이 매우 위험해졌다. 이렇게 죽기 살기로 덤벼들면 바울이 매우 위험해질 수밖에 없다.

> 13 이같이 동맹한 자가 사십여 명이더라
>
> 14 대제사장들과 장로들에게 가서 말하되 우리가 바울을 죽이기 전에는 아무 것도 먹지 않기로 굳게 맹세하였으니
>
> 15 이제 너희는 그의 사실을 더 자세히 물어보려는 척하면서 공회와 함께 천부장에게 청하여 바울을 너희에게로 데리고 내려오게 하라 우리는 그가 가까이 오기 전에 죽이기로 준비하였노라 하더니
>
> 13 There were more than 40 who planned this together.
>
> 14 Then they went to the chief priests and elders and said, "We have taken a solemn vow together not to eat a thing until we have killed Paul.
>
> 15 Now then, you and the Council send word to the Roman commander to bring Paul down to you, pretending that you want to get more accurate information about him. But we will be ready to kill him before he ever gets here."

23:15 바울을 너희에게로 데리고 내려오게 하라...죽이기로 준비하였노라. 바울을 죽이기로 작정한 사람들이 공회와 공모하였다. 로마군 성채에서 공회 장소로 오는 거리가 매우 짧지만 그곳에서 기회를 보아 죽이려 하였다. 그들의 공모를 보면 마치 예수님께서 잡히시던 밤 가룟 유다와 공회가 공모한 것과 비슷해 보인다. 모든 상황이 바울에게 매우 어렵게 되고 있었다. 바울이 죽임을 당하는 것은 시간 문제가 된 것 같다.

> 16 바울의 생질이 그들이 매복하여 있다 함을 듣고 와서 영내에 들어가 바울에게 알린지라
>
> 16 But the son of Paul's sister heard about the plot; so he went to the fort and told Paul.

23:16 바울의 생질이 그들이 매복하여 있다 함을 듣고...바울에게 알린지라. 그들의 공모를 바울의 조카가 어떻게 알았을까? 바울의 가족에 대해서는 성경 어느곳에서도 말하지 않는다. 부모나 어떤 가족에 대해서도 한 마디도 말하지 않았다. 그런데 유일하게 나

타난 친척 이야기가 바울을 결정적으로 보호하는 일에 나타난다. 갑작스럽고 아주 특별한 등장이다. 바울의 조카 등장은 결국 바울을 죽음에서 건지는 역할을 한다.

> 17 바울이 한 백부장을 청하여 이르되 이 청년을 천부장에게로 인도하라 그에게 무슨 할 말이 있다 하니
>
> 18 천부장에게로 데리고 가서 이르되 죄수 바울이 나를 불러 이 청년이 당신께 할 말이 있다 하여 데리고 가기를 청하더이다 하매
>
> 19 천부장이 그의 손을 잡고 물러가서 조용히 묻되 내게 할 말이 무엇이냐
>
> 20 대답하되 유대인들이 공모하기를 그들이 바울에 대하여 더 자세한 것을 묻기 위함이라 하고 내일 그를 데리고 공회로 내려오기를 당신께 청하자 하였으니
>
> 17 Then Paul called one of the officers and said to him, "Take this young man to the commander; he has something to tell him."
>
> 18 The officer took him, led him to the commander, and said, "The prisoner Paul called me and asked me to bring this young man to you, because he has something to say to you."
>
> 19 The commander took him by the hand, led him off by himself, and asked him, "What have you got to tell me?"
>
> 20 He said, "The Jewish authorities have agreed to ask you tomorrow to take Paul down to the Council, pretending that the Council wants to get more accurate information about him.

23:20 내일 그를 데리고 공회로 내려오기를 당신께 청하자 하였으니. 바울의 조카가 그들의 매복에 대해 조금만 늦게 들었으면 그들은 바울을 죽일 수 있었을 것이다. 그러나 하나님께서 가장 알맞은 때에 바울의 조카가 그들의 매복에 대해 알게 하셨고 로마 성채에 바울을 찾아갈 용기를 주심으로 바울을 보호할 수 있었다. 유대인들은 바울을 죽이려 하였지만 별 볼 일 없는 한 사람의 등장으로 그들의 계획이 무산되었다. 바울의 조카가 그들의 매복에 대해 알게 된 것은 아주 우연이었을 것이다. 그런데 그 우연은 단순한 우연이 아니었다. 배후에 하나님께서 역사하셨음이 분명해 보인다.

21 당신은 그들의 청함을 따르지 마옵소서 그들 중에서 바울을 죽이기 전에는 먹지도 않고 마시지도 않기로 맹세한 자 사십여 명이 그를 죽이려고 숨어서 지금 다 준비하고 당신의 허락만 기다리나이다 하니

22 이에 천부장이 청년을 보내며 경계하되 이 일을 내게 알렸다고 아무에게도 이르지 말라 하고

23 백부장 둘을 불러 이르되 밤 제 삼 시에 가이사랴까지 갈 보병 이백 명과 기병 칠십 명과 창병 이백 명을 준비하라 하고

21 But don't listen to them, because there are more than forty men who will be hiding and waiting for him. They have taken a vow not to eat or drink until they have killed him. They are now ready to do it and are waiting for your decision."

22 The commander said, "Don't tell anyone that you have reported this to me." And he sent the young man away.

23 Then the commander called two of his officers and said, "Get two hundred soldiers ready to go to Caesarea, together with seventy horsemen and two hundred spearmen, and be ready to leave by nine o'clock tonight.

23:23 백부장 둘을 불러. 천부장은 유대인들이 바울을 죽이기 위해 40명이 작심하고 매복해 있다는 말을 듣고 재빨리 움직였다. 총 470명의 병사를 동원하여 바울을 가이사랴로 이송 계획을 세웠다. 물론 가이사랴까지는 기병 칠십 명만 함께하였을 가능성이 높다. 그러나 예루살렘 가까이에서는 예루살렘에 있는 로마군(1000명)의 반에 해당하는 470명이나 되는 군사가 동원되어 바울을 보호하였다.

24 또 바울을 태워 총독 벨릭스에게로 무사히 보내기 위하여 짐승을 준비하라 명하며

25 또 이 아래와 같이 편지하니 일렀으되

26 글라우디오 루시아는 총독 벨릭스 각하께 문안하나이다

27 이 사람이 유대인들에게 잡혀 죽게 된 것을 내가 로마 사람인 줄 들어 알고 군대를 거느리고 가서 구원하여다가

28 유대인들이 무슨 일로 그를 고발하는지 알고자 하여 그들의 공회로 데리고 내려갔더니

29 고발하는 것이 그들의 율법 문제에 관한 것뿐이요 한 가지도 죽이거나 결박할

> **사유가 없음을 발견하였나이다**
> 24 Provide some horses for Paul to ride and get him safely through to the governor Felix."
> 25 Then the commander wrote a letter that went like this:
> 26 "Claudius Lysias to His Excellency, the governor Felix: Greetings.
> 27 The Jews seized this man and were about to kill him. I learnt that he was a Roman citizen, so I went with my soldiers and rescued him.
> 28 I wanted to know what they were accusing him of, so I took him down to their Council.
> 29 I found out that he had not done anything for which he deserved to die or be put in prison; the accusation against him had to do with questions about their own law.

23:29 고발하는 것이 그들의 율법에 관한 것뿐이요...죽이거나 결박할 사유가 없음을 발견하였나이다. 이 최초의 보고는 이후에 총독들에게 중요한 영향을 미쳤을 것이다. 로마 총독은 바울이 기본적으로 죄가 없다는 인식을 갖게 되었다.

> 30 그러나 이 사람을 해하려는 간계가 있다고 누가 내게 알려 주기로 곧 당신께로 보내며 또 고발하는 사람들도 당신 앞에서 그에 대하여 말하라 하였나이다 하였더라
> 31 보병이 명을 받은 대로 밤에 바울을 데리고 안디바드리에 이르러
> 30 And when I was informed that there was a plot against him, at once I decided to send him to you. I have told his accusers to make their charges against him before you."
> 31 The soldiers carried out their orders. They got Paul and took him that night as far as Antipatris.

23:31 밤에 바울을 데리고. 군사들은 밤 9시에 작전을 개시하였다. 안디바드리에 이르러 보병들은 예루살렘으로 돌아가고 70명의 기병들이 호위하여 가이사랴까지 갔다. 가이사랴에 들어감으로 바울은 이제 안전해진 것 같다. 그러나 사실 바울을 죽이려고 하는 유대인이나 그를 보호하는 로마군이나 다 위험한 사람들이다. 그들은 모두 자신들의 이익과 출세를 위해 살고 있기 때문이다. 자신의 이익을 위해 언제든지 바울에게 칼을 들이댈 수 있는 사람들이었다.

32 이튿날 기병으로 바울을 호송하게 하고 영내로 돌아가니라

33 그들이 가이사랴에 들어가서 편지를 총독에게 드리고 바울을 그 앞에 세우니

34 총독이 읽고 바울더러 어느 영지 사람이냐 물어 길리기아 사람인 줄 알고

32 The next day the foot soldiers returned to the fort and left the horsemen to go on with him.

33 They took him to Caesarea, delivered the letter to the governor, and handed Paul over to him.

34 The governor read the letter and asked Paul what province he was from. When he found out that he was from Cilicia,

23:34 총독. 벨릭스다. 그는 노예에서 자유인이 되어 총독이 되었다. 그는 대적자들에게는 잔인하였다. 신분은 높아졌지만 마음은 여전히 노예의 마음을 가지고 있다는 평가를 받았다. 바울은 유대인의 음모를 피해 왔지만 로마 총독인 벨릭스도 결코 그렇게 선한 사람은 아니었다.

35 이르되 너를 고발하는 사람들이 오거든 네 말을 들으리라 하고 헤롯 궁에 그를 지키라 명하니라

35 he said, "I will hear you when your accusers arrive." Then he gave orders for Paul to be kept under guard in the governor's headquarters.

24장

> 1 닷새 후에 대제사장 아나니아가 어떤 장로들과 한 변호사 더둘로와 함께 내려와서 총독 앞에서 바울을 고발하니라
>
> 1 Five days later the High Priest Ananias went to Caesarea with some elders and a lawyer named Tertullus. They appeared before Felix and made their charges against Paul.

24:1 닷새 후에 대제사장 아나니아가...바울을 고발하니라. 유대인들은 재빠르게 움직였다. 대제사장 아나니아가 직접 움직였다. 대제사장은 유대인 안에서 큰 영향력을 가진 사람이다. 2년 후에 총독 벨릭스가 유대인들의 불만 때문에 해임되는 것을 통해 볼 때 총독은 유대인들의 환심을 사는 것이 중요하였다. 그것이 로마 황제와 원로원에게 잘 보이는 길이었다. 또한 아나니아 같은 경우는 로마의 권력에 빌붙은 사람이었다. 그렇게 총독도 대제사장도 자신들의 출세를 위해 서로 상부상조하는 관계였다. 출세에 눈이 먼 사람들이었다. 그러니 사실 바울은 어려운 상황이다. **변호사 더둘로와 함께 내려와서.** 더둘로는 로마식 이름이다. 그가 로마 사람인지 유대인인지는 정확하지 않으나 로마법과 유대법을 잘 아는 변호사인 것은 분명해 보인다. 바울의 재판은 더욱더 불리해졌다.

> 2 바울을 부르매 더둘로가 고발하여 이르되
>
> 3 벨릭스 각하여 우리가 당신을 힘입어 태평을 누리고 또 이 민족이 당신의 선견으로 말미암아 여러 가지로 개선된 것을 우리가 어느 모양으로나 어느 곳에서나 크게 감사하나이다
>
> 2 Then Paul was called in, and Tertullus began to make his accusation, as follows: "Your Excellency! Your wise leadership has brought us a long period of peace, and many necessary reforms are being made for the good of our country.
>
> 3 We welcome this everywhere and at all times, and we are deeply grateful to you.

24:3 우리가 당신을 힘입어 태평을 누리고. 재판관인 벨릭스에게 잘 보이기 위해 그가 듣기에 좋은 말을 할 수 있다. 그러나 그의 이러한 칭찬은 과하다. 엄청난 거짓말이다. 벨릭스는 유대인들에게 매우 인기가 없었고 전쟁의 기운이 싹트고 있었다. 그는 바울을 고소하기 위해 거짓말하는 것을 전혀 개의치 않고 있다. 고소에서 이기는 것이 목적이기 때문이다.

대제사장을 비롯한 공회 사람들은 스스로 하나님을 믿는다고 생각하는 사람들이다. 그러나 그들은 하나님을 믿지 않는 사람들이다. 왜냐하면 하나님은 진리의 하나님이신데 거짓을 사용하면서도 전혀 불편함이 없기 때문이다. 거짓을 사용해야만 이길 수 있다면 거짓을 사용하지 말고 지는 것이 맞다. 진리의 하나님께서는 필요한 승리라면 사람들이 진리만 사용해도 이기게 하실 것이다. 그러기에 거짓을 사용해서 이기려 해서는 안 된다. 이기고 지는 것이 중요한 것이 아니라 진리인지 거짓인지가 중요하다.

> 4 당신을 더 괴롭게 아니하려 하여 우리가 대강 여짜옵나니 관용하여 들으시기를 원하나이다
>
> 5 우리가 보니 이 사람은 전염병 같은 자라 천하에 흩어진 유대인을 다 소요하게 하는 자요 나사렛 이단의 우두머리라
>
> 6 그가 또 성전을 더럽게 하려 하므로 우리가 잡았사오니(6하반-8상반 없음)
>
> 4 I do not want to take up too much of your time, however, so I beg you to be kind and listen to our brief account.
>
> 5 We found this man to be a dangerous nuisance; he starts riots among Jews all over the world and is a leader of the party of the Nazarenes.
>
> 6 He also tried to defile the Temple, and we arrested him.

24:5-6 바울의 죄목을 말하지만 그의 주장은 증거 없는 것이었다. **성전을 더럽게 하려 했다.** 완전히 거짓뉴스다. **소요하게 하는 자.** 반대로는 소요하는 자가 문제일 수 있다. **나사렛 이단.** 경멸적인 표현이다. 나사렛이라는 작은 마을에서 무슨 중요한 사람이 나올 수 있느냐는 생각으로 하는 말이다. 그들은 작은 것에 대해 경멸하는 세계관을 가지고 있었다. 진리를 좋아하고 진리를 찾는 것이 아니라 오직 출세를 사랑하고 그래서 거짓을 두려워하지 않았다.

8 당신이 친히 그를 심문하시면 우리가 고발하는 이 모든 일을 아실 수 있나이다 하니

9 유대인들도 이에 참가하여 이 말이 옳다 주장하니라

10 총독이 바울에게 머리로 표시하여 말하라 하니 그가 대답하되 당신이 여러 해 전부터 이 민족의 재판장 된 것을 내가 알고 내 사건에 대하여 기꺼이 변명하나이다

8 If you question this man, you yourself will be able to learn from him all the things that we are accusing him of."

9 The Jews joined in the accusation and said that all this was true.

10 The governor then motioned to Paul to speak, and Paul said, "I know that you have been a judge over this nation for many years, and so I am happy to defend myself before you.

24:10 당신이 여러 해 전부터 이 민족의 재판장이 된 것을 내가 알고. 변론을 시작하는 단 몇 마디의 이 말은 바울이 '진리를 사랑하고 있다'는 것을 아주 잘 드러낸다. 바울을 고소하는 이들은 총독에게 잘 보이기 위해 모든 거짓말을 동원하여 찬사를 보냈지만 바울은 총독에게 아부하지 않고 있는 그대로 담백하게 표현하고 있다. 유대 민족의 총독이 된지 몇 년 되었기 때문에 재판을 잘할 수 있다는 말만 하였다. 변호 기법으로 보면 이기길 포기한 사람처럼 보일 수도 있다. 그러나 가장 진실한 말이었다.

11 당신이 아실 수 있는 바와 같이 내가 예루살렘에 예배하러 올라간 지 열이틀밖에 안 되었고

12 그들은 내가 성전에서 누구와 변론하는 것이나 회당 또는 시중에서 무리를 소동하게 하는 것을 보지 못하였으니

11 As you can find out for yourself, it was no more than twelve days ago that I went to Jerusalem to worship.

12 The Jews did not find me arguing with anyone in the Temple, nor did they find me stirring up the people, either in the synagogues or anywhere else in the city.

24:12 무리를 소동하게 하는 것을 보지 못하였으니. 바울은 자신을 고소하는 내용이 거짓이요 조작된 것이라고 반박하였다. 먼저 첫 번째 고소 건에 대한 반박이다. 유대인들의 주장은 막연한 추측이었다. 바울은 예루살렘에 와서 복음을 전파조차 하지 않았다. 그는 소동과 전혀 상관없이 예루살렘에 있었다. 그들은 바울이 소동을 조장하는 것을 보지 않았다. 어떤 누구도 보지 못했다.

> 13 이제 나를 고발하는 모든 일에 대하여 그들이 능히 당신 앞에 내세울 것이 없나이다
>
> 14 그러나 이것을 당신께 고백하리이다 나는 그들이 이단이라 하는 도를 따라 조상의 하나님을 섬기고 율법과 선지자들의 글에 기록된 것을 다 믿으며
>
> 13 Nor can they give you proof of the accusations they now bring against me.
>
> 14 I do admit this to you: I worship the God of our ancestors by following that Way which they say is false. But I also believe in everything written in the Law of Moses and the books of the prophets.

24:14 이것을 당신께 고백하리이다. 바울은 유대인이 고소한 3가지 중에 1가지에 대해 '예'라고 말한다. '고백하리이다'는 '시인하다'라고 번역하는 것이 더 좋을 것 같다. 바울은 그들이 고소하는 2번째의 건에 대해서 'Yes'라고 말했다. 무조건 '아니오'라고 말하지 않았다. 맞는 것에 대해서는 담대히 '예'라고 대답하였다. 단순히 '예'라고 말하는 것을 넘어 오히려 그것에 대해서 더 자세히 말하였다. 고소하는 사람은 '나사렛 이단의 우두머리'라고 간단히 고소했다. 그러나 바울은 그것에 대해 긍정하면서 길게 이야기하였다. 손해되는 것 같은데 덧붙여서 길게 말한다. 그것이 사실이기 때문이다. 재판을 이기는 것이 아니라 오히려 이 곳에서도 복음을 전하는 것에 더 관심이 있었기 때문이다.

> 15 그들이 기다리는 바 하나님께 향한 소망을 나도 가졌으니 곧 의인과 악인의 부활이 있으리라 함이니이다
>
> 16 이것으로 말미암아 나도 하나님과 사람에 대하여 항상 양심에 거리낌이 없기를 힘쓰나이다

> 15 I have the same hope in God that these themselves have, namely, that all people, both the good and the bad, will rise from death.
>
> 16 And so I do my best always to have a clear conscience before God and human beings.

24:15-16 의인과 악인의 부활이 있으리라 함이니이다 이것으로 말미암아 나도 하나님과 사람에 대하여 항상 양심에 거리낌이 없기를 힘쓰나이다. 바울은 '사람은 죽음으로 끝나는 것이 아니라 의인도 악인도 부활하여 심판받을 것이기에 하나님과 사람 앞에 바르게 살기 위해 힘을 다하고 있다'고 말하였다. 지금 당장의 이익과 출세가 아니라 하나님께서 바르게 심판하시는 것을 믿기 때문에 그는 어느 누구보다 바르게 살기 위해 힘을 다했다고 당당히 말하고 있다.

> 17 여러 해 만에 내가 내 민족을 구제할 것과 제물을 가지고 와서
>
> 18 드리는 중에 내가 결례를 행하였고 모임도 없고 소동도 없이 성전에 있는 것을 그들이 보았나이다 그러나 아시아로부터 온 어떤 유대인들이 있었으니
>
> 19 그들이 만일 나를 반대할 사건이 있으면 마땅히 당신 앞에 와서 고발하였을 것이요
>
> 17 "After being away from Jerusalem for several years, I went there to take some money to my own people and to offer sacrifices.
>
> 18 It was while I was doing this that they found me in the Temple after I had completed the ceremony of purification. There was no crowd with me and no disorder.
>
> 19 But some Jews from the province of Asia were there; they themselves ought to come before you and make their accusations if they have anything against me.

24:18-19 결례를 행하였고...아시아로부터 온 어떤 유대인들이 있었으니...당신 앞에 와서 고발하였을 것이요. 세 번째 고소 건에 대해서도 반박하였다. 바울은 성전을 더럽힌 것이 아니라 자신을 깨끗이 하는 정결례를 위해 성전에 들어갔다고 말하였다. 만약 자신이 진정 성전을 더럽혔다는 사람이 있으면 목격자가 직접 고소하면 된다고 말하였다. 사실 바울은 이방인을 성전에 데리고 가지 않았다. 결코 성전을 더럽히지 않았다. '소요'는 로마군에게 중요한 문제이고, '성전을 더럽히는 것'은 유대인에게 큰 죄에 해당한다. 그런데 그 고소는 바울을 죽이기 위해 거짓으로 만들어진 것이었다.

그들의 거짓에 바울은 진실을 가지고 반박하였다. 세상이 거짓을 말할 때 그는 '아니오'라고 분명하게 말했다.

> 20 그렇지 않으면 이 사람들이 내가 공회 앞에 섰을 때에 무슨 옳지 않은 것을 보았는가 말하라 하소서
>
> 21 오직 내가 그들 가운데 서서 외치기를 내가 죽은 자의 부활에 대하여 오늘 너희 앞에 심문을 받는다고 한 이 한 소리만 있을 따름이니이다 하니
>
> 20 Or let these who are here tell what crime they found me guilty of when I stood before the Council-
>
> 21 except for the one thing I called out when I stood before them: 'I am being tried by you today for believing that the dead will rise to life.' "

24:21 내가 죽은 자의 부활에 대하여 오늘 너희 앞에 심문을 받는다. 변론을 마치면서 하는 말을 보라. 보통 변론을 마칠 때는 최종적으로 자신에게 유리한 것을 강조하여 말한다. 참고로 유대인 측에서는 총독을 추켜세우면서 마쳤다. 그러나 바울은 부활에 대해 말하였다. 그가 공회 앞에서 했던 말이다. 지금 총독 앞에서 그때의 일을 말하며 또 말하고 있다. 그가 가장 강조하여 말하고 싶은 진실은 '부활'이었다. 무죄나 자유가 아니라 부활을 말하고 싶었다. 그것은 자신을 위한 것이 아니다. 그것을 듣는 사람들을 위한 말이었다.

> 22 벨릭스가 이 도에 관한 것을 더 자세히 아는 고로 연기하여 이르되 천부장 루시아가 내려오거든 너희 일을 처결하리라 하고
>
> 22 Then Felix, who was well informed about the Way, brought the hearing to a close. "When Lysias the commander arrives," he told them, "I will decide your case."

24:22 연기하여 이르되 천부장 루시아가 내려오거든 너희 일을 처결하리라. 사실 총독은 이 사건을 그의 재임 기간 동안 끝내 결정하지 못하고 연기만 한다.

> 23 백부장에게 명하여 바울을 지키되 자유를 주고 그의 친구들이 그를 돌보아 주는 것을 금하지 말라 하니라
>
> 24 수일 후에 벨릭스가 그 아내 유대 여자 드루실라와 함께 와서 바울을 불러 그리스도 예수 믿는 도를 듣거늘
>
> 23 He ordered the officer in charge of Paul to keep him under guard, but to give him some freedom and allow his friends to provide for his needs.
>
> 24 After some days Felix came with his wife Drusilla, who was Jewish. He sent for Paul and listened to him as he talked about faith in Christ Jesus.

24:24 아내 유대 여자 드루실라와 함께 와서. 드루실라는 교만했다가 죽은 아그립바 1세의 딸이다. 그녀는 본래 다른 사람과 결혼하였는데 벨릭스가 그녀에게 반해 갖은 수단과 방법을 다 동원해서 이혼시키고 다시 결혼하였다. 그의 세 번째 부인이다. **그리스도 예수 믿는 도를 듣거늘.** 그의 아내가 바울을 만나기 위해 온 것을 보면 그녀는 복음에 대해 관심이 있었던 것으로 보인다.

> 25 바울이 의와 절제와 장차 오는 심판을 강론하니 벨릭스가 두려워하여 대답하되 지금은 가라 내가 틈이 있으면 너를 부르리라 하고
>
> 25 But as Paul went on discussing about goodness, self-control, and the coming Day of Judgement, Felix was afraid and said, "You may leave now. I will call you again when I get the chance."

24:25 바울이 의와 절제와 장차 오는 심판을 강론하니. 이것은 아마 벨릭스를 향한 맞춤형 설교였을 것이다. 바울은 벨릭스의 그릇된 행위들을 알고 있었기 때문에 그것에 대해 직접적으로 말한 것으로 보인다. 그에게 가장 시급한 믿음의 도는 '의와 절제와 심판'에 대해 아는 것이다. 벨릭스가 바울의 목숨줄을 잡고 있다고 해도 과언이 아니다. 그렇다면 그에게 잘 보이기 위해 감언이설을 말할 수도 있다. 그러나 바울은 용감하게 그의 아킬레스건을 건드렸다. 믿음은 결코 추상적인 것이 아니기 때문이다. 벨릭스에게는 당장 윤리의 회복이 가장 중요한 믿음의 문제였기 때문이다. **벨릭스가 두려워하여 대답하되.** 벨릭스는 자신의 죄를 생각했을 것이다. 그리고 그것에 대한 심판을 들었다. 그러기에 두려운 마음을 가지게 된 것이다. 그가 이후에 믿음을 가지게 되었을지 어떨지는 모른다. 그러나 바울은 그에게 복음을 제대로 전했다. 자기 자신의

안위를 위해 물탄 복음이 아니라 진한 복음을 전하였다.

> 26 동시에 또 바울에게서 돈을 받을까 바라는 고로 더 자주 불러 같이 이야기하더라
>
> 27 이태가 지난 후 보르기오 베스도가 벨릭스의 소임을 이어받으니 벨릭스가 유대인의 마음을 얻고자 하여 바울을 구류하여 두니라
>
> 26 At the same time he was hoping that Paul would give him some money; and for this reason he would often send for him and talk with him.
>
> 27 After two years had passed, Porcius Festus succeeded Felix as governor. Felix wanted to gain favour with the Jews so he left Paul in prison.

24:27 이태가 지난 후 보르기오 베스도가 벨릭스의 소임을 이어받으니. 벨릭스는 바울이 죄가 없다는 것을 알았다. 그러나 끝내 그를 풀어주지는 않았다. **유대인의 마음을 얻고자 하여 바울을 구류하여 두니라.** 그는 바울을 풀어줄 용기가 없었다. 바울을 풀어주면 유대인의 다수가 불만을 가질 것이기 때문에 그것이 두려워 풀어주지 못하였다. 그는 진정 용기가 없었다. 이년 동안 유대인의 마음을 얻기 위해 풀어주지 않았는데 결국 그는 유대인의 마음을 잃어 총독의 자리에서 해임된다.

25장

> 1 베스도가 부임한 지 삼 일 후에 가이사랴에서 예루살렘으로 올라가니
>
> 2 대제사장들과 유대인 중 높은 사람들이 바울을 고소할새
>
> 1 Three days after Festus arrived in the province, he went from Caesarea to Jerusalem,
>
> 2 where the chief priests and the Jewish leaders brought their charges against Paul. They begged Festus

25:2 높은 사람들이 바울을 고소할새. 유대인들은 새로 바뀐 총독에게 재빨리 바울을 고소하였다. 새로운 총독은 유대인의 높은 신분의 사람들이 요구하는 것을 거절하기 어려웠을 것이다.

> 3 베스도의 호의로 바울을 예루살렘으로 옮기기를 청하니 이는 길에 매복하였다가 그를 죽이고자 함이더라
>
> 4 베스도가 대답하여 바울이 가이사랴에 구류된 것과 자기도 멀지 않아 떠나갈 것을 말하고
>
> 3 to do them the favour of bringing Paul to Jerusalem, for they had made a plot to kill him on the way.
>
> 4 Festus answered, "Paul is being kept a prisoner in Caesarea, and I myself will be going back there soon.

25:4 바울이 가이사랴에 구류된 것…말하고. 베스도는 현명하였다. 바울을 가이사랴에서 재판한다고 말하였다.

> 5 또 이르되 너희 중 유력한 자들은 나와 함께 내려가서 그 사람에게 만일 옳지 아

니한 일이 있거든 고발하라 하니라

6 베스도가 그들 가운데서 팔 일 혹은 십 일을 지낸 후 가이사랴로 내려가서 이튿날 재판 자리에 앉고 바울을 데려오라 명하니

7 그가 나오매 예루살렘에서 내려온 유대인들이 둘러서서 여러 가지 중대한 사건으로 고발하되 능히 증거를 대지 못한지라

8 바울이 변명하여 이르되 유대인의 율법이나 성전이나 가이사에게나 내가 도무지 죄를 범하지 아니하였노라 하니

9 베스도가 유대인의 마음을 얻고자 하여 바울더러 묻되 네가 예루살렘에 올라가서 이 사건에 대하여 내 앞에서 심문을 받으려느냐

5 Let your leaders go to Caesarea with me and accuse the man if he has done anything wrong."

6 Festus spent another eight or ten days with them and then went to Caesarea. On the next day he sat down in the court of judgement and ordered Paul to be brought in.

7 When Paul arrived, the Jews who had come from Jerusalem stood round him and started making many serious charges against him, which they were not able to prove.

8 But Paul defended himself: "I have done nothing wrong against the Law of the Jews or against the Temple or against the Roman Emperor."

9 But Festus wanted to gain favour with the Jews, so he asked Paul, "Would you be willing to go to Jerusalem and be tried on these charges before me there?"

25:9 베스도가 유대인의 마음을 얻고자 하여…예루살렘에 올라가서…심문을 받으려느냐. 베스도는 유대인의 환심을 사는 것이 중요하였기 때문에 그들의 요구에 맞추어 바울을 예루살렘으로 데려가고 싶은 마음이 있었던 것으로 보인다.

10 바울이 이르되 내가 가이사의 재판 자리 앞에 섰으니 마땅히 거기서 심문을 받을 것이라 당신도 잘 아시는 바와 같이 내가 유대인들에게 불의를 행한 일이 없나이다

11 만일 내가 불의를 행하여 무슨 죽을 죄를 지었으면 죽기를 사양하지 아니할 것이나 만일 이 사람들이 나를 고발하는 것이 다 사실이 아니면 아무도 나를 그들에게 내줄 수 없나이다 내가 가이사께 상소하노라 한대

10 Paul said, "I am standing before the Emperor's own court of judgement, where I

> should be tried. I have done no wrong to the Jews, as you yourself well know.
>
> 11 If I have broken the law and done something for which I deserve the death penalty, I do not ask to escape it. But if there is no truth in the charges they bring against me, no one can hand me over to them. I appeal to the Emperor."

25:11 내가 가이사께 상소하노라. 바울은 예루살렘으로 가면 2년 전에 자기를 죽이려 했던 이들이 길에서 죽일 수 있고 아니면 재판을 하더라도 자기들 멋대로 재판할 것을 알았다. 그런데 베스도의 마음이 예루살렘으로 가는 것으로 굳어지는 것을 보고 마지막 카드를 사용하였다. 로마 황제에게 재판을 받는 것이다. 물론 이것이 로마 황제에게 직접 재판을 받는 것만을 의미하는 것은 아닐 것이다. 바울은 항소하여 상급 재판을 원하였던 것이다. 예루살렘 공회의 영향력이 없는 곳에서 재판을 받고자 하였던 것이다. 바울은 앞에서 예수님께서 그에게 친히 로마에 가서 복음을 전하게 될 것이라는 것을 들었다. 그는 감옥에서 풀려나 로마로 복음 전도를 떠나게 될 것을 생각하였을 것이다. 그러나 상황이 잘못되어가는 것을 보았다. 그때 그는 예수님의 말씀을 다시 생각하였을 것이다. 그리고 자유롭게 가지 못하면 죄수로 가는 것일 수 있다는 생각을 하였을 것이다. 그래서 죄수로 가더라도 로마에 가는 것이니 그것을 선택한 것으로 보인다. 그는 용기 있게 로마에 가서 재판을 받는 것을 선택하였다. 바울은 로마에 한 번도 가보지 않았다. 그곳에서 어떤 일이 일어날지 모른다. 그러나 용기 있게 로마행을 원하였다.

> 12 베스도가 배석자들과 상의하고 이르되 네가 가이사에게 상소하였으니 가이사에게 갈 것이라 하니라
>
> 12 Then Festus, after conferring with his advisers, answered, "You have appealed to the Emperor, so to the Emperor you will go."

25:12 가이사에게 갈 것이라. 상소한다고 하여 꼭 들어주어야 하는 것은 아니었던 것으로 보인다. 그러나 베스도는 바울이 상소한 것이 속이 시원하였을 것이다. 골치 아픈 문제를 자신이 풀지 않고 로마에 떠 넘길 수 있기 때문이다. 베스도는 바울의 문제를 풀 용기가 없었던 것이다. 결국 그가 용기 없는 것 때문에 바울을 로마에 보내게 된다.

> 13 수일 후에 아그립바 왕과 버니게가 베스도에게 문안하러 가이사랴에 와서
>
> 13 Some time later King Agrippa and Bernice came to Caesarea to pay a visit of welcome to Festus.

25:13 아그립바 왕과 버니게가 베스도에게 문안하러. 여기에서의 '아그립바'는 아그립바 2세를 두고 하는 말이다. 흔히 헤롯 아그립바 2세라고 부른다. 그는 헤롯 대제의 증손자다. 헤롯 가문의 마지막 왕이다. 그의 아버지 아그립바 1세가 갑자기 죽었을 때 그의 나이는 17세였다. 황제는 그를 아그립바 1세의 뒤를 잇게 하고 싶었지만 주변에서 반대하여 결국 그를 순차적으로 지금의 레바논 지역과 갈릴리 호수 동쪽 지역 등으로 관할 영토를 확장해주었다. 아그립바 1세 때는 예루살렘을 비롯한 이스라엘 전 지역이 그의 관할 구역이었다. 헤롯 대제 때의 영토를 거의 다 관할하였다. 그러나 지금 아그립바 2세는 이스라엘의 북쪽 지역이 그의 관할 구역이었고 로마의 총독이 유대와 사마리아 지역 등을 관할하였다. 그러나 예루살렘 성전과 대제사장 임명권을 아그립바 2세가 가지고 있었다. 아그립바 2세는 로마 황제의 신임을 얻고 있었다. 그는 로마와의 관계 때문에 유대와 사마리아 지역 등을 관할하는 로마 총독이 새로 부임한 것을 듣고 그를 환영하기 위해 방문하였다. 서로 상하 관계이기 보다는 수평적 관계라 할 수 있다.

> 14 여러 날을 있더니 베스도가 바울의 일로 왕에게 고하여 이르되 벨릭스가 한 사람을 구류하여 두었는데
>
> 14 After they had been there several days, Festus explained Paul's situation to the king: "There is a man here who was left a prisoner by Felix;

25:14 바울의 일로 왕에게 고하여. 베스도는 바울을 로마에 보내야 하는데 작성할 상소의 내용을 무엇으로 해야 할지 막막했다. 그래서 로마에 대해 잘 알고 있으면서 실제적으로 유대인이라 할 수 있는 아그립바 왕에게 자문을 구하였다.

> 15 내가 예루살렘에 있을 때에 유대인의 대제사장들과 장로들이 그를 고소하여 정죄하기를 청하기에

> 16 내가 대답하되 무릇 피고가 원고들 앞에서 고소 사건에 대하여 변명할 기회가 있기 전에 내주는 것은 로마 사람의 법이 아니라 하였노라
>
> 17 그러므로 그들이 나와 함께 여기 오매 내가 지체하지 아니하고 이튿날 재판 자리에 앉아 명하여 그 사람을 데려왔으나
>
> 18 원고들이 서서 내가 짐작하던 것 같은 악행의 혐의는 하나도 제시하지 아니하고
>
> 19 오직 자기들의 종교와 또는 예수라 하는 이가 죽은 것을 살아 있다고 바울이 주장하는 그 일에 관한 문제로 고발하는 것뿐이라
>
> 15 and when I went to Jerusalem, the Jewish chief priests and elders brought charges against him and asked me to condemn him.
>
> 16 But I told them that we Romans are not in the habit of handing over anyone accused of a crime before he has met his accusers face to face and has had the chance of defending himself against the accusation.
>
> 17 When they came here, then, I lost no time, but on the very next day I sat in the court and ordered the man to be brought in.
>
> 18 His opponents stood up, but they did not accuse him of any of the evil crimes that I thought they would.
>
> 19 All they had were some arguments with him about their own religion and about a man named Jesus, who has died; but Paul claims that he is alive.

25:19 자기들의 종교와 또는 예수라 하는 이가 죽은 것을 살아 있다고 바울이 주장하는 그 일에 관한 문제로 고발하는 것뿐. 베스도가 바울의 죄목에 대해 아그립바 왕에게 말한 내용이다. 이것을 보면 이전에 바울을 향한 고발 건이었던 '소란과 성전을 더럽혔다'는 것은 더 이상 문제가 되지 않았다. 바울이 말하였던 '부활'이 중심 주제로 떠 올라 있다.

> 20 내가 이 일에 대하여 어떻게 심리할지 몰라서 바울에게 묻되 예루살렘에 올라가서 이 일에 심문을 받으려느냐 한즉
>
> 21 바울은 황제의 판결을 받도록 자기를 지켜 주기를 호소하므로 내가 그를 가이사에게 보내기까지 지켜 두라 명하였노라 하니
>
> 22 아그립바가 베스도에게 이르되 나도 이 사람의 말을 듣고자 하노라 베스도가

이르되 내일 들으시리이다 하더라

23 이튿날 아그립바와 버니게가 크게 위엄을 갖추고 와서 천부장들과 시중의 높은 사람들과 함께 접견 장소에 들어오고 베스도의 명으로 바울을 데려오니

20 I was undecided about how I could get information on these matters, so I asked Paul if he would be willing to go to Jerusalem and be tried there on these charges.

21 But Paul appealed; he asked to be kept under guard and to let the Emperor decide his case. So I gave orders for him to be kept under guard until I could send him to the Emperor."

22 Agrippa said to Festus, "I would like to hear this man myself." "You will hear him tomorrow," Festus answered.

23 The next day Agrippa and Bernice came with great pomp and ceremony and entered the audience hall with the military chiefs and the leading men of the city. Festus gave the order, and Paul was brought in.

25:23 바울을 데려오니. 아그립바가 화려한 옷을 입었고 가이사랴의 많은 높은 사람이 다 초청되었다. 그들은 한껏 비싸고 멋진 옷으로 차려 입었을 것이다. 베스도는 그곳에 바울을 불렀다. 사람들과 바울의 모습을 비교해 보라. 바울은 사슬을 찬 모습이다. 그러나 그의 사슬은 누구보다 영광스러운 옷이었다. 하나님께서 분명히 그렇게 보실 것이다.

24 베스도가 말하되 아그립바 왕과 여기 같이 있는 여러분이여 당신들이 보는 이 사람은 유대의 모든 무리가 크게 외치되 살려 두지 못할 사람이라고 하여 예루살렘에서와 여기서도 내게 청원하였으나

24 Festus said, "King Agrippa and all who are here with us: You see this man against whom all the Jewish people, both here and in Jerusalem, have brought complaints to me. They scream that he should not live any longer.

25:24 이 사람은 유대의 모든 무리가 크게 외치되 살려 두지 못할 사람이라고 하여. 아그립바 왕 앞에 나온 바울은 많은 유대인들이 '사형에 해당하는 죄를 지었다'고 주장하는 사람이다.

> 25 내가 살피건대 죽일 죄를 범한 일이 없더이다 그러나 그가 황제에게 상소한 고로 보내기로 결정하였나이다
>
> 25 But I could not find that he had done anything for which he deserved the death sentence. And since he himself made an appeal to the Emperor, I have decided to send him.

25:25 내가 살피건대 죽일 죄를 범한 일이 없더이다. 베스도는 마치 빌라도가 예수님에 대해 한 말과 비슷하게 말하고 있다. 예루살렘을 관할하던 지역의 행정적 수반인 총독은 바울이 '죄가 없다'고 선언하고 있다. 많은 사람들 앞에서 그렇게 선언하였다. **그가 황제에게 상소한 고로 보내기로 결정하였나이다.** 그가 죄가 없지만 황제에게 상소하였기 때문에 그를 보내기로 하였다고 말하였다.

> 26 그에 대하여 황제께 확실한 사실을 아뢸 것이 없으므로 심문한 후 상소할 자료가 있을까 하여 당신들 앞 특히 아그립바 왕 당신 앞에 그를 내세웠나이다
>
> 26 But I have nothing definite about him to write to the Emperor. So I have brought him here before you–and especially before you, King Agrippa!–so that, after investigating his case, I may have something to write.

25:26 상소할 자료가 있을까 하여 당신들 앞 특히 아그립바 왕 당신 앞에 그를 내세웠나이다. 상소할 자료를 얻기 위해 아그립바 왕 앞에 바울을 불러들였다. 이것은 마치 바울의 말을 잘 들어보라는 부탁과 같다. 바울이 말하는 것을 잘 듣고 앞 뒤를 잘 따져보아야 상소할 자료가 있는지 없는지 알아볼 수 있을 것이다. 이제 아그립바는 총독을 위해서라도 바울의 말을 잘 들어보아야 한다.

> 27 그 죄목도 밝히지 아니하고 죄수를 보내는 것이 무리한 일인 줄 아나이다 하였더라
>
> 27 For it seems unreasonable to me to send a prisoner without clearly indicating the charges against him."

26장

1 아그립바가 바울에게 이르되 너를 위하여 말하기를 네게 허락하노라 하니 이에 바울이 손을 들어 변명하되

2 아그립바 왕이여 유대인이 고발하는 모든 일을 오늘 당신 앞에서 변명하게 된 것을 다행히 여기나이다

3 특히 당신이 유대인의 모든 풍속과 문제를 아심이니이다 그러므로 내 말을 너그러이 들으시기를 바라나이다

1 Agrippa said to Paul, "You have permission to speak on your own behalf." Paul stretched out his hand and defended himself as follows:

2 "King Agrippa! I consider myself fortunate that today I am to defend myself before you from all the things these Jews accuse me of,

3 particularly since you know so well all the Jewish customs and disputes. I ask you, then, to listen to me with patience.

26:3 당신이 유대인의 모든 풍속과 문제를 아심이니이다. 바울은 사실상 유대인으로서 유대인의 풍습을 잘 알고 있는 아그립바이기 때문에 자신이 말하는 것을 잘 이해할 것이라 말하였다.

4 내가 처음부터 내 민족과 더불어 예루살렘에서 젊었을 때 생활한 상황을 유대인이 다 아는 바라

5 일찍부터 나를 알았으니 그들이 증언하려 하면 내가 우리 종교의 가장 엄한 파를 따라 바리새인의 생활을 하였다고 할 것이라

4 "All the Jews know how I have lived ever since I was young. They know how I have spent my whole life, at first in my own country and then in Jerusalem.

5 They have always known, if they are willing to testify, that from the very first I have lived as a member of the strictest party of our religion, the Pharisees.

26:5 바리새인의 생활. 바울은 유대인으로서 엄격히 말씀에 따라 살아왔다.

> 6 이제도 여기 서서 심문 받는 것은 하나님이 우리 조상에게 약속하신 것을 바라는 까닭이니
>
> 6 And now I stand here to be tried because of the hope I have in the promise that God made to our ancestors-

26:6 우리 조상에게 약속하신 것을 바라는 까닭이라. '바라는'으로 번역한 단어는 7절에서도 2번이나 나오는 단어로 '소망'이다. 이 소망이 의미하는 것은 가장 직접적으로는 '부활'이다. 자신이 지금 유대인들의 미움을 받고 갇힌 것은 부활 때문이라는 것이다. 그런데 부활은 비유대적인 것이 아니라 성경에서 계속 말해 온 것이다. 유대인들이 지금까지 소망해 온 것이다.

> 7 이 약속은 우리 열두 지파가 밤낮으로 간절히 하나님을 받들어 섬김으로 얻기를 바라는 바인데 아그립바 왕이여 이 소망으로 말미암아 내가 유대인들에게 고소를 당하는 것이니이다
>
> 7 the very thing that the twelve tribes of our people hope to receive, as they worship God day and night. And it is because of this hope, Your Majesty, that I am being accused by these Jews!

26:7 이 약속은…하나님을 받들어 섬김으로 얻기를 바라는 바인데. 성경은 언약이다. 하나님과 백성 사이의 약속으로서 '언약 아래 있는 백성을 구원하신다'는 약속이다. 이 약속의 가장 근원적인 것은 구원이다. 영원한 죽음에서 영원한 생명으로의 구원이다. 성경을 받고 믿고 있는 유대인들은 그 약속을 소망하며 하나님을 열심히 섬겨왔다. 부활은 죽음에서 건짐을 의미한다. 인류는 죄 때문에 죽게 되었다. 죽음의 절망 가운데 살게 된 사람을 보시고 하나님께서 불쌍히 여기셔서 메시야를 약속하셨다. 제사를 포함한 모든 것들이 메시야를 가리키는 것이다. 그들을 죽음에서 생명으로 건지시는 메시야가 오심을 간절히 바라며 지켰다. **이 소망으로 말미암아 내가 유대인들에게 고소를 당하는 것이니이다.** 성경에서의 약속에 따라 소망을 가지고 살아왔고 하

나님께서 약속하신 대로 메시야를 보내주셔서 바울은 그분을 알게 되었다. 그것을 위해 살고 있다. 그런데 정작 지금까지 언약에 따라 살았다고 하는 유대인들이 바울을 죽이려 하고 있다. 대체 무슨 일이 일어나고 있는 것일까? 바울은 말씀대로 소망을 가지고 있는 것인데 유대인들이 왜 그럴까?

> 8 당신들은 하나님이 죽은 사람을 살리심을 어찌하여 못 믿을 것으로 여기나이까
> 8 Why do you who are here find it impossible to believe that God raises the dead?

26:8 어찌하여 못 믿을 것으로 여기나이까. 헬라어로는 이 구절이 앞에 나와 있는 문장으로 강조하고 있는 내용이다. '하나님이 죽은 사람을 살리심'을 어찌하여 믿지 못하는지 묻고 있다. 하나님께서 죽은 사람을 살리실 수 있는 능력이 있음을 믿지 못하는 사람은 아무도 없다. 물론 지금 모여 있는 헬라인들은 대부분 육체의 부활을 믿는 사람은 없지만 유대인인 아그립바 왕은 그것을 믿을 것이다. 부활을 믿는다고 말하면서도 실제로는 믿지 않는 모순이 일어나고 있다. 왜 그럴까? 유대인들이 지금까지 지긋지긋한 죽음을 이기는 순간을 소망하며 살아왔는데 정작 부활을 맞이하는 순간이 왔을 때 그것을 거절하고 있다. 참으로 아이러니한 상황이다.

> 9 나도 나사렛 예수의 이름을 대적하여 많은 일을 행하여야 될 줄 스스로 생각하고
> 9 "I myself thought that I should do everything I could against the cause of Jesus of Nazareth.

26:9 나도 나사렛 예수의 이름을 대적하여. '나'가 매우 강조된 문장이다. 자신도 믿지 못했다. 잘 살펴보지도 않고 믿지 않았다. 믿지 않을 뿐만 아니라 대적하였다.

> 10 예루살렘에서 이런 일을 행하여 대제사장들에게서 권한을 받아 가지고 많은 성도를 옥에 가두며 또 죽일 때에 내가 찬성 투표를 하였고

> 10 That is what I did in Jerusalem. I received authority from the chief priests and put many of God's people in prison; and when they were sentenced to death, I also voted against them.

26:10 대제사장들에게서 권한을 받아. 그는 공적이고 확실하게 예수를 대적하였다. **옥에 가두며 또 죽일 때에 내가 찬성 투표를 하였고.** 바울은 예수의 부활을 믿는 이들을 아주 강하게 대적하였다.

> 11 또 모든 회당에서 여러 번 형벌하여 강제로 모독하는 말을 하게 하고 그들에 대하여 심히 격분하여 외국 성에까지 가서 박해하였고
> 12 그 일로 대제사장들의 권한과 위임을 받고 다메섹으로 갔나이다
> 11 Many times I had them punished in the synagogues and tried to make them deny their faith. I was so furious with them that I even went to foreign cities to persecute them.
> 12 "It was for this purpose that I went to Damascus with authority and orders from the chief priests.

26:12 권한과 위임을 받고 다메섹으로 갔나이다. 이때까지 그는 아주 강하게 예수의 부활을 대적하였다. 그러나 이때가 마지막이 된다.

> 13 왕이여 정오가 되어 길에서 보니 하늘로부터 해보다 더 밝은 빛이 나와 내 동행들을 둘러 비추는지라
> 13 It was on the road at midday, Your Majesty, that I saw a light much brighter than the sun, coming from the sky and shining round me and the men travelling with me.

26:13 정오가 되어 길에서 보니 하늘로부터 해보다 더 밝은 빛이 있어. 다메섹에 가던 중에 해가 중천에 떠 있는데 해보다 더 밝은 빛이 바울과 일행을 비추었다. 해보다 더 밝은 빛은 실제를 반영하면서도 상징적인 무엇을 생각하게 한다. 해 아래에서의 삶이 었는데 그것을 너머 그 무엇을 만나는 순간이다.

> 14 우리가 다 땅에 엎드러지매 내가 소리를 들으니 히브리 말로 이르되 사울아 사울아 네가 어찌하여 나를 박해하느냐 가시채를 뒷발질하기가 네게 고생이니라
>
> 14 All of us fell to the ground, and I heard a voice say to me in Hebrew, 'Saul, Saul! Why are you persecuting me? You are hurting yourself by hitting back, like an ox kicking against its owner's stick.'

26:14 네가 어찌하여 나를 박해하느냐 가시채를 뒷발질하기가 네게 고생이니라. 한국말 '가시채'는 '가시가 있는 채찍'을 생각하면서 만들어 낸 단어다. 그러나 가시채로 번역한 헬라어 단어는 '끝이 뾰족한 나무'를 말한다. 짐승을 몰 때 뒤에서 찌르는 도구다. '가시채를 뒷발질'한다는 것은 주인의 뜻에 거스르는 것을 의미한다. 사람에게는 운명을 거스르는 것, 하나님의 뜻을 거스르는 것을 뜻한다. 바울은 어쩌면 스데반의 순교에서 무엇인가를 느꼈을 수 있다. 수많은 기독교인을 핍박하면서 그 속에서 무엇인가를 느꼈을 수 있다. 그러나 그는 그것을 무시하고 계속 핍박하였다. 바울이 하나님의 뜻을 거슬러 행동하고 있는 모습을 상징적으로 표현한 것이다. 그렇게 창조주의 뜻을 거슬러 사니 얼마나 고생이었을까? '고생'은 어쩌면 당시 바울 마음 속의 고민이었을 수 있다.

> 15 내가 대답하되 주님 누구시니이까 주께서 이르시되 나는 네가 박해하는 예수라
>
> 15 'Who are you, Lord?' I asked. And the Lord answered, 'I am Jesus, whom you persecute.

26:15 주님 누구시니이까. '나는 네가 박해하는 예수라'고 말씀하셨다. 바울은 자신이 지금까지 기독교인을 박해하는 일이 얼마나 잘못된 것인지를 깨달았다. 진리를 대적하고 있었다는 것을 깨달았다. 그것을 깨닫는 순간 얼마나 괴롭고 부끄러웠을까? 자신이 천지의 주 되시는 예수님을 대적하고 박해하면서 살았으니 부활하신 예수님을 보면서 그는 아무 말도 할 수 없었을 것이다.

> 16 일어나 너의 발로 서라 내가 네게 나타난 것은 곧 네가 나를 본 일과 장차 내가

> **네게 나타날 일에 너로 종과 증인을 삼으려 함이니**
>
> 16 But get up and stand on your feet. I have appeared to you to appoint you as my servant. You are to tell others what you have seen of me today and what I will show you in the future.

26:16 내가 네게 나타난 것은 곧 네가 나를 본 일과 장차 내가 네게 나타날 일에 너로 종과 증인을 삼으려 함이니. 예수님께서 바울을 증인으로 삼으실 것이다. 그렇다면 바울은 지금까지 자신의 엄청난 죄악을 조금이나마 해소할 수 있을 것이다.

> 17 이스라엘과 이방인들에게서 내가 너를 구원하여 그들에게 보내어
>
> 18 그 눈을 뜨게 하여 어둠에서 빛으로, 사탄의 권세에서 하나님께로 돌아오게 하고 죄 사함과 나를 믿어 거룩하게 된 무리 가운데서 기업을 얻게 하리라 하더이다
>
> 17 I will rescue you from the people of Israel and from the Gentiles to whom I will send you.
>
> 18 You are to open their eyes and turn them from the darkness to the light and from the power of Satan to God, so that through their faith in me they will have their sins forgiven and receive their place among God's chosen people.'

26:18 눈을 뜨게 하여 어둠에서 빛으로, 사탄의 권세에서 하나님께로 돌아오게 하고. 유대인들이 여전히 하나님을 향하여 뒷발질하고 있었다. 가장 적극적으로 뒷발질하였던 바울이 이제 세상에 진리를 전할 사람으로 부름 받았다.

> 19 아그립바 왕이여 그러므로 하늘에서 보이신 것을 내가 거스르지 아니하고
>
> 19 "And so, King Agrippa, I did not disobey the vision I had from heaven.

26:19 그러므로 하늘에서 보이신 것을 내가 거스르지 아니하고. 하나님께서 보여주셨는데 어찌 바울이 거스를 수 있겠는가? 그동안 뒷발질하였던 것을 철저히 회개하고 이제는 오직 순종할 뿐이다.

> 20 먼저 다메섹과 예루살렘에 있는 사람과 유대 온 땅과 이방인에게까지 회개하고 하나님께로 돌아와서 회개에 합당한 일을 하라 전하므로
>
> 20 First in Damascus and in Jerusalem and then in all Judea and among the Gentiles, I preached that they must repent of their sins and turn to God and do the things that would show they had repented.

26:20 회개하고 하나님께로 돌아와서 회개에 합당한 일을 하라 전하므로. 바울은 사람들에게 자신들의 죄에서 돌이켜 하나님께로 돌아서라고 말하였다.

> 21 유대인들이 성전에서 나를 잡아 죽이고자 하였으나
>
> 21 It was for this reason that these Jews seized me while I was in the Temple, and they tried to kill me.

26:21 죽이고자 하였으나. 유대인들은 바울을 죽이려 하였다. 바울이 이전에 적대하였던 것처럼 여전히 적대하였다. 그러나 바울은 자신이 바뀐 것을 보고 조금은 한 번 더 생각해 보라고 전하였다. 자신이 아무 이유 없이 변한 것이 아니다. 사람이 이유 없이 변하지 않기 때문이다. 변한 이유가 타당한지 생각해 보는 것이 맞다.

> 22 하나님의 도우심을 받아 내가 오늘까지 서서 높고 낮은 사람 앞에서 증언하는 것은 선지자들과 모세가 반드시 되리라고 말한 것밖에 없으니
>
> 23 곧 그리스도가 고난을 받으실 것과 죽은 자 가운데서 먼저 다시 살아나사 이스라엘과 이방인들에게 빛을 전하시리라 함이니이다 하니라
>
> 22 But to this very day I have been helped by God, and so I stand here giving my witness to all, to small and great alike. What I say is the very same thing which the prophets and Moses said was going to happen:
>
> 23 that the Messiah must suffer and be the first one to rise from death, to announce the light of salvation to the Jews and to the Gentiles."

26:22-23 내가...증언하는 것은 선지자들과 모세가 반드시 되리라고 말한 것밖에 없으니. 그는 자신이 전하는 것은 성경 밖의 것이 아니라 성경이 말하고 있는 것이라고 강하게 말하였다. 선지자들만이 아니라 모세도 말하는 것이라고 하였다. **그리스도가 고난을 받으실 것과 죽은 자 가운데서 먼저 다시 살아나사 이스라엘과 이방인들에게 빛을 전하시리라.** 그리스도께서 고난을 받으신다 하셨고 실제로 예수님이 고난 받으시고 죽기까지 하셨다. 다시 살아난다는 말씀에 따라 부활하셨다. 놀라운 일이 일어났다. 예수님의 고난과 부활이라는 엄청난 사실을 간과하지 말아야 한다. 말씀 앞에 정직하게 엎드려야 한다. 예수님을 구주로 받아들여야 한다.

> 24 바울이 이같이 변명하매 베스도가 크게 소리 내어 이르되 바울아 네가 미쳤도다 네 많은 학문이 너를 미치게 한다 하니
>
> 24 As Paul defended himself in this way, Festus shouted at him, "You are mad, Paul! Your great learning is driving you mad!"

26:24 네가 미쳤도다 네 많은 학문이 너를 미치게 한다 하니. 베스도는 바울이 많이 배운 사람이라고 판단하고 있었다. 그런데 부활에 대해 말하는 것을 듣고 말한다. 헬라 철학에서는 영의 불멸에 대해서는 의견이 다양하지만 육체의 부활을 말하지는 않는다. 그래서 헬라 철학에 익숙한 그가 보기에 바울이 육체의 부활을 말할 때 상식적인 것으로 보이지 않았다. 많은 학문을 공부하다 보니 생각이 서로 얽혔다고 생각한 것이다.

> 25 바울이 이르되 베스도 각하여 내가 미친 것이 아니요 참되고 온전한 말을 하나이다
>
> 26 왕께서는 이 일을 아시기로 내가 왕께 담대히 말하노니 이 일에 하나라도 아시지 못함이 없는 줄 믿나이다 이 일은 한쪽 구석에서 행한 것이 아니니이다
>
> 25 Paul answered, "I am not mad, Your Excellency! I am speaking the sober truth.
>
> 26 King Agrippa! I can speak to you with all boldness, because you know about these things. I am sure that you have taken notice of every one of them, for this thing has not happened hidden away in a corner.

26:26 왕께서는 이 일을 아시기로 내가 왕께 담대히 말하노니. 유대인들 중에는 비록 사두개인이 부활을 믿지 않았지만 대부분 사람들은 부활을 믿었다. 그러기에 유대인인 아그립바에게 성경에서 말하는 부활에 대해 알고 있을 것이라고 말한다.

> 27 아그립바 왕이여 선지자를 믿으시나이까 믿으시는 줄 아나이다
> 28 아그립바가 바울에게 이르되 네가 적은 말로 나를 권하여 그리스도인이 되게 하려 하는도다
> 27 King Agrippa, do you believe the prophets? I know that you do!"
> 28 Agrippa said to Paul, "In this short time do you think you will make me a Christian?"

26:28 적은 말로 나를 권하여 그리스도인이 되게 하려 하는도다. 이 말이 바울을 조롱하는 것인지, 마음이 조금은 흔들리는 것인지는 분명하지 않다. 아마 두 마음이 혼재되어 있을 것이다. 그가 부활에 대해 말하지 않는 것을 보니 부활을 믿는 것 같다. 그렇지만 기독교인이 되는 것에 대해서는 아직은 생각이 없는 것 같다.

어찌 바울의 말을 듣고 사람들이 바로 믿음을 가질 수 있겠는가? 믿음은 중심이 움직이는 것이다. 믿음은 삶의 가치 전체가 바뀌는 것이다. 그러기에 믿음은 쉽게 가질 수 있는 것이 아니다. 쉽게 가졌다고 말하는 사람이 사실 거짓일 것이다. 그래서 바울이 앞에서 말한 '찌르는 막대기(가시채)'가 필요하다. 길을 가고 있는 사람에게 그 길이 잘못된 길이라고 말해주는 막대기다. 사람들은 살아가면서 이런 것을 많이 경험한다. 삶이 힘들 때가 바로 그때다. 어쩌면 죽고 싶을 때가 그 순간이다. 그 순간에 빛의 순간이 더해져야 한다. 사람들은 평상시에는 세상에서 정신없이 살고 있다. 바빠서 죽을 시간도 없을 정도로 살아간다. 그러나 그 길이 막힐 때 멍해진다. 가던 길이 허망해질 때 멍해진다. 그때가 바로 찌르는 막대기로 하나님께서 찌르신 순간이다. 그때 생각해야 한다. 깨달아야 한다. 시간이 지나면 또 무슨 일이 있었느냐는 듯이 또 바쁘게 살게 될 것이다. 그러니 그런 일이 있을 때 인생을 되돌아 보아야 한다. 하나님께 간구하면 어쩌면 빛의 순간이 임할 것이다. 하나님의 인도하심을 거스르는 인생이 아니라 순종하는 인생으로 바뀔 것이다.

> 29 바울이 이르되 말이 적으나 많으나 당신뿐만 아니라 오늘 내 말을 듣는 모든 사람도 다 이렇게 결박된 것 외에는 나와 같이 되기를 하나님께 원하나이다 하니라
>
> 29 "Whether a short time or a long time," Paul answered, "my prayer to God is that you and all the rest of you who are listening to me today might become what I am-except, of course, for these chains!"

26:29 당신뿐만 아니라 오늘 내 말을 듣는 모든 사람도…나와 같이 되기를. 바울이 말하는 것은 영원한 생명에 대한 이야기다. 그러기에 말이 많고 적음이 문제가 아니다. 말이 적어도 그것에 진심으로 마음을 기울여 받아들인다면 그가 영원한 생명을 얻을 것이다. 그러기에 부활하여 살게 될 영원한 삶을 생각해야 한다. 그가 기독교인이 된 것처럼 그곳에 있는 사람들도 모두 기독교인이 되기를 바울은 간절히 원하였다. 그가 그들에게 더 길게 말할 수는 없을 것이다. 그들 중에는 지금 처음 듣고 끝나는 사람이 대부분일 것이다. 그러나 그러한 것이 중요하지 않다. 기독교인이 되면 영원한 생명이 있고 그렇지 않으면 영원한 멸망이 있다. 그것이 중요하다. 더욱 중요한 것은 지금 그 순간에 믿음을 받아들이면 영원한 생명을 갖게 되고 그것을 받아들이지 않는다면 영원한 멸망 속에 계속 거하게 된다는 것이다. 이것이 얼마나 중요한지 모른다. 아주 짧은 순간이지만 영원을 좌우하는 순간이다. 그러니 바울이 피를 토하는 마음으로 이것을 전하고 있다.

> 30 왕과 총독과 버니게와 그 함께 앉은 사람들이 다 일어나서
>
> 31 물러가 서로 말하되 이 사람은 사형이나 결박을 당할 만한 행위가 없다 하더라
>
> 30 Then the king, the governor, Bernice, and all the others got up,
>
> 31 and after leaving they said to each other, "This man has not done anything for which he should die or be put in prison."

26:31 이 사람은 사형이나 결박을 당할 만한 행위가 없다. 그들은 바울에 대해 무죄를 선언하였다. 그러나 그를 풀어주지는 않았다. 그가 로마 황제에게 상소하였기 때문이다. 그들은 바울에게 무죄 선언만 할 것이 아니라 자기 자신들을 돌아보아야 했다. 그것이 바울이 원한 것이었다. 그러나 자신들의 이야기가 쏙 빠져 있다. 자신들이 하나님 앞에서 무죄 선언을 받을지 아니면 유죄 선언을 받을지를 생각해 보아야 한다.

그러나 지금 당장의 일이 아니라 생각하여 슬그머니 빠져나가기만 하였다. 사람들이 그러하다. 자신들이 하나님 앞에서 무죄 선언을 받을지 유죄 선언을 받을지에 대해 너무 생각하지 않는다. 세상의 일이 바쁘다고 슬그머니 빠져나간다.

> 32 이에 아그립바가 베스도에게 이르되 이 사람이 만일 가이사에게 상소하지 아니하였더라면 석방될 수 있을 뻔하였다 하니라
>
> 32 And Agrippa said to Festus, "This man could have been released if he had not appealed to the Emperor."

27장

사도행전 27:1-28:16은 바울이 로마까지 이송되는 여정에 대한 기록이다. 아주 길게 그 과정을 설명하고 있다.

로마는 땅 끝의 상징이다. 지리적으로 예루살렘에서 멀리 떨어져 있다. 또한 세상 권력과 우상 숭배의 핵심을 이루는 곳이었기에 땅 끝이다. 그러기에 그곳으로 가는 것이 중요하다. 로마는 바울이 가고자 했지만 가지 못했던 곳이다. 아마 바울이 4차 전도여행으로 가려고 했던 것으로 보인다. 그런데 그의 계획이 무산되고 죄수가 되어 로마에 이송되게 되었다. 그런데 그의 로마 이송은 어떤 전도여행만큼이나 귀한 전도 여정이 된다. 이 여정은 매우 중요한 길이었다. 그래서 자세히 설명하고 있다. 이 여정은 단순히 항해 일지 같지만 하나님의 섭리와 보호가 가득하다. 그래서 더욱더 중요하다.

> 1 우리가 배를 타고 이달리야에 가기로 작정되매 바울과 다른 죄수 몇 사람을 아구스도대의 백부장 율리오란 사람에게 맡기니
>
> 1 When it was decided that we should sail to Italy, they handed Paul and some other prisoners over to Julius, an officer in the Roman regiment called "The Emperor's Regiment".

27:1 바울과 다른 죄수 몇 사람을 아구스도대의 백부장 율리오란 사람에게 맡기니. 바울은 미결수이지만 죄수의 신분으로 로마에 이송되었다. 묶인 자로 가는 것이다.

> 2 아시아 해변 각처로 가려 하는 아드라뭇데노 배에 우리가 올라 항해할새 마게도냐의 데살로니가 사람 아리스다고도 함께 하니라
>
> 2 We went aboard a ship from Adramyttium, which was ready to leave for the seaports of the province of Asia, and we sailed away. Aristarchus, a Macedonian from

Thessalonica, was with us.

27:2 아드라뭇데노 배. '아드라뭇데노'는 소아시아 지역의 지명으로 그곳에서 왔고 그곳으로 가는 배를 말한다. 당시에는 사람만 타고 다니는 여객선이 없었다. 그래서 곡물을 실어 나르는 배에 탔을 것이다. 해안을 따라 가는 이 배는 주로 작았다. **배에 우리가 올라 항해할새 마게도냐의 데살로니가 사람 아리스다고도 함께 하니라.** 바울은 혼자 가는 것이 아니라 그와 동행하는 동역자들이 있었다. '우리'라고 말하는 것을 보면 누가도 그 속에 포함된 것으로 보인다.

3 이튿날 시돈에 대니 율리오가 바울을 친절히 대하여 친구들에게 가서 대접 받기를 허락하더니

3 The next day we arrived at Sidon. Julius was kind to Paul and allowed him to go and see his friends, to be given what he needed.

27:3 시돈에 대니...친구들에게 가서 대접 받기를 허락하더니. 바울은 매인자였으나 특별 대우를 받은 것으로 보인다. 시돈에 이르렀을 때 그곳에 있는 기독교인들을 만날 수 있도록 허락되었다. 그는 매인자였으나 '그리스도의 사신'의 모습이다. 그는 이전에 가이사랴에서도 매인자였으나 일정 부분 자유를 가졌었고 지금 로마로 이송하는 과정도 그랬다.

4 또 거기서 우리가 떠나가다가 맞바람을 피하여 구브로 해안을 의지하고 항해하여

4 We went on from there, and because the winds were blowing against us, we sailed on the sheltered side of the island of Cyprus.

27:4 맞바람을 피하여. 지중해는 늦겨울이 되면 북서풍 바람이 불었다. 북서쪽에서 불어오는 바람은 서쪽으로(가이사랴에서 로마쪽으로) 가야 하는 배에 맞바람이었다. 그래서 바람의 영향이 작고 조류가 서쪽으로 흐르는 해안가를 따라 올라갔다.

> 5 길리기아와 밤빌리아 바다를 건너 루기아의 무라 시에 이르러
> 5 We crossed over the sea off Cilicia and Pamphylia and came to Myra in Lycia.

27:5 무라. 소아시아 지역의 도시로 지금의 튀르키예의 남서쪽에 있는 도시다. 가이사랴에서 800km의 여정을 갔다. 그들이 탄 배는 이곳에서 위쪽으로(아드라뭇데노) 계속 올라갈 것이기 때문에 배를 갈아타야 한다. 그래서 이곳에서 모두 하선하였다.

> 6 거기서 백부장이 이달리야로 가려 하는 알렉산드리아 배를 만나 우리를 오르게 하니
> 6 There the officer found a ship from Alexandria that was going to sail for Italy, so he put us aboard.

27:6 알렉산드리아 배를 만나 우리를 오르게 하니. 알렉산드리아에서 로마로 곡식 나르는 배를 만났다. 이 배는 넓은 바다를 지나야 했기 때문에 많이 더 큰 배였을 것이다. 바울 일행은 그 배를 탔다.

> 7 배가 더디 가 여러 날 만에 간신히 니도 맞은편에 이르러 풍세가 더 허락하지 아니하므로 살모네 앞을 지나 그레데 해안을 바람막이로 항해하여
> 7 We sailed slowly for several days and with great difficulty finally arrived off the town of Cnidus. The wind would not let us go any further in that direction, so we sailed down the sheltered side of the island of Crete, passing by Cape Salmone.

27:7 배가 더디 가 여러 날 만에 간신히 니도 맞은편에 이르러. 배가 그레데로 바로 갔어야 하는데 바람 때문에 해안 쪽인 위쪽으로 가서 여러 날을 허비했다. **풍세가 더 허락하지 아니하므로.** 배가 본래 가려던 그레데 섬 위쪽이 아니라 아래쪽으로 방향을 틀었다. 그래서 그레데 섬의 오른쪽 모서리에 있는 '살모네'를 지나 그레데 섬 해안을 따라 어렵게 앞으로(서쪽으로) 나갔다.

> 8 간신히 그 연안을 지나 미항이라는 곳에 이르니 라새아 시에서 가깝더라
> 8 We kept close to the coast and with great difficulty came to a place called Safe Harbours, not far from the town of Lasea.

27:8 간신히 그 연안을 지나 미항이라는 곳에 이르니. 미항은 그레데 섬의 중간쯤에 위치한 곳이다. 무라에서 미항까지는 500km정도 거리다. 그런데 바람 때문에 돌아서 700km 정도 거리가 되었다. 그런데 그곳까지 오면서 시간을 너무 많이 썼다. 그래서 항해 일정에 문제가 생겼다.

> 9 여러 날이 걸려 금식하는 절기가 이미 지났으므로 항해하기가 위태한지라 바울이 그들을 권하여
> 9 We spent a long time there, until it became dangerous to continue the voyage, for by now the Day of Atonement was already past. So Paul gave them this advice:

27:9 여러 날이 걸려. 앞에서의 행해가 생각보다 더 많은 시간이 지났다는 것이다. **금식하는 절기가 이미 지났으므로.** '금식하는 절기'는 유대인의 대속죄일을 말한다. 59년에는 대속죄일이 10월 5일이었다. **항해하기가 위태한지라.** 로마의 한 저술가에 의하면 지중해 지역은 9월 15일부터는 항해가 위험해지고 11월 11일-3월 10일까지는 항해가 중단되었다고 한다. 그렇다면 지금 바울의 일행은 날짜상으로 위험한 시기 끝자락에 있다고 할 수 있다.

> 10 말하되 여러분이여 내가 보니 이번 항해가 하물과 배만 아니라 우리 생명에도 타격과 많은 손해를 끼치리라 하되
> 10 "Men, I see that our voyage from here on will be dangerous; there will be great damage to the cargo and to the ship, and loss of life as well."

27:10 이번 항해가 하물과 배만 아니라 우리 생명에도 타격과 많은 손해를 끼치리라. 바울이 이렇게 판단하고 말한 것이 자신의 경험에서 나온 말인지 아니면 하나님께서 계시하여 주신 것인지 그것도 아니면 약간은 모호하지만 하나님께서 그런 마음을 주

신 것인지는 명확하지 않다. 더 경험 많은 선주와 선장이 있는데 그렇게 확신을 가지고 말하는 것을 보면 경험에서 하는 말이 아닐 수 있다. 또한 나중에 하나님께서 주신 계시에 대해 말할 때는 출처를 밝혔다. 그런데 여기에서는 '내가 보니'라고 말하였다. 그래서 직접적이지는 않지만 하나님께서 주시는 그런 마음을 느낀 것으로 보는 것이 조금 더 타당할 것 같다.

> 11 백부장이 선장과 선주의 말을 바울의 말보다 더 믿더라
>
> 12 그 항구가 겨울을 지내기에 불편하므로 거기서 떠나 아무쪼록 뵈닉스에 가서 겨울을 지내자 하는 자가 더 많으니 뵈닉스는 그레데 항구라 한쪽은 서남을, 한쪽은 서북을 향하였더라
>
> 11 But the army officer was convinced by what the captain and the owner of the ship said, and not by what Paul said.
>
> 12 The harbour was not a good one to spend the winter in; so most people were in favour of putting out to sea and trying to reach Phoenix, if possible, in order to spend the winter there. Phoenix is a harbour in Crete that faces south-west and north-west.

27:12 그 항구가 겨울을 지내기에 불편하므로. 그 항구는 큰 배가 겨울을 나기에 위험하였던 것으로 보인다. 그래서 조금 더 나은 '뵈닉스'로 떠나게 된다. 뵈닉스는 그레데 섬의 항구로서 미항에서 왼쪽으로 100km정도 더 가면 있는 항구다. 이틀 정도면 갈 수 있으니 겨울을 안전하고 편하게 지내기 위해 항해를 감행하기로 결정하였다. 그러나 그 결정으로 얼마나 큰 고생을 하게 될지는 전혀 모르고 있었다.

백부장은 미항에 머물러야 한다는 바울의 권고를 무시하였다. 그가 선주와 선장의 말을 더 따르는 것은 어쩌면 당연한 것이다. 그런데 이 일은 이후에 백부장이 바울을 더 신뢰하게 되는 결정적 이유가 된다. 바울을 살리고자 하는 하나님의 섭리와 보호하심이 작동한 것이다. 바울이 죄수이지만 당당하게 복음을 전하면서 로마로 가는 '하나님의 사신' 역할을 하도록 작동한다.

> 13 남풍이 순하게 불매 그들이 뜻을 이룬 줄 알고 닻을 감아 그레데 해변을 끼고 항해하더니

13 A soft wind from the south began to blow, and the men thought that they could carry out their plan, so they pulled up the anchor and sailed as close as possible along the coast of Crete.

27:13 바울을 이송하던 백부장은 예상보다 늦어져 사나운 바다를 피하기 위해 겨울을 보낼 항구를 찾았다. 현재 정박해 있는 그레데의 미항에서 서쪽으로 100km만 가면 있는 그레데 서쪽 지역의 뵈닉스항으로 가고자 하였다. **남풍이 순게 불매.** 남풍이 불고 순한 바람이어서 항해하기 좋은 날씨였다. 그래서 출발하였다.

14 얼마 안 되어 섬 가운데로부터 유라굴로라는 광풍이 크게 일어나니

14 But soon a very strong wind—the one called "North-easter"—blew down from the island.

27:14 얼마 안 되어...유라굴로라는 광풍이 크게 일어나니. 그레데 해안을 따라 가던 배에 갑자기 강한 바람이 불었다. '유라굴로'는 '북동풍'이라는 뜻을 가진 폭풍이다. 단순한 북동풍이 아니라 시계 방향으로 회전하면서 거대한 소용돌이를 일으키는 강한 바람이었다. 태평양 북서부의 폭풍을 '태풍'이라 하고, 대서양 쪽 폭풍은 '허리케인'이라 부르고, 인도양 쪽은 '사이클론'이라고 부른다. 이렇게 지역에 따라 폭풍 이름이 다른데 '유라굴로'는 지중해 폭풍에 대한 이름이다. 바람이 해안을 따라 서쪽으로 가던 배를 남서쪽으로 밀어냈다. 그래서 배가 그레데 섬에서 멀어졌다.

15 배가 밀려 바람을 맞추어 갈 수 없어 가는 대로 두고 쫓겨가다가

15 It hit the ship, and since it was impossible to keep the ship headed into the wind, we gave up trying and let it be carried along by the wind.

27:15 바람을 맞추어 갈 수 없어. 배가 바람 부는 방향으로 뚫고 갈 수 없어 바람에 맡기고 바람 부는 대로 갈 수밖에 없었다.

> 16 가우다라는 작은 섬 아래로 지나 간신히 거루를 잡아
>
> 16 We got some shelter when we passed to the south of the little island of Cauda. There, with some difficulty, we managed to make the ship's boat secure.

27:16 가우다. 그레데 섬에서 남쪽으로 37km 떨어진 곳에 있는 섬이다. 그곳에서 섬이 바람을 막아줘 조금 소강 상태가 되었다. **거루.** 노를 저어 가는 작은 배를 말한다. 구명정 같은 배다. 보통 뒤에 매달아 끌고 갔는데 폭풍 때문에 배 위로 끌어 올렸다.

> 17 끌어 올리고 줄을 가지고 선체를 둘러 감고 스르디스에 걸릴까 두려워하여 연장을 내리고 그냥 쫓겨가더니
>
> 17 They pulled it aboard and then fastened some ropes tight round the ship. They were afraid that they might run into the sandbanks off the coast of Libya, so they lowered the sail and let the ship be carried by the wind.

27:17 작은 구명정을 배 위로 끌어 올려 선체와 함께 묶어 구명정과 배를 더 튼튼하게 만들었다. **스르디스에 걸릴까 두려워하여 연장을 내리고.** '스르디스'는 지중해의 남쪽에 해당하는 북아프리카 연안의 모래톱 지역을 의미한다. 바람에 밀려 가다 보면 그곳에 이르러 배가 꼼짝달싹 못하게 되기 때문에 그것만은 막아야 했다. **연장을 내리고 그냥 쫓겨가더니.** 배의 방향을 바꾸고 움직이는 것은 돛이다. 그러나 강한 바람을 뚫고 지날 수는 없다. 단지 할 수 있는 것이라고는 '연장을 내리는 것' 뿐이다. '연장'은 아마 '돛'을 의미할 것이다. 돛의 기둥들을 최대한 낮추어 배가 조금이라도 바람을 덜 타게 하는 수밖에 없었다. 최대한 속도를 늦추는 것이다. 그리고 그냥 바람이 부는 대로 놔둘 수밖에 없었다. 비바람이 너무 강했기 때문이다.

> 18 우리가 풍랑으로 심히 애쓰다가 이튿날 사공들이 짐을 바다에 풀어 버리고
>
> 18 The violent storm continued, so on the next day they began to throw some of the ship's cargo overboard,

27:18 풍랑으로 심히 애쓰다가. 심히 애를 쓰고 있다. 배에 계속 들어오는 물을 퍼내는 일이 제일 급선무였을 것이다. **이튿날 사공들이 짐을 바다에 풀어 버리고.** 배에 들이닥치는 물의 양을 줄이기 위해 배의 무게를 조금이라도 가볍게 하기 위해 짐을 바다에 버렸다.

> 19 사흘째 되는 날에 배의 기구를 그들의 손으로 내버리니라
>
> 19 and on the following day they threw part of the ship's equipment overboard.

27:19 사흘째 되는 날. 바다 위에서 사투를 하는 날이 더해지고 있음을 말한다. **배의 기구를...내버리니라.** 급기야 배의 기구들까지 버려야 했다.

> 20 여러 날 동안 해도 별도 보이지 아니하고 큰 풍랑이 그대로 있으매 구원의 여망마저 없어졌더라
>
> 20 For many days we could not see the sun or the stars, and the wind kept on blowing very hard. We finally gave up all hope of being saved.

27:20 여러 날 동안 해도 별도 보이지 아니하고. 계속 유라굴로 폭풍 속에 있었다. 풍랑이 잦아들지 않았다. **구원의 여망마저 없어졌더라.** 그들은 더 이상 소망이 없다고 생각하였다. 절망하였다.

> 21 여러 사람이 오래 먹지 못하였으매 바울이 가운데 서서 말하되 여러분이여 내 말을 듣고 그레데에서 떠나지 아니하여 이 타격과 손상을 면하였더라면 좋을 뻔하였느니라
>
> 21 After those on board had gone a long time without food, Paul stood before them and said, "Men, you should have listened to me and not have sailed from Crete; then we would have avoided all this damage and loss.

27:21 바울이 가운데 서서 말하되. 하나님의 말씀을 전하는 것이다. **내 말을 듣고 그레데에서 떠나지 아니하여 이 타격과 손상을 면하였더라면 좋을 뻔하였느니라.** 이것은 과거를 비난하기 위한 것이 아니다. 과거를 한탄하며 슬퍼하며 나에게 '목사님'하면서 말을 하는 사람들 중에 지금은 교회에 안 다니지만 옛날에 교회를 다녀본 사람들이 많았다. 옛날에 하나님 말씀을 들었을 때 그것을 따라 살았다면 인생에 커다란 구멍이 생기는 일은 없었을 것이다. 옛날에 들었어야 한다. 믿음은 빠를수록 좋다.

> 22 내가 너희를 권하노니 이제는 안심하라 너희 중 아무도 생명에는 아무런 손상이 없겠고 오직 배뿐이리라
>
> 23 내가 속한 바 곧 내가 섬기는 하나님의 사자가 어제 밤에 내 곁에 서서 말하되
>
> 24 바울아 두려워하지 말라 네가 가이사 앞에 서야 하겠고 또 하나님께서 너와 함께 항해하는 자를 다 네게 주셨다 하였으니
>
> 22 But now I beg you, take heart! Not one of you will lose your life; only the ship will be lost.
>
> 23 For last night an angel of the God to whom I belong and whom I worship came to me
>
> 24 and said, 'Don't be afraid, Paul! You must stand before the Emperor. And God in his goodness to you has spared the lives of all those who are sailing with you.'

27:23-24 내가 섬기는 하나님의 사자가...네가 가이사 앞에 서야 하겠고. 바울은 황제 앞에 서야 하기 때문에 죽지 않을 것이다. **또 하나님께서 너와 함께 항해하는 자를 다 네게 주셨다 하였으니.** 이것은 아마 바울의 기도를 내포하고 있는 것 같다. 바울의 기도를 응답하여 '배 안의 다른 사람들의 생명도 모두 구원하시겠다'는 말씀 같다. 바울 때문에 그들의 생명을 구원하신다는 의미를 담고 있기도 할 것이다. 더 나아가 그들은 이 사건 때문에 믿음에 더 열린 마음이 될 것이다. 그렇다면 진짜 생명을 얻게 될 수도 있다.

> 25 그러므로 여러분이여 안심하라 나는 내게 말씀하신 그대로 되리라고 하나님을 믿노라

> 26 그런즉 우리가 반드시 한 섬에 걸리리라 하더라
>
> 25 So take heart, men! For I trust in God that it will be just as I was told.
>
> 26 But we will be driven ashore on some island."

27:26 우리가 반드시 한 섬에 걸리리라. 모래톱에 빠지는 것이 아니라 한 섬에 도착하여 살게 될 것이라는 희망을 전하였다. 상황은 여전히 전혀 희망이 없다. 새 찬 비바람이 불고 있었을 것이다. 그러나 바울의 말을 통해 희망을 가진 이들이 생겼을 것이다. 단지 별로 중요하지도 않은 한 사람의 말이다. 그러나 그가 믿는 '하나님'의 이름을 사용하며 희망을 말하였다. 믿어야 할까, 말아야 할까? 다른 대안도 없다. 속에서 꿈틀거리는 '희망에 대한 희망' 때문에 믿는 사람들이 생기게 되었을 것이다.

> 27 열나흘째 되는 날 밤에 우리가 아드리아 바다에서 이리 저리 쫓겨가다가 자정쯤 되어 사공들이 어느 육지에 가까워지는 줄을 짐작하고
>
> 27 It was the fourteenth night, and we were being driven about in the Mediterranean by the storm. About midnight the sailors suspected that we were getting close to land.

27:27 사공들이 어느 육지에 가까워지는 줄을 짐작하고. 사공들은 배가 육지에 가까워진다는 것을 어떻게 알았을까? 경험 많은 사공은 물결이나 색깔 또는 소리 등으로 구분할 수 있다고 한다. 아마 소리 때문이었을 것이다. 파도가 육지에 부딪치는 소리를 들은 것 같다. 드디어 배가 육지에 가까워진 것이다. 경험적으로는 절망적이었는데 이상하게도 바울의 말대로 육지에 가까워지고 있었다.

> 28 물을 재어 보니 스무 길이 되고 조금 가다가 다시 재니 열다섯 길이라
>
> 28 So they dropped a line with a weight tied to it and found that the water was 40 metres deep; a little later they did the same and found that it was 30 metres deep.

27:28 물을 재어 보니 스무 길이 되고. '길'의 정의는 '여덟 자나 열자' 또는 '한 사람의 키 정도'라는 뜻이다. 그런데 이 단어는 헬라어 '오르귀아'를 번역한 것으로 '사람이 양 팔을 벌인 길이'를 말한다. 그래서 1.8m의 길이이다. 한글에도 이것을 표현하는

사도행전 27장 | 319

'발'(한국은 165cm로 여긴다)이라는 단어가 있다. 그러나 이해하기 쉽게 1.8m로 번역하는 것이 제일 좋을 것 같다. '스무 길'은 36m이다. 물 깊이가 36m에서 27m로 줄어들었다. 이것은 육지에 가까워진다는 의미다.

> 29 암초에 걸릴까 하여 고물로 닻 넷을 내리고 날이 새기를 고대하니라
>
> 29 They were afraid that the ship would go on the rocks, so they lowered four anchors from the back of the ship and prayed for daylight.

27:29 고물로 닻 넷을 내리고. 배가 육지에 가다 좌초되면 안 되기 때문에 닻을 내려 움직이지 않게 했다. 바람이 육지 쪽으로 불었기 때문에 뒤쪽(고물)에 닻을 내렸다. **날이 새기를 고대하니라.** 날이 새야 상황을 정확히 파악할 수 있기 때문에 배를 고정하고 기다린 것이다.

> 30 사공들이 도망하고자 하여 이물에서 닻을 내리는 체하고 거룻배를 바다에 내려 놓거늘
>
> 30 Then the sailors tried to escape from the ship; they lowered the boat into the water and pretended that they were going to put out some anchors from the front of the ship.

27:30 사공들이 도망하고자 하여 이물에서...거룻배를 바다에 내려 놓거늘. 사공들이 뱃머리에서 배 위의 거룻배를 아래로 내렸다. 그 배를 타고 도망하려는 것이었다. 그들은 배가 곧 좌초될 것이라고 생각하였다. 그래서 구명정 한 대로는 사람들이 다 탈 수 없으니 자신들이 타고 도망하려는 생각이었다. 그들이 거룻배를 타고 도망하는 것은 나름대로의 고민의 결과일 것이다. 자신들이 도망가면 배에 남은 사람들이 다 죽을 것이 뻔하니 도망가면 안 된다. 그러나 폭풍 속에서 자신들이 살 수 있는 길은 그것밖에 없다고 생각하였던 것이 분명하다. 그래서 그 순간에 서로 의논하고 도망가기로 결단한 것이다. 아주 이기적인 결단이다. 바울이 '모두 살 것'이라는 말을 전혀 신뢰하지 않는 결단이기도 하다. 바울의 말대로 육지에 도착은 했지만 여전히 바울을 신뢰하지 않는 것이다.

31 바울이 백부장과 군인들에게 이르되 이 사람들이 배에 있지 아니하면 너희가 구원을 얻지 못하리라 하니

32 이에 군인들이 거룻줄을 끊어 떼어 버리니라

31 But Paul said to the army officer and soldiers, "If the sailors don't stay on board, you have no hope of being saved."

32 So the soldiers cut the ropes that held the boat and let it go.

27:32 거룻줄을 끊어 떼어 버리니라. 군인들은 선원이 도망하지 못하도록 바다에 내리던 거룻배의 줄을 끊어 버렸다. 선원들의 잘못된 선택으로 인해 아까운 구명정이 사라졌다.

33 날이 새어 가매 바울이 여러 사람에게 음식 먹기를 권하여 이르되 너희가 기다리고 기다리며 먹지 못하고 주린 지가 오늘까지 열나흘인즉

33 Just before dawn, Paul begged them all to eat some food: "You have been waiting for fourteen days now, and all this time you have not eaten anything.

27:33 날이 새어 가매 바울이 여러 사람에게 음식 먹기를 권하여. 바울은 자신의 믿음대로 행동하였다. 날이 새면 그들은 육지에 가야 한다. 그러니 힘을 비축해야 한다. 그래서 바울은 그들이 음식을 먹어 힘을 내도록 하였다.

34 음식 먹기를 권하노니 이것이 너희의 구원을 위하는 것이요 너희 중 머리카락 하나도 잃을 자가 없으리라 하고

35 떡을 가져다가 모든 사람 앞에서 하나님께 축사하고 떼어 먹기를 시작하매

36 그들도 다 안심하고 받아 먹으니

37 배에 있는 우리의 수는 전부 이백칠십육 명이더라

38 배부르게 먹고 밀을 바다에 버려 배를 가볍게 하였더니

34 I beg you, then, eat some food; you need it in order to survive. Not even a hair of your heads will be lost."

> 35 After saying this, Paul took some bread, gave thanks to God before them all, broke it, and began to eat.
>
> 36 They took heart, and every one of them also ate some food.
>
> 37 There was a total of 276 of us on board.
>
> 38 After everyone had eaten enough, they lightened the ship by throwing all the wheat into the sea.

27:38 먹고 밀을 바다에 버려 배를 가볍게 하였더니. 바울은 또한 결단하여 사람들이 밀을 바다에 버리게 하였다. 배를 조금이라도 더 가볍게 하여야 조금이라도 육지에 더 가까이 가서 좌초될 것이기 때문이다. 식량까지 버리면서 마지막을 준비하고 있다. 미련 떨지 말고 식량을 버리는 결단을 해야 한다. 사실 배가 좌초되면 식량은 아무 의미 없다.

> 39 날이 새매 어느 땅인지 알지 못하나 경사진 해안으로 된 항만이 눈에 띄거늘 배를 거기에 들여다 댈 수 있는가 의논한 후
>
> 39 When day came, the sailors did not recognize the coast, but they noticed a bay with a beach and decided that, if possible, they would run the ship aground there.

27:39 항만이 눈에 띄거늘. 저녁에는 아무 것도 볼 수 없었으나 날이 샜을 때 선원들의 말대로 앞에 육지가 보였다. 어찌해야 할지 의논하였다. 그리고 결단하였다.

> 40 닻을 끊어 바다에 버리는 동시에 키를 풀어 늦추고 돛을 달고 바람에 맞추어 해안을 향하여 들어가다가
>
> 40 So they cut off the anchors and let them sink in the sea, and at the same time they untied the ropes that held the steering oars. Then they raised the sail at the front of the ship so that the wind would blow the ship forward, and we headed for shore.

27:40 닻을 끊어. 배를 고정시켜 놓았던 닻을 끊었다. **돛을 달고 바람에 맞추어 해안을 향하여 들어가다가.** 마침 바람이 불었고 그것을 이용하여 육지 방향으로 갈 수 있었다. 그래서 돛을 달아서 해안으로 돌진하기로 결단하였다. 가능한 육지에 가까이 가

서 좌초되어야 한다.

> 41 두 물이 합하여 흐르는 곳을 만나 배를 걸매 이물은 부딪쳐 움직일 수 없이 붙고 고물은 큰 물결에 깨어져 가니
>
> 41 But the ship hit a sandbank and went aground; the front part of the ship got stuck and could not move, while the back part was being broken to pieces by the violence of the waves.

27:41 이물은 부딪쳐 움직일 수 없이 붙고. 배가 육지로 돌진하다가 드디어 앞 부분이 모래톱에 처박혔다. 그래서 움직일 수 없게 되었고 뒷부분은 파도에 의해 부서졌고 더 부서지기 시작하였다. 이제 또 다른 결단을 해야 할 때가 되었다.

> 42 군인들은 죄수가 헤엄쳐서 도망할까 하여 그들을 죽이는 것이 좋다 하였으나
>
> 42 The soldiers made a plan to kill all the prisoners, in order to keep them from swimming ashore and escaping.

27:42 군인들은...그들을 죽이는 것이 좋다 하였으나. 죄수들을 놓치느니 죽이는 것이 더 낫다고 생각하였다. 그러나 백부장이 결단을 내렸다.

> 43 백부장이 바울을 구원하려 하여 그들의 뜻을 막고 헤엄칠 줄 아는 사람들을 명하여 물에 뛰어내려 먼저 육지에 나가게 하고
>
> 43 But the army officer wanted to save Paul, so he stopped them from doing this. Instead, he ordered those who could swim to jump overboard first and swim ashore;

27:43 백부장이 바울을 구원하려 하여 그들의 뜻을 막고. 본래는 죄수들을 죽이는 것이 더 나을 것 같다. 그런데 백부장은 바울을 살리고 싶었다. 그래서 죄수를 죽이지 말고 육지로 헤엄쳐 갈 수 있도록 묶은 것을 풀어주라 하였다. 위험한 결단을 한 것이다. 백부장의 이러한 배려는 이후에도 계속 되었을 것이다.

> 44 그 남은 사람들은 널조각 혹은 배 물건에 의지하여 나가게 하니 마침내 사람들이 다 상륙하여 구조되니라
>
> 44 the rest were to follow, holding on to the planks or to some broken pieces of the ship. And this was how we all got safely ashore.

27:44 마침내 사람들이 다 상륙하여 구조되니라. 군인들의 염려와는 다르게 죄수들이 도망가지 않았다. 배 안에 있던 사람들이 두려워하였던 것처럼 어느 누구도 죽지 않았다. 모두 육지까지 무사히 도착할 수 있었다. 드디어 다 살았다.

28장

> 1 우리가 구조된 후에 안즉 그 섬은 멜리데라 하더라
>
> 1 When we were safely ashore, we learnt that the island was called Malta.

28:1 멜리데. 이탈리아 바로 밑에 있는 큰 섬 시실리에서 아래로 93km떨어진 섬으로 그레데 섬에서 서쪽 방향이고 약간 북쪽으로 더 올라간 지점에 있다. 바울 일행이 겨울이 아닌 정상적인 계절에 정상적인 항로로 갔다면 시실리 섬으로 갔을 것이기 때문에 그들은 본래 정상적인 항로에서 크게 이탈하지 않은 것이다. 그렇게 폭풍우 속에서 돌고 돌았는데 어떻게 멜리데 섬에 도착했는지 모를 정도로 아주 잘 도착하였다.

> 2 비가 오고 날이 차매 원주민들이 우리에게 특별한 동정을 하여 불을 피워 우리를 다 영접하더라
>
> 2 The natives there were very friendly to us. It had started to rain and was cold, so they lit a fire and made us all welcome.

28:2 비가 오고 날이 차매. 10월 말 정도 되었기에 날씨는 10도 정도 되었을 것이다. 물에 젖어 싸늘한 한기를 느끼는 그들을 위해 섬 주민 사람들은 불을 피워 따뜻하게 환대하였다. 섬 사람들은 아마 이들이 폭풍우 속에서 모두 목숨을 부지한 것은 아주 특별한 일이라 생각한 것 같다. 그래서 그들을 약간 미신적인 생각으로 환대하여 주었던 것 같다. 사실 그들이 생각하는 미신보다 더 크신 하나님께서 그들을 특별히 보호하셨다.

> 3 바울이 나무 한 묶음을 거두어 불에 넣으니 뜨거움으로 말미암아 독사가 나와 그 손을 물고 있는지라

> 3 Paul gathered up a bundle of sticks and was putting them on the fire when a snake came out on account of the heat and fastened itself to his hand.

28:3 독사가 나와 그 손을 물고. 바울이 나무를 불에 던졌을 때 나무 속에 있던 독사가 바울을 물었다.

> 4 원주민들이 이 짐승이 그 손에 매달려 있음을 보고 서로 말하되 진실로 이 사람은 살인한 자로다 바다에서는 구조를 받았으나 공의가 그를 살지 못하게 함이로다 하더니
>
> 4 The natives saw the snake hanging on Paul's hand and said to one another, "This man must be a murderer, but Fate will not let him live, even though he escaped from the sea."

28:4 이 사람은 살인한 자로다...공의가 그를 살지 못하게 함이로다. 바울이 폭풍 속에서 살아나서 운이 좋은 사람인 줄 알았는데 독사에게 물려 죽게 되었으니 바울에게 숨겨진 죄가 있다고 생각하였다. 그의 숨겨진 죄에 대해 공의의 여신 '디케'가 뱀을 보내 바울이 죽게 하였다고 말하였다.

> 5 바울이 그 짐승을 불에 떨어 버리매 조금도 상함이 없더라
> 6 그들은 그가 붓든지 혹은 갑자기 쓰러져 죽을 줄로 기다렸다가 오래 기다려도 그에게 아무 이상이 없음을 보고 돌이켜 생각하여 말하되 그를 신이라 하더라
>
> 5 But Paul shook the snake off into the fire without being harmed at all.
> 6 They were waiting for him to swell up or suddenly fall down dead. But after waiting for a long time and not seeing anything unusual happening to him, they changed their minds and said, "He is a god!"

28:6 오래 기다려도 그에게 아무 이상이 없음을 보고...그를 신이라 하더라. 바울이 독사에게 물렸는데 죽지 않았다. 그래서 사람들은 생각을 바꾸어 그를 '신'이라 여겼다.

> 7 이 섬에서 가장 높은 사람 보블리오라 하는 이가 그 근처에 토지가 있는지라 그가 우리를 영접하여 사흘이나 친절히 머물게 하더니
>
> 7 Not far from that place were some fields that belonged to Publius, the chief official of the island. He welcomed us kindly and for three days we were his guests.

28:7 가장 높은 사람...우리를 영접하여 사흘이나 친절히 머물게 하더니. 섬의 최고위직 사람이 276명이나 되는 사람들을 사흘이나 음식을 주면서 환대하였다. 그것은 바울이 뱀에 물려 죽지 않은 것과 상관이 있을 것이다. 그들을 조금 더 특별히 여겼던 것이다.

> 8 보블리오의 부친이 열병과 이질에 걸려 누워 있거늘 바울이 들어가서 기도하고 그에게 안수하여 낫게 하매
> 9 이러므로 섬 가운데 다른 병든 사람들이 와서 고침을 받고
>
> 8 Publius' father was in bed, sick with fever and dysentery. Paul went into his room, prayed, placed his hands on him, and healed him.
> 9 When this happened, all the other sick people on the island came and were healed.

28:9 다른 병든 사람들이 와서 고침을 받고. 섬 안의 다른 사람들도 와서 병고침을 받았다. 섬은 금세 난리가 났을 것이다.

> 10 후한 예로 우리를 대접하고 떠날 때에 우리 쓸 것을 배에 실었더라
>
> 10 They gave us many gifts, and when we sailed, they put on board what we needed for the voyage.

28:10 후한 예. '많은 값'으로 번역할 수 있다. 돈과 관련된 단어(행 4:34, 5:2, 7:16, 19:19)다. 치료를 받은 사람들이 많은 돈으로 감사를 표한 것이다. 이것은 몸만 간신히 구조를 받은 그들이 섬에서 삼 개월을 살 때 매우 유용하게 사용되었을 것이다. 이것은 존경받음과 더불어 실제적으로도 도움이 되었다.

> 11 석 달 후에 우리가 그 섬에서 겨울을 난 알렉산드리아 배를 타고 떠나니 그 배의 머리 장식은 디오스구로라
>
> 11 After three months we sailed away on a ship from Alexandria, called "The Twin Gods", which had spent the winter in the island.

28:11 알렉산드리아 배를 타고...머리 장식은 디오스구로라. 이곳에 올 때도 알렉산드리아에서 오는 배를 탔는데 이번에도 알렉산드리아에서 온 배를 탔다. 뱃머리에 '디오스구로'라는 앰블럼이 있는 배였다. 이렇게 사소한 것을 집어 넣은 것은 이 배가 앞에서 탄 배와 다르다는 것을 말하기 위함 일 수도 있고 바울의 여정을 생생하게 설명하기 위함 일 수도 있다.

> 12 수라구사에 대고 사흘을 있다가
>
> 13 거기서 둘러가서 레기온에 이르러 하루를 지낸 후 남풍이 일어나므로 이튿날 보디올에 이르러
>
> 12 We arrived in the city of Syracuse and stayed there for three days.
>
> 13 From there we sailed on and arrived in the city of Rhegium. The next day a wind began to blow from the south, and in two days we came to the town of Puteoli.

28:13 보디올에 이르러. 멜리데 섬에서 이탈리아 바로 아래에 거의 붙어 있는 섬인 시실리의 수라구사에 도착한 이후 이탈리아 나라 모양인 장화의 앞 발가락 부분인 레기온에 이르렀다. 그곳에서 배를 타고 위쪽으로 올라가 로마로 이어지는 유명한 도로가 있는 보디올에 이르렀다. 보디올에서 로마까지는 200km 거리다. 보디올부터 육로로 로마에 올라가게 된다.

> 14 거기서 형제들을 만나 그들의 청함을 받아 이레를 함께 머무니라 그래서 우리는 이와 같이 로마로 가니라
>
> 14 We found some believers there who asked us to stay with them a week. And so we came to Rome.

28:14 거기서 형제들을 만나 그들의 청함을 받아 이레를 함께 머무니라. 백부장은 무슨 이유인지 보디올에서 잠시 체류하였다. 마침 바울 일행은 그곳에서 기독교인들을 만나 그들의 청함을 받아 일주일을 함께 머물렀다. 그들이 함께 머물 때 백부장 일행도 함께 하였을 가능성이 있다. 이레 동안 머문 것은 매우 특이하다. 배편을 기다린 것도 아니고 이제 걸어가는 것이기 때문이다. 군사 중에 환자가 생겼을 수도 있다. 로마에 가기 전 정비를 하기 위해서일 수도 있다. 그렇다면 기독교인들이 백부장을 비롯한 군사들을 함께 환대하였을 수도 있다. 여하튼 예사롭지 않은 일정으로 일주일을 보디올에서 보냈다.

> 15 그 곳 형제들이 우리 소식을 듣고 압비오 광장과 트레이스 타베르네까지 맞으러 오니 바울이 그들을 보고 하나님께 감사하고 담대한 마음을 얻으니라
>
> 15 The believers in Rome heard about us and came as far as the towns of Market of Appius and Three Inns to meet us. When Paul saw them, he thanked God and was greatly encouraged.

28:15 압비오 광장과 트레이스 타베르네까지 맞으러 오니. 로마에서 두 무리가 바울을 환대하기 위해 마중 나왔다. 한 무리는 압비오 광장(69km)까지 왔다. 트레이스 타베르네(40km)까지 마중 나온 사람도 있었다. 바울은 약 3년 전에 로마에 편지(로마서)를 쓴 적이 있다. 그때에도 로마에 여러 아는 사람들 이름이 나온다. 바울은 로마에 온 적은 없지만 아는 사람은 많았다. 그들이 바울이 로마에 온다는 소식을 듣고 마중 나온 것이다. **그들을 보고 하나님께 감사하고 담대한 마음을 얻으니라.** 바울은 믿음의 형제들을 보고 큰 위로를 얻었다. 그들이 마음을 다하여 환대하는 것을 보고 바울의 마음이 크게 위로 받았다.

> 16 우리가 로마에 들어가니 바울에게는 자기를 지키는 한 군인과 함께 따로 있게 허락하더라
>
> 16 When we arrived in Rome, Paul was allowed to live by himself with a soldier guarding him.

28:16 바울에게는 자기를 지키는 한 군인과 함께 따로 있게 허락하더라. 구금 형태 중에서 바울은 조금 가벼운 형태의 구금이 허용되었다. 바울이 세를 내고 집을 얻어 일반 가정 집에 구금되었다. 그 집에서 벗어날 수는 없고 어쩌면 그를 지키는 군인과 사슬로 서로 엮여 있었을 수 있지만 상당히 배려된 것이다. 그러한 배려는 아마 그의 죄목이 정해진 것이 없고 로마로 이송하는 과정의 일로 인하여 백부장이 보고를 잘 한 것 때문일 것이다. 어쩌면 백부장은 이미 믿음의 사람이 되어 있을 수 있다.

> 17 사흘 후에 바울이 유대인 중 높은 사람들을 청하여 그들이 모인 후에 이르되 여러분 형제들아 내가 이스라엘 백성이나 우리 조상의 관습을 배척한 일이 없는데 예루살렘에서 로마인의 손에 죄수로 내준 바 되었으니
>
> 17 After three days Paul called the local Jewish leaders to a meeting. When they had gathered, he said to them, "My fellow-Israelites, even though I did nothing against our people or the customs that we received from our ancestors, I was made a prisoner in Jerusalem and handed over to the Romans.

28:17 유대인 중 높은 사람들을 청하여. 아마 유대인 회당의 장로들을 청한 것으로 보인다. 로마에는 여러 회당이 있었다. 이전에 황제는 유대인들을 로마에서 모두 추방한 적이 있지만 그것이 철회되었을 때 유대인 공동체는 금세 회복된 것으로 보인다.

> 18 로마인은 나를 심문하여 죽일 죄목이 없으므로 석방하려 하였으나
>
> 19 유대인들이 반대하기로 내가 마지 못하여 가이사에게 상소함이요 내 민족을 고발하려는 것이 아니라
>
> 20 이러므로 너희를 보고 함께 이야기하려고 청하였으니 이스라엘의 소망으로 말미암아 내가 이 쇠사슬에 매인 바 되었노라
>
> 18 After questioning me, the Romans wanted to release me, because they found that I had done nothing for which I deserved to die.
>
> 19 But when the Jews opposed this, I was forced to appeal to the Emperor, even though I had no accusation to make against my own people.
>
> 20 That is why I asked to see you and talk with you. As a matter of fact, I am bound in chains like this for the sake of him for whom the people of Israel hope."

28:20 이스라엘의 소망으로 말미암아 내가 이 쇠사슬에 매인 바 되었노라. 이스라엘의 소망은 '메시야'이다. 메시야 되신 분이 오셨고 그 분이 '부활'하심으로 죽음에서 구원받는 소망을 직접 보여주셨다. 그래서 바울은 그리스도와 부활을 전하였다. 이스라엘의 소망을 전하는 것이 어찌 배척 받을 일인가?

> 21 그들이 이르되 우리가 유대에서 네게 대한 편지도 받은 일이 없고 또 형제 중 누가 와서 네게 대하여 좋지 못한 것을 전하든지 이야기한 일도 없느니라
>
> 21 They said to him, "We have not received any letters from Judea about you, nor have any of our people come from there with any news or anything bad to say about you.

28:21 네게 대한 편지도 받은 일이 없고. 예루살렘의 유대인들이 예루살렘에서는 그렇게 죽이려고 하였는데 왜 로마의 유대인들에게 편지를 쓰지 않았을까? 어쩌면 아직 편지가 도착하지 않은 것일 수 있다. 바울 일행이 매우 어렵게 로마에 도착한 것처럼 그들의 편지를 가진 사람도 그랬을 수 있다. 그렇다면 하나님께서 섭리하심으로 그 편지가 늦게 도착하게 하신 것이라 할 수 있다. 또 하나의 가능성은 로마는 이미 유대인과 기독교인으로 인하여 홍역(로마 추방령의 이유 중에는 유대인과 기독교인 사이의 반목도 하나의 이유였다)을 치른 적이 있기 때문에 그 부분에 대해 조심하는 것일 수 있다. 예루살렘의 유대인이나 로마에 있는 유대인이나 황제가 있는 로마에서는 처신이 매우 조심스러웠을 것이다.

> 22 이에 우리가 너의 사상이 어떠한가 듣고자 하니 이 파에 대하여는 어디서든지 반대를 받는 줄 알기 때문이라 하더라
>
> 22 But we would like to hear your ideas, because we know that everywhere people speak against this party to which you belong."

28:22 어디서든지 반대를 받는 줄 알기 때문이라. 그들은 예수를 전하는 사람들이 지역마다 문제를 일으키고 있다는 것을 알고 있었다. 그러나 바울이 무엇을 말하는지 듣고자 하였다. 조심스러운 접근이다. 그래도 일단 바울이 말하는 것을 듣고자 모였다. 그래서 바울은 복음을 전할 수 있었다.

> 23 그들이 날짜를 정하고 그가 유숙하는 집에 많이 오니 바울이 아침부터 저녁까지 강론하여 하나님의 나라를 증언하고 모세의 율법과 선지자의 말을 가지고 예수에 대하여 권하더라
>
> 23 So they fixed a date with Paul, and a large number of them came that day to the place where Paul was staying. From morning till night he explained to them his message about the Kingdom of God, and he tried to convince them about Jesus by quoting from the Law of Moses and the writings of the prophets.

28:23 하나님의 나라를 증언하고. 바울은 모인 유대인들을 위해 자신의 모든 힘을 다하여 하나님 나라를 전하였다. 아침부터 저녁까지 하루 종일 가르쳤다. **모세의 율법과 선지자의 말을 가지고 예수에 대하여 권하더라.** 성경은 그리스도 중심적이다. 구약 성경은 언약이다. 오실 메시야를 바라보며 맺은 언약이다. 그러니 모든 것들이 예수님께 초점이 맞추어 있다. 엠마오로 가던 제자들은 예수님께서 성경을 가지고 자신의 오심과 죽으심과 부활에 대해 설명할 때 마음이 뜨거워졌었다.

> 24 그 말을 믿는 사람도 있고 믿지 아니하는 사람도 있어
>
> 24 Some of them were convinced by his words, but others would not believe.

28:24 믿는 사람...믿지 아니하는 사람. 복음을 모든 사람이 믿는 것은 아니다. 복음을 전할 때 힘을 다하여 전해야 하지만 모든 사람이 믿게 될 것이라고 착각하지는 말아야 한다. 복음을 전하는 이들의 책임은 전하는 것이다. 그들이 믿도록 만들어야 하는 것은 아니다. 때로는 익숙하여 믿지 않는 사람들도 있다. 유대인들이 익숙하지만 결국 믿지 않는 사람들이 있었다. 오늘날에도 교회에는 익숙하지만 결국 믿지 않는 사람들이 있다.

> 25 서로 맞지 아니하여 흩어질 때에 바울이 한 말로 이르되 성령이 선지자 이사야를 통하여 너희 조상들에게 말씀하신 것이 옳도다
>
> 26 일렀으되 이 백성에게 가서 말하기를 너희가 듣기는 들어도 도무지 깨닫지 못하며 보기는 보아도 도무지 알지 못하는도다

> 27 이 백성들의 마음이 우둔하여져서 그 귀로는 둔하게 듣고 그 눈은 감았으니 이는 눈으로 보고 귀로 듣고 마음으로 깨달아 돌아오면 내가 고쳐 줄까 함이라 하였으니
>
> 25 So they left, disagreeing among themselves, after Paul had said this one thing: "How well the Holy Spirit spoke through the prophet Isaiah to your ancestors!
>
> 26 For he said, 'Go and say to this people: You will listen and listen, but not understand; you will look and look, but not see,
>
> 27 because this people's minds are dull, and they have stopped up their ears and closed their eyes. Otherwise, their eyes would see, their ears would hear, their minds would understand, and they would turn to me, says God, and I would heal them.' "

28:27 마음이 우둔하여져서 그 귀로는 둔하게 듣고 그 눈은 감았으니. 이사야의 말씀을 인용하셨다. 말씀을 듣는다고 다 받아들이는 것이 아니다. 마음이 닫힌 사람이 있다. 귀를 닫고 눈은 보지 못한다. 가장 큰 이유는 그들의 마음이 다른 곳에 있기 때문일 것이다. 사람들은 보고 싶은 것만 보고 듣고 싶은 것만 듣는다. 메시야에 희망을 두지 않기 때문이다. 진리가 아니기 때문이 아니다. 듣지 못해서가 아니다. 마음이 닫혀서 그렇다. 마음을 열어야 한다. 사람을 향한 하나님의 마음에 마음을 열어야 한다. 그러기에 십자가를 바라보아야 한다. 십자가를 지신 주님의 마음에 우리의 마음을 열어야 한다. 우리에게 무엇을 희망하며 그렇게까지 하셨는지. 그리고 우리가 무엇을 희망하며 하나님을 바라보아야 하는지를 진지하게 생각해 보아야 한다.

> 28 그런즉 하나님의 이 구원이 이방인에게로 보내어진 줄 알라 그들은 그것을 들으리라 하더라
>
> 28 And Paul concluded: "You are to know, then, that God's message of salvation has been sent to the Gentiles. They will listen!"

28:28 하나님의 이 구원이 이방인에게로 보내어진 줄 알라. 바울은 먼저 메시야를 기다리던 유대인들에게 메시야를 전하였다. 그리고 이제 메시야를 기다리지는 않았지만 실제로 메시야가 필요한 그들에게 메시야에 대해 전하였다.

> 29 (없음)
>
> 30 바울이 온 이태를 자기 셋집에 머물면서 자기에게 오는 사람을 다 영접하고
>
> 30 For two years Paul lived in a place he rented for himself, and there he welcomed all who came to see him.

28:30 이태를 자기 셋집에 머물면서. 바울이 로마에서 집을 세 내느라 많은 돈이 필요하였을 것이다. 그것을 그가 상속한 돈으로 냈을 수도 있지만 로마 교회가 그리고 함께한 동역자들이 지원했을 가능성이 더 높다. 그렇게 주변의 도움으로 그는 2년 동안 복음전파에 집중할 수 있었다.

로마에서 보낸 이년 동안 그는 옥중서신을 보냈다. 옥중 서신으로 알려진 에베소서, 빌립보서, 골로새서, 빌레몬서가 이 시기에 쓰였을 것이다. 그와 함께 하며 돌보고 있는 누가 또한 이 시기 마지막에 사도행전을 기록한 것으로 보인다. 바울은 그렇게 가택연금 상태에 있었지만 복음은 더 훨훨 날아오르고 있었다.

바울은 이스라엘의 가이사랴에서 2년 그리고 로마에서 2년을 매인자로 있었다. 그러나 그 사이에 복음은 결코 매이지 않았다. 오히려 더욱더 힘있게 전파되었다. 오늘날 우리들도 또한 그렇다. 우리의 상황이 때로는 매인자처럼 어려울 수 있다. 그러나 늘 기억해야 한다. 복음만은 결코 매여서는 안 된다. 어떤 상황에 처하더라도 자기 자신에게 복음을 전해야 한다. 그리고 복음이 전파될 수 있는 최선의 방법을 찾아 전해야 한다.

> 31 하나님의 나라를 전파하며 주 예수 그리스도에 관한 모든 것을 담대하게 거침없이 가르치더라
>
> 31 He preached about the Kingdom of God and taught about the Lord Jesus Christ, speaking with all boldness and freedom.

28:31 하나님의 나라를 전파하며. 어떤 모양으로 든 하나님 나라가 전해져야 한다. 선포되어야 한다. 오직 하나님 나라만이 그들을 구원하기 때문이다. 하나님 나라만이 영원한 나라이다. 세상 모든 사람들에게 가장 필요하며 유일한 것이 하나님 나라다. **그리스도에 관한 모든 것을 담대하게 거침 없이 가르치더라.** 하나님 나라의 백성이 되도록 그리스도를 전하였다. 그 삶과 가르침을 가르쳤다. 예수 그리스도의 모든 것을 가

르쳤다.

바울이 매인 자가 되어 많은 제약이 있는 것 같지만 복음을 전하는 일에는 전혀 제약이 없었다. 그는 감옥에서도 충분히 복음을 전할 수 있었다. 환경을 탓하지 말아야 한다. 생명이 있는 한 가르쳐야 한다. 우리는 평생 배워야 하고 가르쳐야 한다. 그리스도를 더 아는 것이 유일한 복이다. 그리스도를 더 전하는 것이 복이다.

사도행전 (성경, 이해하며 읽기)

발행	2024년 5월 10일
저자	장석환
펴낸이	장석환
펴낸곳	(사)기독교문서선교회
출판사등록	제16-25호(1980.1.18)
주소	서울특별시 동대문구 천호대로 71길 39
전화	02-586-8761~3(본사) 031-942-8761(영업부)
이메일	clcbook@gmail.com

ISBN 978-89-341-2687-4 (04230)
978-89-341-2686-7 (세트)

www.clcbook.com

ⓒ 사도행전(성경, 이해하며 읽기) 2024

본 책은 저작자의 지적 재산으로서 무단 전재와 복제를 금합니다.